Elogios para

Vayamos adelante

"Sheryl proporciona recomendaciones prácticas sobre cómo gestionar y superar los desafíos que se presentan a lo largo de una carrera profesional. Al leer este libro, asentía con la cabeza y me reía a carcajadas. *Vayamos adelante* es una lectura excelente, divertida, sincera e importante para las mujeres (y los hombres) de todas las generaciones". —Condoleezza Rice, ex secretaria de Estado de EE.UU.

"Durante los últimos cinco años he trabajado codo a codo con Sheryl y he aprendido algo de ella casi cada día. Tiene una inteligencia asombrosa, que le permite resolver procesos complejos y encontrar soluciones a los problemas más difíciles. *Vayamos adelante* combina la habilidad para sintetizar de Sheryl con sus capacidades para sacar lo mejor de la gente. Este libro es brillante, honesto y divertido. Sus palabras ayudarán a sus lectores —especialmente a los hombres— a ser unos líderes mejores y más eficaces".

—Mark Zuckerberg, fundador y CEO de Facebook

"La clave para abrir algunas de las puertas más difíciles de la vida ya está en nuestras manos. El libro de Sheryl nos recuerda que somos capaces de alcanzar la excelencia". —Alicia Keys, cantante

"Si te encantó el increíble discurso en TEDTalk de Sheryl Sandberg sobre por qué hay pocas mujeres en puestos de liderazgo o si simplemente crees, como yo, que necesitamos igualdad en las salas de las juntas directivas, este libro es para ti. Como directora de operaciones de Facebook, Sheryl posee experiencia de primera mano y sabe que disponer de más mujeres en los puestos de directivos es bueno, tanto para las empresas como para la sociedad. *Vayamos adelante* es una lectura esencial para cualquier persona interesada en acabar con esta desigualdad injusta".

—Sir Richard Branson,
presidente de Virgin Group

"*Vayamos adelante* plantea muchos retos ambiciosos para las mujeres: crear la vida que queremos, ser líderes en nuestro trabajo, colaborar en nuestros hogares y ser ejemplo para otras mujeres. Sheryl nos ofrece consejos prácticos sobre cómo las mujeres podemos afrontar esos retos en el siglo XXI. Espero que las mujeres y los hombres de mi generación lean este libro para ayudar a construir la vida que deseamos y el mundo donde queremos vivir".   —Chelsea Clinton

Sheryl Sandberg

Vayamos adelante

Sheryl Sandberg es directora de operaciones en Facebook. Antes de trabajar en Facebook, fue vicepresidenta de ventas globales en línea y operaciones de Google, y jefa de recursos humanos del Departamento del Tesoro de Estados Unidos. Vive en el norte de California con su marido y sus dos hijos.

Sheryl Sandberg donará los ingresos íntegros de este libro para Lean In, una organización sin ánimo de lucro que alienta a las mujeres a perseguir sus metas, así como para otras organizaciones benéficas que apoyan a las mujeres.

www.facebook.com/leaninorg
www.leanin.org

Vayamos adelante

Vayamos adelante

LAS MUJERES, EL TRABAJO
Y LA VOLUNTAD DE LIDERAR

Sheryl Sandberg
con Nell Scovell

Prólogo de Michelle Bachelet

Traducción de Eva Cañada Valero

VINTAGE ESPAÑOL
UNA DIVISIÓN DE RANDOM HOUSE, INC. | NUEVA YORK

PRIMERA EDICIÓN VINTAGE ESPAÑOL, AGOSTO 2013

Copyright de la traducción © 2013 por Eva Cañada Valero
Copyright del prólogo © 2013 por Michelle Bachelet

Información de catalogación de publicaciones disponible en la Biblioteca del
Congreso de los Estados Unidos.

Vintage ISBN: 978-0-8041-7078-9

Para venta exclusiva en EE.UU., Canadá, Puerto Rico y Filipinas.

www.vintageespanol.com

Impreso en los Estados Unidos de América
10 9 8 7 6 5 4 3 2 1

A mis padres, por enseñarme
a creer que todo era posible.
Y a mi marido por hacer
que todo sea posible

Índice

Vayamos adelante

Prólogo

Las mujeres de todo el mundo buscan apoyo e inspiración en su esfuerzo diario por avanzar en sus vidas. En su libro *Vayamos adelante,* Sheryl Sandberg ofrece esa guía, esa inspiración y esas experiencias personales que resultan tan necesarias no solo para las mujeres, sino también para los hombres interesados en participar en esa lucha por conseguir una total igualdad.

La experiencia me ha enseñado que no existen límites en cuanto a las capacidades de las mujeres para lograr cualquier objetivo que se propongan. Sin embargo, incluso en 2012, sigue habiendo infinidad de obstáculos en el camino que recorren las mujeres para alcanzar todo su potencial, por lo que es necesario que las ayudemos a superar dichos obstáculos. Debemos mostrar a las mujeres y a las niñas que no existe motivo alguno para poner límites a sus sueños y aspiraciones.

De niña, jamás creí que una mujer pudiera llegar a ser presidenta de Chile. Incluso hace diez años seguía sin creer que eso fuera posible. Aun así, fui elegida presidenta en 2006. Debo admitir que fue en, cierto modo, una sorpresa para mí porque aquello parecía la excepción a la regla.

Como directora de ONU Mujeres, he trabajado los dos últimos años con hombres y mujeres de todo el mundo, y con colegas como Sheryl Sandberg, para que la igualdad entre sexos sea la regla y no la excepción.

Como bien sabe Sheryl Sandberg, el que haya mujeres que ocupen puestos de liderazgo puede cambiar la mentalidad de muchas personas, a la vez que amplía las posibilidades de las mujeres. Sin embargo, a día de hoy sigue habiendo muy pocas mujeres que ocupen los puestos de mayor responsabilidad. Las mujeres ejercen menos del 10 por ciento de los cargos de jefes de Estado y de gobierno de todo el mundo, ocupan tan solo el 20 por ciento de los escaños parlamentarios y representan el 4 por ciento de los directores ejecutivos de empresas que aparecen en la lista Fortune 500.

Con estas estadísticas tan desalentadoras, no es de extrañar que, vaya donde vaya, yo siempre insisto en que es necesario que existan más mujeres líderes.

Una de las conclusiones a las que Sheryl llega en su libro que más me ha impactado es la necesidad de que las mujeres se unan para ayudarse entre sí. Los hombres lo hacen constantemente, pero las mujeres han tomado conciencia de forma muy reciente de las expectativas y el potencial que implica formar parte de una comunidad. Cuando era presidenta, designé un gabinete compuesto por hombres y mujeres a partes iguales. Los líderes deberían liderar con hechos y no con palabras.

Antes de ser presidenta, ocupé el cargo de ministra de Defensa. Me propuse reformar el aparato de Defensa y Seguridad de Chile a fin de alejarlo de su pasado autoritario para integrarlo del todo en su presente y futuro democráticos. Aunque anteriormente había sido la primera mujer en ser ministra de Sanidad de Chile, creo que desempeñar un cargo como el de Defensa que tradicionalmente había sido ocupado por hombres incrementó la confianza en mis capacidades de liderazgo necesarias para ejercer de presidenta. Seguimos necesitando que cada vez más mujeres asuman roles de liderazgo para acabar con los arraigados estereotipos que siguen vigentes en la actualidad. Las mujeres deberán afrontar esta lucha con valentía, con el convencimiento de que los cambios se producirán paulatinamente, pero se producirán.

También me he dado cuenta de lo importante que fue mi formación como médico y del provecho que me aportaron esos años durante los cuales ejercí mi profesión. La medicina me enseñó a profundizar en los contenidos, a tratar de comprender el origen de los problemas antes de proponer soluciones o arreglos temporales. La medicina nos enseña a trabajar de forma cuidadosa y a saber escuchar; eso fue lo que más me ayudó a la hora de ocupar puestos de liderazgo. No es posible ser un buen líder si no se sabe escuchar, y tampoco es posible si uno no cree en su condición de líder.

Aquellos que lideran con convicción, como Sheryl Sandberg, son capaces de alcanzar logros extraordinarios. Yo he tenido el privilegio de servir a la democracia, de luchar por la igualdad y la justicia, primero en Chile, mi país, y ahora para las mujeres de todo el mundo como fundadora y directora ejecutiva de ONU Mujeres. Es necesaria la participación de todos nosotros para crear un mundo pacífico y próspero. Solo tendremos éxito si preparamos el camino para la participación total e igualitaria de las mujeres. Debemos avanzar juntos y lo antes posible para potenciar el liderazgo de las mujeres.

MICHELLE BACHELET,
directora ejecutiva de ONU Mujeres,
febrero de 2013

Introducción

Interiorizar la revolución

Me quedé embarazada de mi primer hijo en el verano de 2004. En aquel momento, dirigía las ventas en línea de los grupos de operaciones de Google. Había entrado a trabajar en la compañía tres años y medio atrás, cuando tan solo era una empresa emergente apenas conocida, con unos pocos cientos de empleados, situada en un destartalado edificio de oficinas. Hacia el final de mi primer trimestre en Google, la empresa había crecido hasta convertirse en una compañía con miles de empleados y se había trasladado a un campus con diversos edificios.

Mi embarazo no fue fácil. Sufrí las típicas náuseas matutinas que suelen producirse durante el primer trimestre todos los días durante nueve largos meses. Engordé casi 32 kg y los pies se me hincharon tanto que tenía que llevar zapatos dos tallas más grandes de la que utilizo normalmente. Además, se convirtieron en dos cosas de extraña forma que solo era capaz de ver cuando los colocaba en alto sobre la mesita de centro. Un ingeniero de Google especialmente sensible anunció que el «Proyecto Ballena» había recibido ese nombre en mi honor.

Un día, tras una dura mañana que pasé contemplando el fondo del inodoro, tuve que apresurarme para asistir a una importante reunión con un cliente. Google estaba creciendo a un ritmo tan acelerado que encontrar aparcamiento se había convertido en un problema constante y el único sitio que encontré estaba bastante alejado. Corrí a toda velocidad por el aparcamiento, lo que en realidad significa que me tambaleaba un poquito más deprisa de lo que me permitía mi absurdamente lento reptar de embarazada. Esto solo consiguió empeorar mis náuseas, de tal modo que llegué a la reunión rezando para que lo único que saliera de mi boca fuera un discurso de ventas. Aquella noche le conté lo que me había sucedido a Dave, mi marido. Y él me comentó que Yahoo, donde él trabajaba por aquel entonces, tenía plazas de aparcamiento especiales para embarazadas frente a cada edificio.

Al día siguiente, me dirigí —más bien fui caminando como un pato— a ver a los fundadores de Google, Larry Page y Sergey Brin, a su oficina, que en realidad era una enorme sala llena de juguetes, aparatos electrónicos y ropa esparcidos por el suelo. Encontré a Sergey manteniendo una postura de yoga en un rincón y le anuncié que necesitábamos un aparcamiento para embarazadas, preferiblemente más temprano que tarde. Me miró e inmediatamente estuvo de acuerdo conmigo, señalando que nunca había pensado en ello antes.

Aún hoy me avergüenza no haberme dado cuenta de que las mujeres embarazadas necesitaban plazas de aparcamiento reservadas hasta que no padecí en carne propia lo que significa que te duelan tanto los pies. Siendo una de las mujeres más veteranas de Google, ¿no era especialmente responsabilidad mía haber pensado en ello? Pero como a Sergey, jamás se me había ocurrido. Las demás mujeres embarazadas debían de haber sufrido en silencio, al no querer solicitar ningún tipo de trato especial. O quizá les había faltado la confianza o la veteranía para pedir que se solucionara el problema. El hecho de que hubiera una mujer embarazada en un puesto destacado —aun cuando tuviera el aspecto de una ballena— supuso una diferencia.

Actualmente, en Estados Unidos, y en el mundo desarrollado, las mujeres estamos mejor que nunca. Nos sostenemos sobre los hombros de las mujeres que vinieron antes que nosotras y que tuvieron que luchar por los derechos que actualmente damos por sentados. En 1947, Anita Summers, madre de Larry Summers, quien fue mi mentor durante muchos años, fue contratada como economista por la Standard Oil Company. Cuando aceptó el trabajo, su nuevo jefe le dijo: «Estoy muy contento de contar contigo. Pienso que de este modo voy a tener la misma capacidad intelectual por menos dinero». Su reacción ante esto fue sentirse halagada. Suponía un enorme cumplido que le dijeran que tenía la misma capacidad intelectual que un hombre. Sin embargo, habría sido impensable para ella pedir que la compensación económica fuera igual que la de un hombre.

Y todavía nos sentimos más agradecidas cuando comparamos nuestras vidas con las que llevan otras mujeres en otros países. Sigue habiendo países en los que se les niega sus derechos civiles básicos. En todo el mundo, alrededor de 4,5 millones de mujeres y niñas están atrapadas en el comercio sexual.[1] En lugares como Afganistán y Sudán, las niñas reciben muy poca o ninguna educación, las esposas son tratadas como propiedad de sus maridos y las mujeres que sufren una violación son expulsadas invariablemente de sus hogares por deshonrar a su familia. Algunas víctimas de violación incluso son encarceladas por cometer un «crimen contra la moral».[2] Nos encontramos siglos por delante del inaceptable trato que reciben las mujeres en esos países.

Pero saber que las cosas podrían ir peor no debería impedir que intentáramos mejorarlas. Cuando las sufragistas se manifestaron por las calles, idearon un mundo en el que los hombres y las mujeres fueran genuinamente iguales. Un siglo más tarde, seguimos entornando los ojos, tratando de que este sea el enfoque de dicha visión.

La cruda realidad es que los hombres siguen gobernando el mundo. Esto significa que, en lo que respecta a la toma de decisiones que nos afectan a todos, la voz de las mujeres no se escucha por igual. De los 195 jefes de Estado que existen, solo 17 son mujeres.[3] Estas ocupan tan solo el 20 por ciento de los escaños parlamentarios de todo el mundo.[4] En las elecciones estadounidenses de noviembre de 2012, las mujeres obtuvieron más escaños en el congreso que nunca, lo que supuso elevar la cifra hasta un 18 por ciento.[5] En el Parlamento Europeo, la tercera parte de los escaños está ocupado por mujeres. En España, el 35 por ciento de los escaños los ocupan mujeres.[6] Ninguna de estas cifras se aproxima al 50 por ciento.

El porcentaje de mujeres que ocupan puestos de liderazgo es incluso inferior en el mundo de la empresa. Tan solo un escaso 4 por ciento de los 500 principales directores generales de *Fortune* son mujeres.[7] En Estados Unidos, las mujeres ocupan alrededor del 14 por ciento de los cargos ejecutivos y el 17 por ciento de los puestos en las juntas directivas, números que apenas han cambiado en la última década.[8] El distanciamiento es todavía mayor para las mujeres de color, que ejercen únicamente el 4 por ciento de los puestos corporativos más destacados, el 3 por ciento en juntas directivas y el 5 por ciento de los escaños del Congreso.[9] En toda Europa, las mujeres ocupan el 14 por ciento de los puestos en juntas directivas.[10]

El progreso es igual de lento en lo que respecta a la compensación económica. En 1970, las mujeres estadounidenses percibían 59 céntimos por cada dólar que ganaban sus colegas masculinos. Hacia 2010, las mujeres habían protestado, luchado y trabajado hasta la extenuación para elevar esa compensación hasta los 77 céntimos por cada dólar que ganaban los hombres.[11] Mientras, la activista Marlo Thomas bromeaba irónicamente el día de la Igualdad Salarial de 2011: «Cuarenta años y dieciocho céntimos. El precio de una docena de huevos ha subido diez veces esa cantidad».[12] En Europa, las mujeres perciben en promedio un 16 por ciento menos que sus colegas masculinos;[13] en España, un 12 por ciento menos.[14]

Yo he sido testigo de primera mano de estos descorazonadores hechos. Me licencié en 1991 y me gradué en la facultad de Empresariales en 1995. En cada trabajo al que me incorporé tras mi graduación, mis colegas eran una mezcla equilibrada entre hombres y mujeres. Sin embargo, los de mayor rango eran casi en su totalidad hombres, pero pensaba que esto se debía a la discriminación histórica que sufren las mujeres. El proverbial techo de cristal había sido destrozado en casi todos los sectores de la industria y yo pensaba que pronto mi generación disfrutaría de una justa proporción en la cuota de cargos de liderazgo. Pero con cada año que pasaba, un número cada vez menor de mis colegas eran mujeres. Con cada vez más frecuencia yo era la única mujer en la sala.

Ser la única mujer ha dado como resultado algunas situaciones extrañas aunque ciertamente reveladoras. Dos años después de llegar a Facebook como directora de operaciones, nuestro director financiero abandonó la empresa repentinamente y yo tuve que tomar las riendas para completar el ejercicio financiero en curso. Puesto que toda mi carrera se había desarrollado en el sector de las operaciones y no en el de las finanzas, el proceso de recaudar capital me resultaba nuevo y un poco aterrador. Mi equipo y yo volamos a Nueva York para mantener un encuentro inicial con diversas empresas de capital privado. Nuestra primera reunión se celebró en la típica oficina corporativa del estilo de las que aparecen en las películas, con amplias vistas a Manhattan incluidas. Ofrecí una visión general de nuestro negocio y respondí a varias preguntas. Hasta ahí todo bien. Después, alguien propuso que tomáramos un descanso de varios minutos. Me volví hacia el socio de mayor rango y le pregunté dónde estaba el lavabo de señoras. Me miró inexpresivamente. Mi pregunta le había dejado perplejo. Le pregunté: «¿Cuánto tiempo hace que trabaja en esta oficina?». Y él me respondió: «Un año». «¿Soy la única mujer que ha realizado una presentación de negocios aquí en todo un año?» «Eso creo —afirmó. Y añadió—: O quizá sea usted la única que ha tenido que utilizar el lavabo.»

Han pasado más de dos décadas desde que me incorporé al mercado laboral, pero muchas cosas siguen exactamente igual. Ya es hora de que afrontemos el hecho de que nuestra revolución se ha quedado atascada.[15] La promesa de igualdad no es lo mismo que una igualdad real.

Un mundo genuinamente igualitario sería aquel en que las mujeres dirigieran la mitad de los países y las empresas, y los hombres se encargaran de la mitad de los hogares. Estoy convencida de que sería un mundo mejor. Las leyes de la economía y numerosos estudios sobre la diversidad afirman que, si explotáramos toda la reserva de recursos humanos y talento que existe, nuestro rendimiento colectivo mejoraría enormemente. El legendario inversor Warren

Buffett ha afirmado en numerosas ocasiones que uno de los motivos de su enorme éxito era que solo competía con la mitad de la población. Los Warren Buffetts de mi generación siguen disfrutando ampliamente de esta ventaja hoy día. Cuanta más gente se una a la carrera, más récords se batirán. Y los logros se extenderán más allá de los individuos que los consigan para beneficio de todos nosotros.

La víspera del día en que a Leymah Gbowee le concedieran el Nobel de la Paz en 2011 por liderar las protestas protagonizadas por mujeres que hicieron caer al dictador de Liberia, la activista africana se encontraba en una fiesta literaria en mi casa. Estábamos celebrando la publicación de su autobiografía *Mighty Be Our Powers*, pero resultó ser una noche bastante sombría. Una de las invitadas le preguntó cómo podían ayudar las mujeres estadounidenses a aquellas que experimentaban los horrores y las violaciones masivas a causa de la guerra en países como Liberia. Su respuesta fueron cinco sencillas palabras: «Más mujeres en el poder». Leymah y yo no podríamos proceder de contextos más diferentes, pero aun así ambas llegamos a la misma conclusión. Las condiciones en que viven las mujeres del mundo mejorarán cuando haya más mujeres desempeñando cargos de responsabilidad, ofreciendo soluciones firmes y poderosas para sus necesidades y preocupaciones.[16]

Esto suscita una pregunta muy obvia: ¿cómo? ¿Cómo vamos a derrumbar las barreras que impiden que más mujeres accedan a los puestos más elevados? Las mujeres se enfrentan a obstáculos reales en el mundo profesional, incluyendo el sexismo, la discriminación y el acoso sexual, que se dan tanto de forma manifiesta como de forma sutil. Existen muy pocos lugares de trabajo que ofrezcan la flexibilidad y el acceso al cuidado infantil y a las bajas por maternidad y paternidad que son necesarios para desarrollar una carrera profesional a la vez que se tienen hijos. Los hombres lo tienen más fácil para encontrar mentores y patrocinadores, lo cual es de un incalculable valor para progresar profesionalmente. Además, las mujeres deben demostrar mucho más que los hombres que son capaces de hacer las cosas. Y este hecho no es algo que solo nosotras tengamos en la cabeza. Un informe elaborado en 2011 por McKinsey puso de manifiesto que los hombres reciben ascensos basados en su potencial, mientras que las mujeres reciben ascensos basados en los logros que hayan conseguido en el pasado.[17]

Además de las barreras externas erigidas por la sociedad, las mujeres también nos vemos obstaculizadas por las barreras que existen en nuestro interior. Nos autolimitamos de muchas maneras: no confiando en nosotras mismas, no levantando la mano para pedir la palabra y batiéndonos en retirada cuando deberíamos avanzar hacia delante. Interiorizamos los mensajes negativos que vamos recibiendo a lo largo de nuestras vidas, aquellos mensajes que afirman que está mal ser francas y abiertas, audaces o más poderosas que los hombres. Bajamos nuestras propias expectativas con relación a qué podemos lograr. Continuamos realizando la mayor parte de las labores del hogar y ocupándonos del cuidado de los hijos. Comprometemos objetivos de nuestra carrera profesional para dejar sitio a parejas e hijos que es posible que ni siquiera existan todavía. En comparación con nuestros colegas masculinos, nosotras aspiramos en menor medida a ocupar altos cargos. Y estas actitudes no solo caracterizan a las demás mujeres, sino que yo misma he cometido todos y cada uno de los errores anteriormente mencionados. En ocasiones, todavía los cometo.

Mi argumento es que resulta fundamental derribar estas barreras internas para conseguir ganar en poder. Otros señalan que las mujeres solo podrán llegar a lo más alto cuando desaparezcan las barreras institucionales. Estamos ante la típica dicotomía: «¿Qué fue antes, el huevo o la gallina». En este caso, la gallina sería lo siguiente: las mujeres eliminaremos las barreras externas una vez que consigamos ocupar cargos de liderazgo. Entraremos desfilando en los despachos de nuestros jefes y reclamaremos lo que necesitamos, incluyendo plazas de aparcamiento para embarazadas. O mejor aún, nosotras mismas seremos jefas y nos aseguraremos de que todas las mujeres tengan lo que necesiten. El huevo: debemos eliminar, en primer lugar, las barreras externas para que las mujeres podamos ocupar cargos destacados. Ambas opciones tienen su parte de razón, de modo que, en lugar de enzarzarnos en discusiones filosóficas acerca de qué fue primero, pongámonos de acuerdo en emprender la batalla en ambos frentes, ya que son importantes por igual. Animo a las mujeres a centrarse en la gallina, pero apoyo totalmente a aquellas que concentran su enfoque en el huevo.

Los obstáculos internos son un tema que se discute muy pocas veces y al que con frecuencia se resta importancia. A lo largo de mi vida, una y otra vez he oído hablar de la desigualdad en el lugar de trabajo y de lo difícil que sería conciliar la vida laboral y la familiar. Sin embargo, muy pocas veces he oído hablar de la forma en que yo podría cortarme mis propias alas. Estos obstáculos internos merecen mucha más atención, en parte porque se encuentran bajo nuestro control. Podemos desmantelar los obstáculos de nuestro interior hoy mismo. Podemos empezar a hacerlo en este preciso instante.

Nunca pensé que llegaría a escribir un libro. No soy una mujer de letras, ni periodista ni socióloga. Pero decidí hacerlo después de conversar con cientos de mujeres, escuchar sus problemas, compartir los míos con ellas y darme cuenta de que los logros que hemos obtenido no son suficientes y que incluso podrían desvanecerse. El primer capítulo de este libro presenta algunos de los complejos retos a los que se enfrentan las mujeres. Cada uno de los capítulos siguientes se centra en un ajuste o diferencia que podemos llevar a cabo en nosotras mismas: aumentar nuestra autoconfianza («Sentarse a la mesa»), conseguir que nuestras parejas hagan más cosas en casa («Haz de tu pareja un auténtico compañero»), no establecer estándares inalcanzables como referencia («El mito de hacerlo todo»), etc. No pretendo aportar soluciones definitivas para estas profundas y complicadas cuestiones. Me baso en datos fidedignos, en investigaciones académicas, en mis propias observaciones y en las lecciones que he ido aprendiendo a lo largo del camino.

Este libro no es una autobiografía, aunque he incluido en él relatos de mi vida. No se trata de un libro de autoayuda, aunque espero sinceramente que sirva de ayuda. No se trata de un libro sobre gestión de la carrera profesional, aunque ofrezco asesoramiento en ese sentido. No se trata de un manifiesto feminista... Está bien, sí que es una especie de manifiesto feminista, pero espero que sirva de inspiración para los hombres tanto como para las mujeres.

Sea como fuere, he escrito este libro para aquellas mujeres que deseen aumentar sus oportunidades de llegar a lo más alto en su campo o que persiguen una meta con todas sus fuerzas. Esto incluye a mujeres situadas en todas las etapas de sus vidas personales y laborales, desde aquellas que acaban de comenzar hasta las que se están tomando un descanso y quizá desean reemprender su vida profesional. También lo he escrito para cualquier hombre que desee comprender a qué se enfrentan las mujeres —colegas, esposas, madres o hijas— para aportar su granito de arena en la construcción de un mundo igualitario.

Este libro aboga por el impulso de avanzar hacia delante, ser ambiciosa en cualquiera que sea la actividad a la que la mujer se dedique. Y aunque considero que aumentar el número de mujeres que ocupan cargos de poder es un elemento imprescindible para que exista una auténtica igualdad, no creo que exista una única definición de éxito o de felicidad. No todas las mujeres desean tener una carrera profesional. No todas las mujeres desean tener hijos. No todas las mujeres desean ambas cosas. Jamás defendería que todos debemos tener los mismos objetivos. Muchas personas no están interesadas en obtener poder, no porque no sean ambiciosas, sino porque viven su vida del modo en que desean hacerlo. Algunas de las contribuciones más importantes a nuestro mundo se realizan dedicándose a una sola persona a la vez. Todos nosotros debemos trazar nuestro propio camino y definir qué metas se ajustan a nuestras vidas, valores y sueños.

También soy profundamente consciente de que la inmensa mayoría de las mujeres luchan día a día para llegar a fin de mes y poder así cuidar de sus familias. Algunas partes de este libro serán más pertinentes para aquellas mujeres que son suficientemente afortunadas para poder elegir cuánto, cuándo y dónde desean trabajar, y otras partes podrán aplicarse a situaciones a las que se enfrentan las mujeres en cualquier contexto laboral, social y familiar. Si conseguimos añadir más voces femeninas en los niveles más elevados de las jerarquías, ampliaremos las oportunidades y fomentaremos un trato más justo para todos.

Algunas mujeres, especialmente varias de mis compañeras inmersas en el mundo de la empresa, me han advertido del riesgo de hablar públicamente sobre estos temas. Cuando hablo, muchos de mis comentarios ofenden a personas de ambos sexos. Sé que algunas creen que al centrarme en lo que las mujeres pueden cambiar de sí mismas —insistiendo en que tomen impulso hacia delante— parece como si librara a nuestras instituciones de toda responsabilidad. O, lo que es peor, me acusan de culpar a la víctima. Lejos de culpabilizar a la víctima, creo que las líderes femeninas son la clave para la solución. Algunas de las personas que me critican también señalan que a mí me resulta mucho más fácil avanzar hacia delante porque mis recursos económicos me permiten contratar toda la ayuda que necesito. Mi intención es ofrecer los consejos que a mí me habrían sido de ayuda cuando todavía no había oído hablar de Google o de Facebook y con los que puedan identificarse mujeres que atraviesen una amplia gama de diferentes circunstancias.

He oído estas críticas en el pasado y sé que volveré a oírlas —amén de otras nuevas— en el futuro. Solo espero que mi mensaje sea juzgado sobre la base de sus propios méritos. Nos vemos pues obligados a abordar este tema que nos concierne a todos. Es algo que nos trasciende a cualquiera de nosotros. Hace ya mucho tiempo que se debería alentar a más mujeres a permitirse el sueño de la posibilidad y animar a más hombres a ofrecer su apoyo a las mujeres en el lugar de trabajo y en el hogar.

Podemos reavivar la revolución interiorizándola. El cambio hacia un mundo más igualitario se producirá en una persona tras otra. Con cada mujer que toma la decisión de avanzar, nos vamos acercando cada vez más al objetivo de la igualdad real.

1

El vacío en la ambición por el liderazgo: ¿qué harías si no tuvieras miedo?

Mi abuela, Rosalind Einhorn, nació exactamente cincuenta y dos años antes que yo, el 28 de agosto de 1917. Como muchas otras familias pobres de origen judío que residían en Nueva York, la suya vivía en un pequeño y atestado apartamento cerca de otros miembros de la misma familia. Sus padres, tías y tíos se dirigían a sus primos por su nombre, pero a ella y a su hermana las llamaban simplemente «niñita».

Durante la gran depresión, a mi abuela la sacaron del centro de enseñanza secundaria Morris para contribuir a la economía familiar cosiendo flores de tela en prendas de ropa interior que su madre revendía por un miserable beneficio. Nadie en aquella comunidad habría considerado la posibilidad de sacar a un niño varón del colegio. La educación de los niños era la esperanza de la familia para prosperar en la escala económica y social. Sin embargo, la educación de las niñas era mucho menos importante tanto económicamente, puesto que resultaba poco probable que pudieran contribuir a los ingresos familiares, como culturalmente, puesto que se esperaba que los niños estudiaran la Tora mientras que las niñas se preparaban para ser «perfectas amas de casa». Afortunadamente para mi abuela, un maestro local insistió a sus padres a que volvieran a matricularla en el colegio. No solo llegó a terminar la secundaria, sino que se graduó en la Universidad de Berkeley.

Tras la universidad, la «niñita» trabajó vendiendo billeteras y accesorios en David's Fifth Avenue. Cuando dejó su trabajo para casarse con mi abuelo, cuenta la leyenda familiar que David's tuvo que contratar a cuatro personas para sustituirla. Años más tarde, cuando el negocio de pintura de mi abuelo no atravesaba su mejor momento, ella tomó las riendas y dio algunos de los difíciles pasos que él se resistía a llevar a cabo, ayudando de este modo a salvar a la familia de la ruina financiera. Volvió a dar muestra de su ingenio comercial cuando andaba por los cuarenta. Después de que se le diagnosticara un cáncer de mama, lo venció y se dedicó a recaudar fondos para la clínica que la había tratado vendiendo relojes de imitación que llevaba en el maletero de su coche. La niñita acabó obteniendo un margen de beneficios que sería la envidia de Apple. Nunca he conocido a nadie con más energía y determinación que mi abuela. Cuando Warren Buffett habla de competir únicamente con la mitad de la población, pienso en ella y me preguntó hasta qué punto habría sido diferente su vida si hubiera nacido medio siglo más tarde.

Cuando mi abuela tuvo hijos —mi madre y sus dos hermanos— se empeñó en que todos ellos recibieran la misma educación. Mi madre asistió a la Universidad de Pensilvania, donde las clases eran mixtas. Cuando se graduó en 1965 con una licenciatura en literatura francesa, exploró las que ella consideraba que eran las dos únicas opciones laborales para una mujer: enseñar o ser enfermera. Eligió la enseñanza. Comenzó un programa de doctorado que abandonó al casarse y quedarse embarazada de mí. El que un marido necesitara la ayuda de su mujer para mantener a la familia se consideraba un signo de debilidad por parte del hombre, de modo que mi madre se convirtió en progenitora a tiempo completo y se volcó activamente en realizar labores de voluntariado. La antiquísima división entre sexos en lo referente al mundo laboral permaneció inalterada.

A pesar de que me crié en un hogar tradicional, mis padres tenían las mismas expectativas para mi hermana, para mi hermano y para mí. Nos animaron a los tres a obtener resultados excelentes en el colegio, a hacer el mismo tipo de tareas y a practicar actividades extraescolares. También se esperaba de los tres que practicáramos deportes. Mi hermano y mi hermana se unieron a equipos de deportes, pero yo era la típica niña que todos eligen la última para formar grupos en la clase de gimnasia. A pesar de mis deficiencias atléticas, me criaron en la creencia de que las chicas podían hacer exactamente lo mismo que los chicos y que todas las opciones laborales estaban a mi alcance.

Cuando llegué a la universidad en el otoño de 1987, mis compañeros de clase de ambos sexos parecían centrados por igual en los estudios. No recuerdo haber pensado en mi futura carrera profesional de un modo diferente al de los chicos y tampoco recuerdo haber mantenido conversación alguna sobre tener que compaginar algún día el trabajo con los hijos. Mis amigos y yo suponíamos que tendríamos ambas cosas. Los hombres y las mujeres competían de forma abierta y agresiva entre sí en las clases, actividades y entrevistas de trabajo. Tan solo dos generaciones después de la de mi abuela, el campo de juego parecía por fin haberse nivelado.

Pero más de veinte años después de obtener mi licenciatura, el mundo no ha evolucionado ni por asomo tanto como yo pensaba que lo haría. Casi todos mis compañeros de clase masculinos ejercen una profesión. Algunas de mis compañeras trabajan a tiempo parcial o completo fuera del hogar, y el mismo número de ellas son madres en el hogar y dedican su tiempo libre a labores de voluntariado, igual que mi madre. Esto supone un reflejo de la tendencia nacional. En comparación con sus colegas masculinos, un gran número de mujeres altamente cualificadas está perdiendo puestos en el mundo empresarial y abandonando el grueso de la población activa.[18] A su vez, estos divergentes porcentajes animan a las instituciones y a los mentores a invertir más en los hombres, quienes, estadísticamente, presentan mayores probabilidades de seguir ese camino.

Judith Rodin, presidenta de la Rockefeller Foundation y primera mujer en ejercer la función de presidenta de una universidad de la Ivy League, indicó en cierta ocasión frente a un público formado por mujeres de mi edad: «Mi generación luchó muy duramente para ofreceros a todas vosotras la capacidad de elegir. Creemos en la capacidad de elección, pero nunca pensamos que tantas de vosotras elegiríais abandonar el mundo laboral».[19]

¿Qué sucedió? Mi generación fue educada en una época de creciente igualdad, por lo que pensamos que esa tendencia continuaría. Con una mirada retrospectiva, vemos que fuimos ingenuas e idealistas. El hecho de integrar las aspiraciones profesionales y las personales resultó ser mucho más complicado de lo que habíamos imaginado. Durante los mismos años, nuestras carreras profesionales exigían que invirtiéramos el máximo tiempo posible en ellas mientras que nuestra biología exigía que tuviéramos hijos. Nuestras parejas no compartían las labores del hogar y el cuidado de los hijos, por lo que nos hallamos de pronto con dos trabajos a tiempo completo. El lugar de trabajo no evolucionó para ofrecernos la flexibilidad que necesitábamos para cumplir con nuestras responsabilidades en el hogar. No fuimos capaces de prever nada de esto; nos pilló completamente por sorpresa.

Sin embargo, si mi generación fue demasiado ingenua, es posible que las generaciones que han venido detrás hayan sido demasiado prácticas. Nosotras sabíamos demasiado poco y ahora las chicas saben demasiadas cosas. Las niñas de hoy día no son la primera generación que tiene igualdad de oportunidades, pero son las primeras en saber que todas esas oportunidades no necesariamente se traducen en logros profesionales. Muchas de estas chicas vieron que sus madres «lo hacían todo» y entonces decidieron que había que renunciar a algo; y ese algo normalmente fue su carrera profesional.

No hay duda de que las mujeres poseen la capacidad de asumir papeles de liderazgo en sus lugares de trabajo. Las niñas obtienen cada vez mejores resultados académicos que los niños, alrededor de un 57 por ciento de los títulos universitarios y un 60 por ciento de los másteres que se obtienen en Estados Unidos.[20] Esta tendencia es también evidente en España, donde las mujeres obtienen alrededor de un 60 por ciento de los títulos universitarios. En Europa, el 82 por ciento de las mujeres de entre veinte y veintidós años completó al menos el ciclo de educación secundaria superior, en comparación con el 77 por ciento de los hombres.[21] Este logro académico ha llegado a ser la causa de que algunas personas teman la llegada del «final de los hombres».[22] Pero mientras que las conductas respetuosas de la norma, de «levantar la mano antes de hablar», resultan deseables y son premiadas en el colegio, no reciben la misma valoración en el lugar de trabajo.[23] El crecimiento profesional con frecuencia depende de la asunción de riesgos y de la capacidad de venderse a uno mismo, y siempre se anima a las niñas a no hacer gala de ninguno de estos rasgos. Esto podría explicar por qué los logros académicos de las niñas todavía no se han traducido en un número significativamente superior de mujeres que ocupan puestos destacados dentro del mercado laboral. El conducto que proporciona mano de obra con titulaciones está atestado de mujeres al nivel de los puestos iniciales, pero para cuando ese mismo conducto debe proveer puestos de liderazgo, se halla abrumadoramente repleto de hombres.

Existen numerosos motivos para esta criba, pero el más importante de todos es el vacío en la ambición por el liderazgo. Por supuesto que muchas mujeres a título individual son tan ambiciosas en el terreno profesional como muchos hombres a título individual. Sin embargo, cuando se ahonda en el tema, los datos indican claramente que, en una especialidad tras otra, existen más hombres que mujeres que aspiran a puestos de mayor nivel. Una encuesta elaborada en 2012 por McKinsey entre más de cuatro mil empleados de compañías líderes en su sector demostró que el 36 por ciento de los hombres deseaban llegar a ser directores generales, en comparación con tan solo un 18 por ciento de las mujeres.[24] Los puestos poderosos, que implican un gran desafío o un elevado nivel de responsabilidad resultan más atractivos para los hombres que para las mujeres.[25] Y aunque el vacío en la ambición es más pronunciado en los niveles más elevados, la dinámica subyacente resulta evidente en cada uno de los pasos de la escala profesional. Una encuesta realizada entre estudiantes universitarios demostró que más hombres que mujeres eligen «alcanzar un nivel de directivo» como prioridad laboral en los primeros tres años tras su licenciatura.[26] Incluso entre profesionales de ambos sexos altamente cualificados, más hombres que mujeres se describen a sí mismos como «ambiciosos».[27]

Existe cierta esperanza de que empiece a producirse un cambio en la siguiente generación. Un estudio elaborado por Pew en 2012 estableció por primera vez que, entre personas jóvenes de dieciocho a treinta y cuatro años, más mujeres (66 por ciento) que hombres (59 por ciento) calificaron el «éxito en una carrera o profesión bien pagada» como algo importante en sus vidas.[28] Una reciente encuesta realizada entre miembros de la generación Y[29] descubrió que las mujeres tienen las mismas probabilidades de describirse a sí mismas como ambiciosas que los hombres. A pesar de que se trata de una mejora, incluso en esta franja demográfica, sigue existiendo un vacío en la ambición por el liderazgo. Es menos probable que una mujer de la generación Y se sienta identificada con la frase «Aspiro a ejercer un cargo de liderazgo sea cual sea el campo en el que termine desarrollando mi carrera profesional» que un hombre de la misma generación. También es menos probable que las mujeres de la generación Y se describan a sí mismas como «líderes», «visionarias», «seguras de sí mismas» y «dispuestas a asumir riesgos» que sus colegas masculinos.[30]

Dado que existen más hombres que aspiran a desempeñar puestos de liderazgo, no resulta sorprendente que los obtengan, especialmente teniendo en cuenta todos los demás obstáculos que las mujeres deben superar. Este patrón de comportamiento comienza mucho antes de que estas se integren en el mundo laboral. La escritora Samantha Ettus y su marido leyeron el anuario de la guardería de su hija, en el que todos los niños habían respondido a la pregunta «¿Qué quieres ser cuando seas mayor?». Se dieron cuenta de que muchos de los niños querían ser presidente, mientras que ninguna de las niñas contestó lo mismo.[31] Los datos de que disponemos actualmente demuestran que cuando esas niñas se conviertan en mujeres seguirán sintiéndose del mismo modo.[32] Durante la escuela secundaria, más niños que niñas aspiran a tener puestos de liderazgo en sus futuras carreras profesionales.[33] En las cincuenta universidades más destacadas de Estados Unidos, menos de un tercio de los presidentes del gobierno estudiantil son mujeres.[34]

La ambición profesional es algo que se espera en los hombres, pero resulta opcional —o lo que es peor, algo negativo— en las mujeres. La frase «Es muy ambiciosa» no es un cumplido en nuestra cultura. Las mujeres agresivas y emprendedoras infringen normas no escritas de la conducta socialmente aceptable. Se aplaude constantemente a los hombres por ser ambiciosos y poderosos, por tener éxito, pero las mujeres que muestran estos mismos rasgos con frecuencia deben pagar socialmente por ello. Hay un precio que las mujeres que obtienen logros profesionales deben pagar.[35]

En lo que respecta al progreso, sigue habiendo una presión social para que las mujeres tengan en vista el matrimonio desde una edad muy temprana. Cuando iba a la universidad, mis padres hicieron hincapié en que debía conseguir buenos resultados académicos, pero hicieron incluso más en que pensara en el matrimonio. Me dijeron que las mujeres que reúnen mejores cualidades se casan jóvenes para conseguir un «buen hombre» antes de que todos estén ya comprometidos. Seguí su consejo y, a lo largo de todos mis años en la universidad, traté a cada uno de los hombres que conocí como un marido potencial (lo cual os aseguro que es una forma muy eficaz de arruinar una cita cuando tienes diecinueve años).

Cuando estaba a punto de licenciarme, Larry Summers, mi director de tesis, me sugirió que solicitara alguna beca internacional, pero yo rechacé la idea pensando que un país extranjero no era un lugar probable donde convertir a alguien con quien tienes una cita en un futuro marido. En lugar de hacerlo me mudé a Washington D.C., que era un lugar lleno de hombres casaderos. Y funcionó. Durante mi primer año fuera de la universidad conocí a un hombre que no solo era casadero, sino también maravilloso, de modo que me casé con él. Yo tenía veinticuatro años y estaba convencida de que el matrimonio era el primer —y muy necesario— paso para tener una vida feliz y productiva.

Pero las cosas no acabaron siendo así. No era lo suficientemente madura para tomar una decisión como esa, que me comprometía para toda la vida, de modo que nuestra relación no tardó en venirse abajo. A los veinticinco años ya me las había arreglado para casarme… y también para divorciarme. En aquel momento, tuve la sensación de que aquello era un enorme fracaso tanto en el aspecto personal como desde un punto de vista social. Durante muchos años tuve la sensación de que, fuesen cuales fueran mis logros profesionales, todos ellos quedaban empañados por aquella letra D escarlata cosida en mi pecho (casi diez años más tarde supe que «los buenos» no estaban todos ya comprometidos, de modo que tomé la sabia y feliz decisión de contraer matrimonio con Dave Goldberg).

Al igual que yo, Gayle Tzemach Lemmon, directora adjunta del Programa de mujeres y política exterior del Consejo de Relaciones Exteriores, recibió instrucciones de anteponer el matrimonio a la carrera profesional. Tal y como describió en *The Atlantic*, «Cuando tenía 27 años recibí una beca para viajar a Alemania a fin de aprender alemán y de trabajar en el *Wall Street Journal*. [...] Desde cualquier punto de vista, era una oportunidad increíble para una veinteañera y yo sabía que me ayudaría a prepararme para la escuela de posgrado e incluso para otros estudios posteriores. Mis amigas, sin embargo, se mostraron espantadas y horrorizadas ante la idea de que fuera a dejar al que por aquel entonces era mi novio para vivir en el extranjero durante un año. Mi familia me preguntó si no me preocupaba el hecho de que quizá no llegara a casarme nunca y, cuando asistí a una barbacoa con mi novio, su jefe me llevó a un aparte para recordarme que "no había muchos chicos como él ahí afuera"». El resultado de todas estas reacciones negativas es, según el punto de vista de Gayle, que numerosas mujeres «siguen considerando la ambición como una palabra malsonante».[36]

Muchas personas me han insistido en que la ambición no es el problema. Afirman que las mujeres no son menos ambiciosas que los hombres, pero que persiguen objetivos diferentes y más significativos. Yo no rechazo ni discuto este argumento, sé que hay más cosas en la vida aparte de trepar en la escala laboral, incluyendo criar a los hijos, buscar la plenitud personal, contribuir al bienestar de la sociedad y de las vidas de los demás. Y hay muchas personas que están profundamente comprometidas con sus trabajos pero que no aspiran —y tampoco deberían hacerlo— a dirigir sus organizaciones. Las funciones de liderazgo no son la única forma de dejar una huella profunda.

Yo también reconozco que existen diferencias biológicas entre hombres y mujeres. He amamantado a dos hijos y me he dado cuenta, en ocasiones con gran enfado, de que se trata de una tarea que mi marido sencillamente no está equipado para realizar. ¿Existen características inherentes, en las diferencias entre sexos, que hacen que las mujeres sean más protectoras y los hombres más asertivos? Es muy probable que así sea, pero aun así, en el mundo actual, en el que ya no debemos salir al bosque a cazar la comida, nuestro deseo de liderazgo es en gran medida un rasgo creado y reforzado por el contexto cultural. El modo en que los individuos consideran lo que pueden y deben lograr está constituido en gran parte por nuestras expectativas sociales.

Desde el momento en que nacen, los niños y las niñas son tratados de forma diferente.[37] Ambos padres tienden a hablar más con las niñas que con los niños cuando son bebés,[38] las madres sobreestiman la capacidad de gatear de sus hijos y subestiman la de sus hijas[39] y, en un reflejo de la creencia de que las niñas necesitan más ayuda que los niños, las madres con frecuencia pasan más tiempo reconfortando y abrazando a sus niñas y más tiempo observando cómo sus niños juegan solos.[40]

Otros mensajes culturales resultan más evidentes. La marca de ropa Gymboree comercializó en cierta ocasión ranitas para bebés que proclamaban «Listo como papá» para los niños y «Guapa como mamá» para las niñas.[41] Ese mismo año, la marca J. C. Penney sacó una camiseta para jovencitas con el siguiente mensaje: «Soy demasiado guapa para hacer los deberes, así que mi hermano los hace por mí».[42] Y esto no sucedió en 1951, sino en 2011.

Lo que resulta todavía más preocupante es que los mensajes que se transmiten a las niñas pueden ir más allá de fomentar meramente rasgos superficiales y desanimar directamente el liderazgo de forma explícita. Cuando una niña trata de liderar, con frecuencia se la califica de mandona. Los niños muy pocas veces reciben el apelativo de mandones porque un chico que asume el mando no sorprende ni ofende. Como persona que recibió este apelativo durante gran parte de mi infancia, puedo afirmar que no se trata de un cumplido.

A mi familia le encanta narrar una y otra vez, para regocijo de todos, historias sobre lo mandona que era yo de niña. Al parecer, cuando estaba en primaria, enseñé a mis hermanos pequeños David y Michelle a seguirme por todas partes, a escuchar mis monólogos y a gritar «¡Exacto!» cuando terminaba. Yo era la mayor de todos los niños del vecindario y, por lo visto, pasaba el tiempo organizando espectáculos que yo podía dirigir y clubes que yo podía liderar. La gente se ríe con estas historias, pero hasta el día de hoy sigo sintiéndome ligeramente avergonzada de mi comportamiento (lo cual resulta sorprendente, ya que ahora he escrito todo un libro acerca de por qué no deberíamos hacer que las niñas se sientan así; o quizá eso explique en parte los motivos).

Incluso cuando andamos por la treintena, señalar este comportamiento seguía siendo la mejor forma de que mis hermanos me tomaran el pelo. Cuando Dave y yo nos casamos, David y Michelle ofrecieron un bello y graciosísimo brindis que comenzó del siguiente modo: «¡Hola! Algunos de vosotros creéis que somos los hermanos pequeños de Sheryl, pero en realidad fuimos sus primeros empleados: el empleado número uno y el empleado número dos. Inicialmente, cuando teníamos uno y tres años respectivamente, éramos inútiles y débiles. Éramos desorganizados y vagos. Lo único que hacíamos era vomitarnos encima y leer el periódico de la mañana. Pero Sheryl supo ver que teníamos potencial. Durante más de diez años, Sheryl nos acogió bajo su protección y nos puso las pilas». Todo el mundo se rió. Mis hermanos continuaron: «Nos consta que Sheryl nunca jugó realmente de niña, sino que en realidad organizaba los juegos de los demás niños. Y también supervisaba a los adultos: cuando nuestros padres se iban de vacaciones, nos quedábamos al cuidado de nuestros abuelos. Antes de que nuestros padres se marcharan, Sheryl protestaba, "Ahora tengo que cuidar de David y Michelle y además del abuelo y de la abuela. ¡No es justo!"». Todo el mundo se rió todavía con más ganas.

Yo también me reí, pero sigue habiendo una parte de mí que tiene la sensación de que resulta inadecuado que una niña pequeña sea considerada tan… autoritaria y eso hace que se sienta acobardada.

Desde una edad muy temprana, se anima a los niños a asumir el mando y a ofrecer sus opiniones. Los profesores interactúan más con sus alumnos, se dirigen a ellos con mayor frecuencia y les hacen más preguntas. También es más probable que los niños den las respuestas en voz alta y, cuando lo hacen, los profesores generalmente les escuchan. Cuando las niñas responden en voz alta, los profesores a menudo las reprenden por no seguir las normas y les recuerdan que deben levantar la mano si desean hablar.[43]

Recientemente viví una situación que me recordó que estos patrones de conducta siguen vigentes incluso cuando ya somos mayores. No hace mucho, en una pequeña reunión con otros ejecutivos empresariales, el invitado de honor estuvo hablando durante toda la cena sin descanso. Esto significó que la única manera de hacer una pregunta o aportar una observación era interrumpiéndole. Tres o cuatro hombres intervinieron, y el invitado amablemente respondió a sus preguntas antes de retomar su discurso. En un momento dado, yo traté de añadir algo a la conversación y él me espetó: «¡Déjeme terminar! ¡Qué malas son ustedes escuchando!». Finalmente, unos cuantos hombres más le interrumpieron y él lo permitió. Después, la otra única ejecutiva mujer que había en la cena decidió hablar… ¡y él volvió a hacer lo mismo! La reprendió por interrumpirle. Tras la cena, uno de los directores generales me llevó aparte y me dijo que se había dado cuenta de que solo había mandado callar a las mujeres. Me comentó que se sentía identificado con nosotras porque, siendo hispano, le habían tratado así muchas veces.

El peligro va más allá de que las figuras de autoridad silencien las voces femeninas. Las mujeres jóvenes interiorizan las indirectas sociales acerca de lo que define un comportamiento «adecuado» y, a su vez, se acaban autosilenciando. Se las premia por ser «guapas como mamá» y se las anima a ser también protectoras como mamá. Cuando el álbum *Free to Be… You and Me* fue publicado en 1972, se convirtió en uno de los puntos de referencia de mi infancia. Mi canción favorita, «William's Doll», trata de un niño de cinco años que ruega a su reticente padre que le compre un juguete que tradicionalmente es para chicas. Casi cuarenta años más tarde, la industria de los juguetes sigue estando inundada de estereotipos. Justo antes de la Navidad de 2011, se extendió por todas partes un vídeo en el que aparecía una niña de cuatro años llamada Riley. Riley camina por una juguetería, muy enfadada porque las empresas tratan de «engañar a las niñas para que compren cosas de color rosa en lugar de comprar las cosas que los niños quieren comprar, ¿verdad?». Verdad. Tal y como reflexiona Riley, «A algunas niñas les gustan los superhéroes y a otras les gustan las princesas. A algunos niños les gustan los superhéroes y a otros les gustan las princesas. De modo que, ¿por qué tienen todas las niñas que comprar cosas de color rosa y todos los niños tienen que comprar cosas de un color diferente?».[44] El hecho de alejarse de las expectativas de nuestra sociedad requiere casi un acto de rebelión, incluso para una niña de cuatro años. William sigue sin tener su muñeca, mientras que Riley se ahoga en un mar de color rosa. Ahora pongo el disco *Free to Be… You and Me* para mis hijos con la esperanza de que, si alguna vez lo ponen ellos para sus hijos, el mensaje que contiene les parezca obsoleto.

Los estereotipos de género que se inculcan durante la infancia se ven reforzados a lo largo de nuestras vidas y se convierten en profecías que comportan su propio cumplimiento. La mayoría de puestos de liderazgo están ocupados por hombres, por lo que las mujeres no esperan conseguirlos y esa se convierte en una de las razones por las que no lo hacen. Y lo mismo sucede con las retribuciones. Los hombres generalmente ganan más dinero que las mujeres, por lo tanto la gente espera que las mujeres ganen menos… y así es.

Existe un fenómeno sociopsicológico denominado «amenaza del estereotipo» que sintetiza el problema. Diversos científicos sociales han observado que cuando los miembros de un grupo son conscientes de un estereotipo negativo, tienen más probabilidades de actuar de acuerdo con dicho estereotipo. Por ejemplo, estereotípicamente, los niños son mejores en matemáticas y ciencias que las niñas. Cuando se recuerda a las niñas su sexo antes de un examen de matemáticas o de ciencias, incluso con algo tan sencillo como haciéndoles marcar la casilla M o F en el encabezado del examen, sus resultados son peores.[45] La amenaza del estereotipo disuade a las niñas y a las mujeres de adentrarse en campos técnicos, y es uno de los principales motivos por los que tan pocas mujeres estudian ciencias informáticas.[46] Tal y como me dijo en cierta ocasión un joven en prácticas que trabajó conmigo en Facebook, «En el departamento de ciencias informáticas de mi facultad hay más chicos que se llamen Dave que chicas».

El estereotipo de una mujer trabajadora rara vez resulta atractivo. La cultura popular ha retratado en numerosas ocasiones a las mujeres trabajadoras de éxito como personas tan consumidas por sus carreras que carecen de vida personal (basta recordar a Sigourney Weaver en *Armas de mujer* y a Sandra Bullock en *La proposición*). Si un personaje femenino divide su tiempo entre el trabajo y la familia, casi siempre se siente atormentado y culpable (recordemos a Sarah Jessica Parker en *Tentación en Manhattan*). Y estas caracterizaciones han llegado a trascender la ficción. Un estudio demostró que, de entre todos los hombres y mujeres de la generación Y que trabajan en una organización que cuenta con una mujer que ocupa un cargo de gran responsabilidad, tan solo un 20 por ciento desea emular su carrera.[47]

Este poco atractivo estereotipo es particularmente desafortunado puesto que la mayoría de las mujeres no tienen otra opción que permanecer en el mercado laboral. En Estados Unidos, alrededor de un 41 por ciento de las madres son el principal sostén económico y la persona que más ingresos aporta en su hogar. Otro 23 por ciento comparten la responsabilidad económica y aportan al menos un cuarto de los ingresos del hogar.[48] El número de mujeres que mantienen ellas solas a sus familias está aumentando rápidamente; entre 1973 y 2006, la proporción de familias cuyo sostén es una madre sola aumentó de una de cada diez a una de cada cinco.[49] Estas cifras son espectacularmente superiores en el caso de las familias hispanas o afroamericanas. El 27 por ciento de los niños latinoamericanos y el 52 por ciento de los afroamericanos son criados únicamente por la madre,[50] y las mujeres europeas también son cada vez más el sustento principal de sus hogares.[51]

Estados Unidos se queda considerablemente atrás con respecto a otros países en lo referente al esfuerzo de ayudar a los progenitores a cuidar de sus hijos y permanecer en el mercado laboral. De todas las naciones industrializadas del mundo, Estados Unidos es el único país que carece de una política de baja por maternidad remunerada[52]. Tal y como observó Ellen Bravo, directora del consorcio Family Values @ Work (valores familiares en el trabajo), la mayoría de «las mujeres no piensan en "tenerlo todo"; lo que les preocupa es perderlo todo —sus trabajos, la salud de sus hijos, la estabilidad económica de sus familias— debido a los conflictos que habitualmente surgen entre ser una buena empleada y ser una madre responsable».[53]

La suposición fundamental con respecto a muchos hombres es que pueden tener tanto una exitosa vida profesional como una satisfactoria vida personal, mientras que muchas mujeres suponen que tratar de tener ambas cosas resulta difícil en el mejor de los casos e imposible en el peor. Las mujeres están rodeadas de titulares y de relatos que les advierten que no pueden comprometerse a la vez con sus familias y sus carreras profesionales. Se les repite insistentemente que tienen que elegir, porque si tratan de hacer demasiadas cosas se sentirán atormentadas e infelices. Al definir el problema como una cuestión de «equilibrio entre el trabajo y la vida personal» —como si ambos conceptos fueran diametralmente opuestos—, prácticamente se garantiza que el trabajo llevará las de perder. ¿Quién elegiría el trabajo antes que la vida?

La buena noticia es que las mujeres no solo pueden tener tanto una familia como una carrera profesional, sino que también pueden prosperar al hacerlo así. En 2009, Sharon Meers y Joanna Strober publicaron *Getting to 50/50*, una revisión exhaustiva de información gubernamental, ciencias sociales e investigaciones originales que les llevó a la conclusión de que los hijos, los padres y los matrimonios pueden florecer cuando ambos progenitores desarrollan carreras profesionales completas. Los datos expuestos en el libro muestran claramente que compartir las responsabilidades económicas y el cuidado de los hijos da como resultado madres que se sienten menos culpables, padres más implicados y niños que se crían bien y se desarrollan.[54] La profesora Rosalind Chait Barnett, de la Universidad Brandeis, realizó una revisión muy completa de diversos estudios acerca del equilibrio entre vida profesional y vida personal y descubrió que las mujeres que participan en múltiples funciones presentan en realidad unos niveles más bajos de ansiedad y niveles más altos de bienestar mental.[55] Las mujeres trabajadoras obtienen gratificaciones que incluyen una mayor seguridad económica, matrimonios más estables, mejor salud y, en general, una mayor satisfacción vital.[56]

Puede que no resulte tan dramático ni tan cómico hacer una película sobre una mujer a quien le encanta tanto su trabajo como su familia, pero desde luego sería un mejor reflejo de la realidad. Necesitamos más retratos de mujeres como profesionales competentes y madres felices, o incluso como profesionales felices y madres competentes. Puede que las imágenes negativas actuales nos hagan reír, pero también hacen que las mujeres se sientan innecesariamente temerosas, al presentar los desafíos de la vida como algo insuperable. Nuestra cultura sigue confundida y todavía se maravilla: *I don't know how she does it* (es el título original de la película *Tentación en Manhattan*, y significa «no sé cómo lo consigue»).

El miedo se halla en la raíz de muchas de las barreras a las que se enfrentan las mujeres. El miedo a no gustar. El miedo a tomar la decisión equivocada. El miedo a llamar la atención por motivos equivocados. El miedo a extralimitarse. El miedo a ser juzgada. El miedo a fracasar. Y la santísima trinidad de los miedos: el miedo a ser una mala madre/esposa/hija.

Cuando no tienen miedo, las mujeres pueden perseguir el éxito profesional y la satisfacción personal. Y entonces son libres de elegir una de estas opciones, o la otra, o ambas. En Facebook, trabajamos muy duramente para crear una cultura en la que la gente se vea animada a asumir riesgos, y tenemos carteles por toda la oficina que refuerzan esta actitud. Uno de ellos afirma en letras de color rojo brillante: «La fortuna favorece a los osados». Otro de ellos invita: «Sigue adelante y sé osado». Mi favorito dice así: «¿Qué harías si no tuvieras miedo?».[57]

En 2011 Debora Spar, presidenta del Barnard College, una escuela de arte para mujeres de la ciudad de Nueva York, me invitó a pronunciar el discurso de la ceremonia de graduación. En él hablé por primera vez de forma abierta del tema de la fisura existente en la ambición por el liderazgo. De pie en la tribuna, me sentía muy nerviosa. Dije a las miembros del curso que se graduaba que deberían ser ambiciosas no solo al perseguir sus sueños, sino también a la hora de aspirar a ser líderes en sus campos. Sabía que este mensaje podría malinterpretarse como que juzgaba a las mujeres por no tomar las mismas decisiones que yo había tomado, pero nada podía alejarse más de la verdad. Creo firmemente que elegir significa elegir para todos, pero también creo que es preciso que hagamos más para animar a las mujeres a alcanzar los puestos de liderazgo. Si no podemos decirles que apunten alto en sus carreras durante una ceremonia de graduación, ¿cuándo podemos?

A medida que me dirigía a aquellas entusiastas mujeres, me di cuenta de que debía luchar para contener mis lágrimas. Conseguí llegar al final sin llorar y concluí de este modo:

Sois la promesa de un mundo más igualitario, de modo que mi deseo para todas las mujeres que hoy estáis aquí es que, después de cruzar este escenario, después de recibir vuestro título, después de salir esta noche y celebrarlo por todo lo alto… que a continuación emprendáis con entusiasmo vuestras carreras profesionales. Encontraréis algo que os encante hacer y os dedicaréis a ello con placer. Encontrad la carrera adecuada para vosotras y recorred todo el camino hasta llegar a lo más alto.

A medida que descendáis hoy de este estrado, empezaréis vuestra vida adulta. Comenzad apuntando alto. Intentadlo, e intentadlo con todas vuestras fuerzas.

Como todas las personas que hoy están aquí, tengo grandes esperanzas puestas en los miembros de esta clase que se gradúa. Espero que encontréis un auténtico significado, satisfacción y pasión en vuestras vidas. Espero que sorteéis los tiempos difíciles y salgáis de ellos con fuerzas y voluntad renovadas. Espero que encontréis el equilibrio que deseáis en vuestra vida manteniendo los ojos bien abiertos. Y espero que tú —sí, tú— tengas la ambición de avanzar en tu carrera y gobernar el mundo. Porque el mundo necesita que lo cambies. Todas las mujeres del mundo cuentan contigo.

De modo que, por favor, pregúntate a ti misma: ¿Qué haría si no tuviera miedo? Y, a continuación, ve y hazlo.

Estreché la mano de todas y cada una de las mujeres que subieron al estrado a recoger su diploma. Muchas de ellas se detuvieron para darme un abrazo. Una joven incluso me dijo: «Menuda bruja es usted» (lo cual, tras consultarlo más tarde, resultó ser un halago).

Sé que mi discurso tenía la intención de motivar a aquellas jóvenes, pero en realidad fueron ellas quienes me motivaron a mí. En los meses siguientes, comencé a pensar que debería hablar con mayor frecuencia y más en público de estos temas. Debía animar a más mujeres a creer en sí mismas y a aspirar al liderazgo. Debía animar a más hombres a formar parte de la solución ofreciendo su apoyo a las mujeres en el lugar de trabajo y en el hogar. Y no solo debía hablar frente a un público amistoso como el de Barnard, sino que debía tratar de dirigirme a audiencias de mayor envergadura y, posiblemente, mucho menos comprensivas. Debía seguir mi propio consejo y ser ambiciosa.

Escribir este libro no es solo un modo de que yo anime a otras personas a avanzar hacia delante; es también la manera de que yo misma avance hacia delante. Escribir este libro es lo que yo haría si no tuviera miedo.

2

Sentarse a la mesa

Hace algunos años organicé una reunión para el secretario del Tesoro Tim Geithner en Facebook. Invitamos a quince ejecutivos de todo Silicon Valley a un desayuno informal para hablar de la enonomía. El secretario Geithner llegó con cuatro miembros de su gabinete, dos de ellos con cargos de alta responsabilidad y los otros dos con cargos de menor envergadura, y todos nos reunimos en una agradable sala de juntas. Tras el habitual arremolinamiento inicial, invité a los asistentes a servirse algo del buffet y tomar asiento. Nuestros invitados, la mayoría hombres, cogieron platos, los llenaron de comida y se sentaron en torno a la gran mesa de la sala de juntas. Sin embargo, el equipo del secretario Geithner, formado solo por mujeres, fue el último en servirse del buffet y se sentó en unas sillas situadas en un lado de la habitación. Yo hice un gesto a las mujeres para que vinieran a sentarse a la mesa, indicándoles con la mano que se acercaran, para que se sintieran bienvenidas, pero ellas se mostraron reticentes y permanecieron en sus asientos.

Aquellas cuatro mujeres tenían todo el derecho a participar en aquella reunión, pero debido al asiento que eligieron ocupar parecían espectadores en lugar de participantes. Yo sabía que debía decir algo, de modo que, tras la reunión, las llevé a un aparte para hablar. Les indiqué que deberían haberse sentado a la mesa aun cuando no se las hubiera invitado a hacerlo, pero que una vez que públicamente les hice saber que eran bienvenidas, deberían haberse unido a los hombres sin dudarlo. Al principio parecieron sorprendidas, pero más tarde estuvieron de acuerdo conmigo.

Para mí aquel fue un momento decisivo, un momento en el que fui testigo de cómo las barreras internas pueden alterar el comportamiento de las mujeres. Me di cuenta entonces de que, además de enfrentarse a los obstáculos institucionales, las mujeres se ven obligadas a librar una batalla en su interior.

Cuando ofrecí una TEDTalk sobre el modo en que las mujeres pueden alcanzar el éxito en el mundo profesional, conté esta historia para ilustrar cómo se autolimitan las mujeres, eligiendo literalmente observar desde el exterior. Y a pesar de lo decepcionada que me sentí cuando aquellas mujeres tomaron aquella decisión, también comprendí profundamente qué tipo de inseguridades las habían conducido a quedarse a un lado y no moverse de aquellas sillas apartadas.

Durante mi último año en la universidad me uní a la sociedad de honor Phi Beta Kappa. Por aquel entonces Harvard y Radcliffe tenían órdenes independientes, de modo que mi ceremonia fue solo para mujeres. La oradora principal, la doctora Peggy McIntosh de los Wellesley Centers for Women, pronunció una conferencia titulada «Sentirse como un fraude».[58] En ella, explicó que muchas personas, pero en especial las mujeres, se sienten como un fraude cuando se las alaba por sus logros. En lugar de sentir que merecen ese reconocimiento, tienen la sensación de no merecerlo y experimentan culpabilidad, como si hubieran hecho algo mal. A pesar de haber obtenido determinados logros, incluso de ser expertas en su ámbito de trabajo, parece ser que las mujeres no son capaces de liberarse de la sensación de que es solo cuestión de tiempo antes de que se descubra quiénes son en realidad: impostoras con habilidades o capacidades limitadas.

Para mí fue el mejor discurso que había oído en mi vida. Estaba inclinada hacia delante en mi silla, asintiendo con fervor. Carrie Weber, mi brillante y definitivamente «no fraudulenta» compañera de habitación, estaba haciendo lo mismo. Por fin alguien expresaba con palabras exactamente lo que yo sentía. Cada vez que me hacían una pregunta en clase estaba convencida de que acabaría poniéndome en ridículo. Cada vez que hacía un examen, estaba segura de que lo había hecho fatal. Y cada vez que no me ponía en ridículo —o incluso que mis resultados eran excelentes—, tenía la sensación de que había conseguido volver a engañar a todo el mundo. Algún día no muy lejano se descubriría el pastel.

Durante la recepción conjunta que se celebró tras la ceremonia —una fiesta para cerebritos, en la que yo encajaba a la perfección—, le conté a uno de mis compañeros de clase el fantástico discurso de la doctora McIntosh en el que explicaba que todas las mujeres nos sentimos como fraudes. Me miró confundido y me preguntó: «¿Qué encuentras de interesante en eso?». Carrie y yo más tarde bromeamos acerca de cómo probalemente el discurso que se ofreció a los hombres se habría titulado algo así como «Cómo arreglárselas en un mundo en el que no todo el mundo es tan listo como tú».

Este fenómeno consistente en que personas perfectamente capaces se sientan asaltadas por la duda tiene un nombre: el síndrome del impostor. Tanto hombres como mujeres son susceptibles de sufrir este síndrome, pero las mujeres tienden a experimentarlo más intensamente y a verse más limitadas por él.[59] Incluso una persona con tanto éxito como la escritora y actriz Tina Fey ha admitido haberse sentido así. En cierta ocasión explicó a un periódico británico: «Lo que tiene de bueno el síndrome del impostor es que oscilas entre una egolatría extrema y un absoluto sentimiento de "¡Soy un fraude! Ay, dios mío, ¡me van a pillar! ¡Soy un fraude!". De modo que te limitas a tratar de disfrutar de la egolatría cuando llega y a pasar lo mejor que puedes a través de la idea de fraude. Ahora en serio, hace poco he descubierto que casi todo el mundo es un fraude, de modo que trato de no sentirme demasiado mal al respecto».[60]

Para las mujeres, sentirse como un fraude es síntoma de un problema mucho mayor. Continuamente nos subestimamos. Diversos estudios realizados en el contexto de diferentes sectores de la industria han demostrado que las mujeres con frecuencia juzgan su propio rendimiento como peor de lo que es en realidad, mientras que los hombres lo juzgan mejor de lo que realmente es. Las evaluaciones llevadas a cabo en estudiantes de una rotación de cirugía demostraron que, cuando se les pedía que se autoevaluaran, las estudiantes se otorgaban puntuaciones inferiores a las que se adjudicaban los estudiantes varones, a pesar de que los resultados académicos habían mostrado que las mujeres obtenían calificaciones superiores.[61] Una encuesta realizada entre varios miles de potenciales candidatos políticos demostró que, a pesar de contar con credenciales similares, los hombres eran un 60 por ciento más propensos a pensar que estaban «muy cualificados» para ostentar un cargo político.[62] Un estudio realizado entre cerca de mil estudiantes de derecho de Harvard mostró que, en casi todas las categorías de capacidades necesarias para ejercer la abogacía, las mujeres se concedían a sí mismas calificaciones menores que los hombres.[63] Lo que todavía resulta más grave es que cuando las mujeres se autoevalúan frente a los demás o en dominios estereotipados como masculinos, su subestimación puede resultar todavía más pronunciada.[64]

Si se pide a un hombre que explique los motivos de su éxito, normalmente lo atribuirá a sus propias cualidades y capacidades innatas. Sin embargo, si se formula a una mujer la misma pregunta, ella relacionará su éxito con factores externos, insistiendo en que obtuvo un buen resultado porque «trabajó muy duro» o «tuvo suerte» o porque «obtuvo ayuda de otras personas». Los hombres y las mujeres también actúan de modo diferente cuando se trata de explicar los motivos del fracaso. Cuando un hombre suspende un examen, señala para explicarlo factores como que «no estudió lo suficiente» o que «no le interesaba el tema». En cambio, cuando una mujer suspende es más probable que crea que se debe a una falta de capacidad intrínseca.[65] Y en las situaciones en las que tanto hombres como mujeres reciben comentarios negativos, la autoconfianza y autoestima de la mujer descienden en una medida muy superior.[66] La interiorización del fracaso y de la inseguridad que este crea repercuten en el rendimiento futuro, de modo que este patrón de comportamiento presenta consecuencias a largo plazo.[67]

Y no son solo las mujeres quienes son tan duras consigo mismas; a sus colegas y a los medios de comunicación les falta tiempo para atribuir los logros de las mujeres a factores externos. Cuando

Facebook salió a bolsa, *The New York Times* publicó un artículo que amablemente me recordaba —a mí y a todo el mundo— que yo había «tenido suerte» y que «había contado con poderosos mentores a lo largo del camino».[68] Diversos periodistas y blogueros alzaron la voz para poner de manifiesto el doble rasero con que se me juzgaba, señalando que *The New York Times* rara vez atribuía el éxito de los hombres a que hubieran tenido suerte. Pero el *Times* no dijo nada que yo no me hubiera dicho a mí misma miles de veces. En cada etapa de mi carrera profesional he atribuido mi éxito a la suerte, al trabajo duro y a la ayuda por parte de los demás.

Mi inseguridad comenzó, como sucede con la mayoría de las inseguridades, en el instituto. Estudié en un gran colegio público de Miami —al estilo de la película *Aquel excitante curso*— que estaba mucho más preocupado por evitar peleas en los pasillos y en mantener los lavabos libres de drogas que por los resultados académicos. Cuando me aceptaron en Harvard, muchos de mis compañeros de instituto me preguntaron por qué querría ir a una universidad repleta de frikis de los ordenadores. Pero a continuación paraban en seco, recordaban con quién estaban hablando y se alejaban mansamente sin siquiera esperar una respuesta, al darse cuenta de que ya la tenían.

El primer año de universidad supuso un enorme shock para mí. Durante el primer semestre asistí a un curso llamado «El concepto de héroe en la civilización helénica», que recibía entre los demás estudiantes el apelativo de Héroes para tontos. No es que tuviera un enorme deseo de estudiar mitología griega, pero era la forma más fácil de cumplir con el protocolo que exigía estudiar alguna asignatura de literatura. El profesor comenzó su primera conferencia preguntando qué estudiantes habían leído aquellos libros. Yo susurré al oído de mi amiga: «¿Qué libros?». «*La Ilíada* y *La Odisea*, por supuesto», contestó. Casi todas las manos se levantaron, pero no la mía. Entonces el profesor preguntó: «¿Y quién los ha leído en su versión original?». «¿Qué versión original?», pregunté a mi amiga. «Griego clásico», contestó. Más de un tercio de la clase mantuvo la mano en alto. Parecía bastante claro que yo estaba entre los tontos.

Unas semanas más tarde, mi profesor de filosofía política nos encargó una redacción de cinco páginas. A mí me entró el pánico. ¡Cinco páginas completas! Solo había escrito una redacción de esa longitud en el instituto y se trató de un proyecto que duró todo el año. ¿Cómo podía nadie escribir cinco páginas en tan solo una semana? No salí ni una noche, me desconecté de todo y, a juzgar por el tiempo que le dediqué, debería haber obtenido un sobresaliente solo por el esfuerzo, pero obtuve un suficiente. Resulta virtualmente imposible obtener un suficiente en Harvard si entregas la redacción. No estoy exagerando; era lo mismo que haber suspendido. Fui a ver a la supervisora de mi residencia de estudiantes, que trabajaba en la oficina de admisiones, y me dijo que me habían admitido en Harvard por mi personalidad, no por mi potencial académico. Muy reconfortante.

Dediqué todo mi empeño, trabajé más duro y, hacia el final del semestre, ya había aprendido cómo escribir redacciones de cinco páginas. Pero, independientemente de mis buenos resultados académicos, siempre tenía la sensación de que me iban a pillar por no saber realmente nada. Tan solo cuando escuché el discurso en Phi Beta Kappa acerca de dudar de una misma me di cuenta: el auténtico problema no era que yo me sintiera como un fraude, sino que podía sentir algo muy profundamente y estar del todo equivocada.

Debía haber comprendido que esta manera de dudar de mí misma era más común entre las mujeres por el hecho de haberme criado con mi hermano. David es dos años menor que yo y una de las personas que más respeto y amo en el mundo. En su casa, comparte las tareas de cuidado de sus hijos al cincuenta por ciento con su mujer, y en el trabajo es un neurocirujano pediátrico cuyos días están llenos de angustiosas decisiones entre la vida y la muerte. Aunque fuimos criados exactamente igual, David siempre ha tenido más seguridad en sí mismo. Una vez, cuando todavía estábamos en el instituto, nuestras parejas para el sábado por la noche cancelaron la cita en el último momento. Yo pasé el resto del fin de semana arrastrando los pies por la casa, preguntándome qué pasaba conmigo. David se rió del rechazo y anunció: «Esa chica no sabe lo que se pierde», y se fue a jugar al baloncesto con sus amigos. Afortunadamente, yo tenía a mi hermana pequeña, mucho más sabia y comprensiva de lo que habría cabido esperar para su edad, para consolarme.

Unos cuantos años más tarde, David vino a estudiar a la misma universidad que yo. Cuando yo estaba en el último curso y él en el primero, asistimos juntos a una clase sobre historia intelectual europea. Mi compañera de habitación, Carrie, también asistía a la clase, lo cual supuso una enorme ayuda puesto que se había titulado en literatura comparada. Carrie asistió a todas las conferencias y leyó los diez libros asignados... en su idioma original (por aquel entonces yo ya sabía cuáles eran). Yo asistí a casi todas las conferencias y leí todos los libros... en inglés. David asistió a dos conferencias, leyó uno de los libros y después acudió a nuestro cuarto para que le ayudáramos a preparar el examen final. Los tres nos presentamos al examen, escribiendo furiosamente durante tres horas en nuestros pequeños cuadernos azules. Cuando salimos, nos preguntamos mutuamente cómo nos había ido. Yo estaba enfadada, había olvidado conectar el ello freudiano con el concepto de la voluntad de Schopenhauer. Carrie también estaba preocupada y confesó que no había explicado adecuadamente la distinción que establecía Kant entre lo sublime y lo bello. Nos volvimos hacia mi hermano. ¿Cómo pensaba que le había ido? «He conseguido el pelado», anunció. «¿El pelado?», le preguntamos. «Sí —dijo—, el sobresaliente pelado.»

Y tenía razón, obtuvo el pelado. En realidad, los tres obtuvimos sobresaliente en el examen. No es que mi hermano tuviera un exceso de confianza, es que Carrie y yo éramos demasiado inseguras.

Estas experiencias me enseñaron que debía efectuar un ajuste tanto intelectual como emocional. Aprendí con el tiempo que, aunque era difícil deshacerse de las sensaciones de duda, podía comprender que eran fruto de una distorsión. Nunca llegaría a tener la seguridad que sin esfuerzo poseía mi hermano, pero podía desafiar la noción de que estaba constantemente abocada al fracaso. Cuando sentía que no era capaz de hacer algo, me recordaba a mí misma que no suspendí todos mis exámenes en la universidad. No suspendí ni uno siquiera. Aprendí a «enderezar» la distorsión.

Todos conocemos a personas sumamente seguras de sí mismas que no tienen motivos para sentirse así, y también conocemos a otras que podrían hacer mucho más si tuvieran una mayor confianza en sí mismas. Como sucede con muchas otras cosas, la falta de confianza en uno mismo puede convertirse en una profecía que lleva implícito su propio cumplimiento. Yo no sé cómo convencer a alguien para que crea que es la persona más adecuada para determinado puesto de trabajo, ni siquiera a mí misma. Hasta hoy día sigo bromeando con que ojalá pudiera sentirme durante unas horas tan segura de mí misma como se siente mi hermano. Debe de ser una sensación infinitamente agradable, como recibir un diamante cada día.

Cuando no me siento segura, una táctica que he aprendido es que en ocasiones ayuda el simular seguridad. Descubrí esta táctica cuando era instructora de aerobic en la década de 1980 (lo que implicaba llevar leotardos plateados, calentadores y una brillante cinta en el pelo, todo lo cual pegaba a la perfección con mi peinado voluminoso). Según las enseñanzas de Jane Fonda, el aerobic también significaba sonreír firmemente durante toda una hora. Algunos días la sonrisa surgía de forma natural, pero otros me sentía fatal y tenía que fingirla. Pero al cabo de una hora de sonrisas forzadas, con frecuencia me sentía muy animada.

Muchos de nosotros hemos experimentado lo que significa estar enojado con una persona y tener que fingir que todo va fenomenal en público. Mi marido Dave y yo tenemos nuestros momentos y, justamente cuando estamos abordando el núcleo del asunto, llega la hora de ir a cenar a casa de unos amigos. Ponemos nuestra sonrisa de «todo va genial» y, sorprendentemente, tras unas cuantas horas, así es.

Varias investigaciones apoyan esta estrategia que consiste en «fingirlo hasta que te sientas así». Un estudio descubrió que, cuando las personas adoptaban una postura que reflejaba que ostentaban mucho poder (por ejemplo, ocupar más espacio extendiendo sus extremidades) durante tan solo un par de minutos, sus niveles de hormonas del dominio (testosterona) se disparaban y los de hormonas del estrés (cortisol) descendían. Como resultado, se sentían más poderosos, sentían que estaban al mando y mostraban una tolerancia superior hacia el riesgo. Un sencillo cambio de postura conducía a un importante cambio de actitud.[69]

Yo no sugeriría que quien ya se sienta seguro vaya más allá y pase a la arrogancia o a la bravuconería. A nadie le gustan esos rasgos, ya sea en un hombre o en una mujer. Pero es necesario sentirse seguro —o mostrar que se siente seguridad— para tener acceso a determinadas oportunidades. Se trata de un cliché, pero las oportunidades rara vez se ofrecen; hay que ir a por ellas. Durante los seis años y medio en que trabajé para Google, contraté a un equipo de cuatro mil empleados. Yo no los conocía a todos personalmente, pero sí conocía aproximadamente a los cien más destacados. Lo que observé a lo largo de los años fue que, en su gran mayoría, los hombres accedían a las oportunidades con mayor rapidez que las mujeres. Cuando anunciamos la apertura de una nueva oficina para el lanzamiento de un nuevo proyecto, los hombres llamaban sin cesar a la puerta de mi despacho para explicarme por qué debían encabezar ellos el proyecto. Los hombres también eran más propensos a perseguir una oportunidad de crecimiento incluso antes de que se anunciara una nueva inauguración. Estaban impacientes por desarrollar su carrera y creían que eran capaces de hacer más. Y a menudo tenían razón, al igual que mi hermano. Las mujeres, sin embargo, eran más cautas a la hora de cambiar de puesto y perseguir nuevos retos. A menudo me veía obligada a persuadirlas para que trabajaran en nuevas áreas. He mantenido innumerables conversaciones en las que las mujeres respondían a este estímulo por mi parte diciendo: «No estoy segura de que vaya a ser buena en ese campo», o «Suena emocionante, pero nunca antes he hecho nada parecido», o bien «Todavía me queda mucho que aprender en mi puesto actual». Pocas veces, o ninguna, llegué a oír este tipo de comentarios por parte de un hombre.

Dado el modo tan rápido en que se mueve el mundo actual, aprovechar las oportunidades es más importante que nunca. Muy pocos directivos tienen suficiente tiempo para considerar detenidamente a todos los aspirantes a un puesto y mucho menos para convencer a aquellas más reticentes de que se presenten. Y cada vez con mayor frecuencia las oportunidades no están muy claramente definidas, sino que proceden de una persona que irrumpe para hacer algo repentinamente y ese algo al final termina por convertirse en su trabajo.

Cuando empecé a trabajar en Facebook, lo hice con un equipo dedicado a responder a la cuestión fundamental de cuál era el mejor modo de hacer crecer nuestro negocio. Las conversaciones se caldeaban, ya que muchas personas exponían sus puntos de vista con gran vehemencia. Terminamos la semana sin llegar a un acuerdo. Dan Rose, líder de nuestro equipo de operaciones, pasó el fin de semana recopilando datos de mercado que nos permitieran replantear la conversación basándonos en un análisis. Sus esfuerzos consiguieron romper con el estancamiento en que nos habíamos sumido. A partir de ese momento amplié las responsabilidades de Dan para que incluyeran el marketing de productos. Tomar iniciativas tiene sus recompensas. Resulta difícil visualizar a alguien como líder si siempre está esperando que le digan qué debe hacer.

Durante una entrevista, *The Hufftington Post* preguntó a Padmasree Warrior, directora jefe de tecnología de Cisco: «¿Cuál es la lección más importante que ha aprendido de un error que haya cometido en el pasado?». Ella respondió: «Dije que no a un montón de oportunidades cuando todavía estaba empezando porque pensé cosas como "No me titulé en eso" o "No conozco ese campo". Mirando hacia atrás, en determinado momento lo que realmente importa es la capacidad que uno tiene para aprender rápido y contribuir con rapidez. Una de las cosas que suelo decir a la gente estos días es que no existe la actividad perfecta cuando estás buscando qué hacer a continuación. Debes aprovechar la oportunidad y hacer que dicha ocasión sea perfecta para ti y no al revés. La cualidad más importante que puede tener un líder es la capacidad de aprender».[70]

Virginia Rometty, la primera mujer directora general de IBM, explicó a su audiencia en la reunión de las mujeres más poderosas del mundo de *Fortune* de 2011 que, en una etapa inicial de su carrera, le ofrecieron un «gran trabajo», pero le preocupaba carecer de la experiencia adecuada y le dijo a la persona que le ofreció el puesto que debía pensárselo. Aquella misma noche, comentó la oferta con su marido, quien le preguntó «¿Crees que un hombre habría respondido así a esa pregunta?».

«Aquella experiencia me enseñó que hay que mostrarse muy segura de una misma —afirmó Ginni—, por muy autocrítica que una sea acerca de lo que puede o no puede saber. Y eso, para mí, implica asumir riesgos».[71]

Me sigue alarmando no solo el modo en que, como mujeres, somos incapaces de situarnos en un lugar destacado, sino también el hecho de que desconozcamos la existencia de ese desajuste y, por lo tanto, nunca tratamos de subsanarlo. Y me incluyo en ese «nosotras». Hace algunos años pronuncié una conferencia sobre problemas de género frente a varios cientos de empleados en Facebook. Tras mi charla, respondí a todas las preguntas que permitió el tiempo de que disponía. Después, aquella misma tarde, regresé a mi despacho donde una joven esperaba para hablar conmigo. «Hoy he aprendido algo», dijo. «¿Qué?», le pregunté, satisfecha, puesto que imaginé que estaba a punto de decirme que mis palabras le habían llegado muy hondo. En cambio, afirmó: «He aprendido a mantener mi mano en alto». Me explicó que, hacia el final de mi conferencia, yo dije que contestaría tan solo dos preguntas más. Así lo hice, por lo que ella bajó la mano, al igual que el resto de las mujeres. Pero varios hombres mantuvieron la suya en alto. Y dado que seguía habiendo manos agitándose en el aire, respondí a más preguntas... únicamente formuladas por hombres. En lugar de conseguir que mis palabras sirvieran de inspiración, estas me golpearon como si de una tonelada de ladrillos se tratara. Aunque había dado una conferencia sobre problemas de género, yo misma había tenido uno frente a mis ojos y había sido incapaz de verlo.

Si deseamos vivir en un mundo con más igualdad, es necesario que reconozcamos que las mujeres son menos propensas a mantener las manos en alto. Necesitamos que tanto las instituciones como las personas perciban y corrijan este comportamiento, animando, promoviendo y apoyando a más mujeres. Y es preciso que estas aprendan a mantener las manos en alto, porque cuando las bajan puede que ni los directivos con las mejores intenciones se den cuenta.

Cuando comencé a trabajar para Larry Summers, por entonces economista jefe del Banco Mundial, él estaba casado con Vicki, una abogada especializada en derecho tributario. Larry apoyaba firmemente la carrera de su mujer y solía animarla a que «facturara como un chico». Él opinaba que los hombres consideraban todo el tiempo que dedicaban a pensar sobre un asunto —incluso si era en la ducha— como horas facturables. Su mujer y las colegas de ella, sin embargo, eran capaces de decidir que determinado día no habían dado el cien por cien y descontaban horas que habían pasado en su despacho para ser justas con el cliente. ¿Qué abogados son más rentables para esa firma? Para demostrar su punto de vista, Larry les contó la historia de un reconocido profesor de la facultad de derecho de Harvard a quien un juez pidió que desglosara una factura. El profesor le respondió que no podía hacerlo, porque con mucha frecuencia estaba pensando en dos cosas al mismo tiempo.

Incluso en la actualidad, yo sigo sin siquiera acercarme a dominar el arte de sentirme segura de mí misma. En agosto de 2011 *Forbes* publicó su lista anual con las 100 mujeres más poderosas del mundo.[72] Soy suficientemente inteligente para saber que dicha lista no se basa en una fórmula científica y que las revistas adoran este tipo de registros porque generan montones de visitas a su página conforme los lectores van haciendo clic en cada nombre. Aun así, me sentí conmocionada —no, más bien horrorizada— al saber que *Forbes* me consideraba la decimoquinta mujer más poderosa del mundo, justo detrás de la canciller alemana, Angela Merkel; de la secretaria de Estado, Hillary Clinton; de la presidenta de Brasil, Dilma Rousseff, y de la directora general de PepsiCo, Indra Nooyi. Esto me situaba por delante de la primera dama, Michelle Obama, y de la política india, Sonia Gandhi. Absurdo. Mi madre me llamó y me dijo: «Bueno, cariño, creo que eres una mujer muy poderosa, pero no estoy segura de que seas más poderosa que Michelle Obama». ¿En serio?

Lejos de sentirme poderosa, me sentí avergonzada y vulnerable. Cuando mis colegas de Facebook me paraban por los pasillos para felicitarme, yo calificaba la lista de «ridícula». Cuando mis amigos publicaron el enlace en Facebook, les pedí que lo quitaran. Después de unos cuantos días, la que había sido mi asistente ejecutiva durante mucho tiempo, Camille Hart, me citó en una sala de reuniones y cerró la puerta. Era algo serio. Me dijo que yo estaba gestionando muy mal el asunto de *Forbes* y que debía dejar de someter a una diatriba sobre lo absurdo de la lista a todo aquel que me mencionara. Estaba mostrando a demasiadas personas lo incómoda que me sentía y les estaba revelando mi inseguridad. En lugar de adoptar es actitud, debía limitarme a decir «Gracias».

Todos necesitamos compañeros como Camille, que fue suficientemente honesta para señalarme mi poco agraciada respuesta. Tenía razón, tanto si la lista era ridícula como si no lo era, yo no la había escrito y no tenía que reaccionar de forma negativa ante ella. Dudo mucho de que un hombre se hubiera sentido tan abrumado por la percepción que los demás tuvieran de su poder.

Sé que mi éxito tiene su raíz en el trabajo duro, en la ayuda por parte de los demás y en haber estado en el lugar adecuado en el momento adecuado. Tengo un profundo y permanente sentimiento de gratitud hacia todas aquellas personas que me han ofrecido oportunidades y apoyo. Reconozco la inmensa suerte que supone haber nacido en mi familia en Estados Unidos y no en uno de los muchos lugares del mundo en los que se niega a las mujeres sus derechos más básicos. Creo que todos nosotros —hombres y mujeres por igual— deberíamos reconocer nuestra buena fortuna y dar las gracias a las personas que nos han ayudado. Nadie consigue las cosas completamente solo.

Pero también sé que, a fin de continuar creciendo y superando nuevos retos, debo creer en mi propia capacidad. Sigo enfrentándome a situaciones que temo que estén más allá de mi competencia. Todavía hay días en los que me siento como un fraude. Y, en ocasiones, sigo viendo cómo se me interrumpe y se me ignora mientras que a los hombres que se sientan junto a mí no les sucede lo mismo. Pero ahora sé que debo respirar hondo y mantener mi mano en alto. He aprendido a sentarme a la mesa.

Éxito y simpatía

De acuerdo, entonces todo lo que debe hacer una mujer es ignorar las expectativas de la sociedad, ser ambiciosa, sentarse a la mesa, trabajar duro y todo será un camino de rosas para ella. ¿Qué podría salir mal?

En 2003, el profesor de la facultad de ciencias empresariales de Columbia Frank Flynn y el profesor de la Universidad de Nueva York Cameron Anderson llevaron a cabo un experimento para poner a prueba las percepciones de los hombres y de las mujeres en el lugar de trabajo.[73] Comenzaron con el estudio de un caso real en la facultad de ciencias empresariales de Harvard sobre una empresaria llamada Heidi Roizen. El caso describía cómo Roizen llegó a ser una inversora de éxito empleando su «personalidad extrovertida... y la vasta red personal y profesional [que] incluía a muchos de los líderes empresariales más poderosos del sector de la tecnología».[74] Flynn y Anderson asignaron a la mitad de los estudiantes la lectura de la historia de Heidi y entregaron a la otra mitad la misma historia con una única diferencia: cambiaron el nombre de «Heidi» por el de «Howard».

A continuación, los profesores Flynn y Anderson preguntaron a los estudiantes acerca de sus impresiones sobre Heidi o Howard. Los alumnos consideraron que Heidi y Howard eran igualmente competentes, lo cual tenía sentido puesto que «sus» logros eran completamente idénticos. Sin embargo, aunque los estudiantes respetaron por igual a Heidi y a Howard, este último dio la impresión de ser un colega mucho más atractivo. A Heidi, en cambio, la encontraron egoísta y «el tipo de persona que no desearías contratar para un puesto de trabajo». Los mismos datos con una única diferencia —el sexo— crearon impresiones diametralmente opuestas.

El experimento demostró lo que diversas investigaciones ya habían descubierto: el éxito y la simpatía que se despierta en los demás se vinculan de forma positiva en el caso de los hombres y de forma negativa en el caso de las mujeres.[75] Cuando un hombre tiene éxito, despierta simpatía tanto entre los hombres como entre las mujeres; en cambio, cuando una mujer tiene éxito, despierta una simpatía mucho menor entre personas de ambos sexos. Este hecho resulta impactante y poco sorprendente al mismo tiempo: impactante porque jamás nadie admitiría que prejuzga a otra persona basándose en su sexo y poco sorprendente porque claramente eso es lo que todos hacemos.

Décadas de investigación en el ámbito de las ciencias sociales han confirmado lo que el estudio del caso práctico Heidi/Howard demostró de forma tan manifiesta: evaluamos a las personas basándonos en estereotipos (sexo, raza, nacionalidad y edad, entre otros).[76] Nuestra imagen estereotipada de los hombres indica que toman la iniciativa y que son decididos e impulsivos. Nuestro estereotipo de las mujeres implica que son cuidadoras, sensibles y con espíritu comunitario. Debido a que caracterizamos a los hombres y a las mujeres como opuestos entre sí, el logro profesional y todos los rasgos que a él se asocian se colocan en la columna de los hombres. Al centrarse en sus carreras profesionales y elaborar un sistema calculado para obtener poder, Heidi violó nuestras expectativas estereotipadas de las mujeres. Sin embargo, Howard cumplió con nuestras expectativas estereotipadas de los hombres exhibiendo exactamente el mismo comportamiento. ¿Resultado final? Él nos gusta y ella no.

Creo que este prejuicio se halla en el núcleo mismo del motivo por el que se insiste en limitar a las mujeres y también por el que estas se autolimitan como lo hacen. En el de los hombres, el éxito profesional comporta un refuerzo positivo en cada paso que dan.

En el de las mujeres, incluso aunque se las reconozca por sus logros, con frecuencia se las contempla con una mirada poco favorable. El periodista Shankar Vedantam en cierta ocasión catalogó las descripciones denigrantes de algunas de las primeras líderes mundiales femeninas. «Margaret Thatcher, de Inglaterra —escribió—, recibió el sobrenombre de *"Attila the Hen"* (Atila, la gallina); Golda Meir, la primera mujer en llegar a primera ministra de Israel, era "el único hombre del gabinete"; el presidente Richard Nixon llamaba «vieja bruja» a la primera mujer que fue primera ministra de la India, Indira Gandhi; y Angela Merkel, actual canciller de Alemania, ha recibido el sobrenombre de "la *frau* de hierro"».[77]

He visto cómo esta dinámica se aplicaba una y otra vez. Cuando una mujer destaca en su labor, tanto sus compañeros como sus compañeras pondrán de manifiesto que quizá esté logrando grandes cosas, pero «no es tan querida por sus colegas». También es probable que sea «demasiado agresiva», que «no sepa trabajar en equipo», que sea «un poco política», «poco digna de confianza» o «de trato difícil». Al menos esas son las cosas que se han dicho de mí y de casi todas las mujeres que conozco que tienen cargos de gran responsabilidad. El mundo parece preguntarnos por qué somos como Heidi y no como Howard.

La mayoría de las mujeres nunca han oído hablar del estudio Heidi/Howard. A casi ninguno de nosotros se nos habla jamás de este lado negativo de los logros femeninos. Y aun así, podemos percibir ese castigo por haber alcanzado el éxito. Somos conscientes de que, cuando una mujer actúa de modo enérgico o competitivo, se está desviando del comportamiento esperado. Si una mujer presiona a su equipo para que el trabajo se termine a tiempo, si es altamente competente, si se centra en los resultados en lugar de limitarse a complacer a los demás, entonces está actuando como un hombre. Y cuando actúa como un hombre, la gente siente poca simpatía hacia ella. Como respuesta a esta reacción negativa, tendemos a atemperar nuestros objetivos profesionales. El escritor Ken Auletta resumió este fenómeno en *The New Yorker* cuando observó que, para las mujeres, «dudar de sí mismas es una especie de autodefensa».[78] A fin de protegernos del rechazo que supone no despertar la simpatía de los demás, cuestionamos nuestras capacidades y restamos importancia a nuestros logros, especialmente en presencia de otras personas. Nos minusvaloramos antes de que lo hagan los demás.

Durante el verano que transcurrió entre mi primer y mi segundo año en la facultad de ciencias empresariales, recibí una carta por correo en la que se me anunciaba que había obtenido la beca Henry Ford por haber alcanzado la calificación más elevada del primer año. Era un cheque por valor de 714,28 dólares, una cifra un tanto extraña que inmediatamente daba a entender que el premio había sido repartido entre varios estudiantes. Cuando volvimos a clase en el segundo año, hubo seis hombres que hicieron público el hecho de haber recibido esa gratificación. Multipliqué mi cheque por siete y obtuve un número casi redondo. Misterio resuelto. Siete personas habían obtenido la beca: seis hombres y yo.

Pero, a diferencia de los otros seis ganadores, yo no hice público que también había resultado agraciada con esa ayuda. Se lo conté a mi mejor amigo, Stephen Paul, confiando en que guardaría mi secreto. Aparentemente, esta decisión podría haberse vuelto en mi contra, puesto que las calificaciones en la facultad de ciencias empresariales de Harvard se basaban en un 50 por ciento en la participación durante las clases. Los profesores dan clases de noventa minutos y no se les permite escribir nada, por lo que deben confiar en su memoria para reconstruir los debates mantenidos en clase. Cuando un alumno hace un comentario sobre algo que ha dicho otro estudiante —por ejemplo, «Si puedo añadir algo más a lo que ha dicho Tom… »—, eso sirve de ayuda al profesor para recordar los argumentos más destacados y quién los propuso. Al igual que sucede en la vida real, el rendimiento depende enormemente de la reacción que tengan las personas entre sí. Los otros seis ganadores de la beca Ford se convirtieron rápidamente en los oradores más citados, puesto que su estatus académico les otorgó credibilidad instantánea. También recibieron muy pronto ofertas de trabajo por parte de empresas muy prestigiosas, incluso antes de que comenzara el período oficial de contrataciones. Un día, en clase, uno de los seis distinguidos hizo un comentario que, según mi opinión, demostraba que ni siquiera se había leído el caso que se estaba debatiendo. Todo el mundo se apresuró a adularle. Yo me preguntaba si no estaría cometiendo un gran error al no anunciar a la gente que yo era la séptima estudiante. Habría sido agradable atravesar mi segundo año en la facultad de ciencias empresariales flotando sobre una nube, sin siquiera tener que leer el material obligatorio.

Pero nunca llegué a considerar en serio anunciarlo en público. Instintivamente sabía que hacer público mi rendimiento académico era una mala idea. Años más tarde, cuando conocí el estudio del caso práctico Howard/Heidi, comprendí el motivo. Es posible que ser los mejores de la clase hiciera la vida más fácil a mis colegas masculinos, pero sin duda a mí me la habría hecho más difícil.

Y no llegué a esta conclusión por arte de magia. A lo largo de mi vida, diversas señales reforzadas por el entorno cultural me fueron advirtiendo del peligro que supone parecer demasiado inteligente o tener demasiado éxito. Comienza a una edad temprana. Al ser una niña, ya sabes que ser inteligente es bueno en muchos sentidos, pero no te hace especialmente popular ni atractiva para los chicos. En el colegio, me llamaban la «chica más lista de la clase». Yo odiaba esa descripción. ¿Quién quiere ir al baile de graduación con la chica más lista de la clase? En el último año, mi clase me votó como «la persona con más probabilidades de tener éxito», junto con un chico. No deseaba jugármela y quedarme sin pareja en el baile de graduación, de modo que convencí a un amigo mío que trabajaba en el anuario para que eliminara mi nombre. Fui al baile de graduación con un chico divertido a quien le encantaba el deporte. De hecho, le gustaba tanto que dos días antes del baile me llamó para cancelar la cita y asistir en su lugar a un partido de baloncesto. Me dijo: «Sé que lo comprenderás, porque ir a los partidos de desempate es una oportunidad que solo se da una vez en la vida». Yo no le dije que, como adolescente, creía que ir al baile de graduación era una oportunidad que solo se da una vez en la vida. Afortunadamente, encontré una nueva pareja para el baile menos entusiasta de los deportes.

Nunca pensé realmente en por qué me tomé tantas molestias por acallar mis logros desde una edad tan temprana. Más tarde, unos diez años después de graduarme en la facultad de ciencias empresariales, me encontraba en una cena sentada junto a Deborah Gruenfeld, profesora de liderazgo y comportamiento organizativo de la Universidad de Stanford, cuando nuestra charla informal se convirtió en un intenso debate. Habiendo estudiado esta cuestión, la profesora Gruenfeld fue capaz de explicarme cuál es el precio que pagan las mujeres a cambio de su éxito. «Nuestras arraigadas ideas culturales asocian a los hombres con cualidades de liderazgo y a las mujeres con cualidades de protección, lo cual sitúa a las mujeres entre la espada y la pared —dijo—. No solo creemos que las mujeres son protectoras, sino que deberían serlo por encima de todo lo demás. Cuando una mujer hace algo que denota que quizá ser agradable no sea su primera y principal prioridad crea una impresión negativa y nos hace sentir incómodos».[79]

Si una mujer es competente, no parecerá suficientemente agradable, pero si una mujer es realmente agradable, se la considerará más agradable que competente. Dado que la gente desea contratar y promover a aquellas personas que sean competentes y también agradables, esto crea un enorme obstáculo para las mujeres. Actuar del modo que estereotipadamente se espera de las mujeres dificulta el hecho de alcanzar las mismas oportunidades que los hombres, pero desafiar las expectativas y alcanzar dichas oportunidades conduce a ser considerada indigna y egoísta. Nada ha cambiado desde que iba al instituto. La inteligencia y el éxito no son caminos seguros hacia la popularidad a ninguna edad. Esto lo complica todo enormemente, ya que al mismo tiempo que es necesario que las mujeres se sienten a la mesa y se adueñen del éxito que les corresponde, hacerlo puede suponer que sean menos apreciadas por ello.[80]

La mayoría de la gente —y me incluyo— desea realmente despertar la simpatía de los demás, y no solo porque proporcione una sensación agradable; despertar la simpatía de los demás es también un factor fundamental tanto para el éxito profesional como para el personal. La disponibilidad para hacer una presentación o para abogar por una persona o promoverla depende de que esa persona despierte en nosotros sentimientos positivos. Necesitamos creer en su capacidad para hacer el trabajo y para llevarse bien con todos mientras lo hace. Ese es el motivo por el que, instintivamente, muchas de nosotras nos sentimos presionadas para mantener nuestros logros en secreto.

En octubre de 2011, Jocelyn Goldfein, una de las directoras de ingeniería de Facebook, mantuvo una reunión con nuestras ingenieras en la que las animaba a compartir los progresos que habían hecho en los productos que estaban construyendo. Silencio en la sala. Ninguna quería hacer alarde de sus logros. ¿Quién desearía dar el primer paso cuando las mujeres que se autoelogian siempre acaban siendo odiadas? Jocelyn cambió de sistema. En lugar de pedir que las mujeres hablaran de sí mismas, les pidió que contaran las historias de las demás. El ejercicio se convirtió en algo colectivo, lo que hizo que todas se sintieran más cómodas.

Reconocer nuestro éxito como propio es fundamental para conseguir más éxito. El avance profesional depende de que la gente crea que un empleado está contribuyendo a obtener buenos resultados. Los hombres pueden atribuirse cómodamente el mérito de lo que hacen siempre y cuando no caigan en la arrogancia. En el caso de las mujeres, atribuirse el mérito implica pagar un auténtico precio a nivel social y profesional. De hecho, las mujeres que explican por qué están cualificadas o mencionan éxitos previos en una entrevista de trabajo tienen menos probabilidades de obtener el puesto.[81]

Y por si ese doble rasero no fuera suficiente obstáculo, los estereotipos de género también pueden hacer que las mujeres se vean obligadas a trabajar mucho más sin obtener recompensas adicionales. Cuando un hombre ayuda a un colega, el receptor se siente en deuda con él y es altamente probable que le devuelva el favor. Pero cuando es una mujer la que ayuda, el sentimiento de deuda es más débil. Ella se debe a la comunidad, ¿no? Ella desea ayudar a los demás. El profesor Flynn denomina este fenómeno el problema del «descuento de género», lo cual significa que las mujeres pagan una sanción profesional por el supuesto deseo de tener espíritu comunitario, es decir, de deberse a la comunidad.[82] Por otro lado, cuando un hombre ayuda a un compañero de trabajo, se considera como una imposición, por lo que se le compensa con evaluaciones de rendimiento más favorables y recompensas como aumentos o bonificaciones salariales. Y lo que resulta todavía más frustrante es que, cuando una mujer se niega a ayudar a un compañero, con frecuencia recibe informes menos favorables y menos recompensas. Pero ¿qué sucede con un hombre que se niega a ayudar? No hay penalización para él.[83]

A causa de estas injustas expectativas, las mujeres se ven inmersas en situaciones en las que, hagan lo que hagan, salen perdiendo.[84] Esto es especialmente cierto en lo que respecta a las negociaciones relacionadas con las compensaciones, los beneficios, las acciones y otras bonificaciones. En su mayoría, los hombres negocian más que las mujeres.[85] Un estudio que analizó los salarios iniciales de estudiantes que habían obtenido un máster en la Universidad Carnegie Mellon puso de manifiesto que el 57 por ciento de los estudiantes masculinos trataron de negociar un salario superior, frente a tan solo un 7 por ciento de las mujeres.[86] Pero, en lugar de culpar a las mujeres por no negociar más, deberíamos reconocer que las mujeres, con frecuencia, tienen una buena causa para ser tan reticentes a velar por sus propios intereses, ya que hacerlo puede fácilmente volverse en su contra.[87]

Existen muy pocas desventajas cuando los hombres negocian para su propio beneficio. La gente espera que estos exijan más y señalen sus contribuciones y que se les reconozca y recompense por ellas. En el caso de los hombres, nada hay de malo en pedir. Pero dado que se espera de las mujeres que se preocupen de los demás, cuando piden cosas para sí mismas o señalan su propia valía, tanto hombres como mujeres reaccionan desfavorablemente. Sin embargo, resulta interesante comprobar que las mujeres son capaces de negociar igual de bien o incluso mejor que los hombres cuando lo hacen para otros (como su empresa o un compañero), porque en ese caso sus peticiones no las hacen parecer egoístas.[88] No obstante, cuando una mujer negocia para su propio beneficio, viola la norma de género que todos tenemos interiorizada. Tanto hombres como mujeres con frecuencia se muestran reticentes a trabajar con una mujer que haya negociado un aumento de salario, porque se la considera más exigente que una mujer que no lo haya negociado.[89] Incluso cuando consigue negociar con éxito para su propio beneficio, puede verse obligada a pagar a más largo plazo un precio en buena voluntad y ventajas en el futuro.[90] Lamentablemente, todas las mujeres son Heidi. Por mucho que lo intentemos, no podemos ser Howard.

Cuando me encontraba negociando mi compensación salarial con Mark Zuckerberg, fundador y director general de Facebook, me hizo una oferta que me pareció justa. Habíamos cenado juntos varias noches a la semana desde hacía más de un mes para discutir la misión de Facebook y su visión para el futuro. Estaba lista para aceptar el puesto. No, más bien me moría por aceptar el puesto. Mi marido Dave no paraba de decirme que negociara, pero yo tenía miedo de hacer cualquier cosa que pudiera echar a perder el trato. Podía jugar a hacerme la dura, pero entonces quizá Mark no querría trabajar conmigo. ¿Merecía la pena cuando sabía que finalmente acabaría aceptando la oferta? Decidí que no. Pero justo cuando estaba a punto de decir sí, Marc Bodnick, mi exasperado cuñado, espetó: «¡Maldita sea, Sheryl! ¿Por qué vas a ganar menos dinero del que ganaría un hombre en el mismo puesto?».

Mi cuñado no conocía los detalles de mi contrato, pero simplemente sabía que ningún hombre de mi mismo nivel profesional consideraría siquiera aceptar la primera oferta. Esto resultó motivador. Volví al despacho de Mark y le dije que no podía aceptar la oferta, pero preparé la noticia diciéndole: «Por supuesto, como comprenderás, vas a contratarme para dirigir tus equipos de negocios, de modo que desearás que sea una buena negociadora. Este será el único momento en que tú y yo estemos en lados opuestos de la mesa». A continuación negocié con firmeza y después pasé una noche de nervios preguntándome si no lo habría echado todo a perder, pero Mark me llamó al día siguiente. Solucionó el problema mejorando mi oferta, ampliando los términos de mi contrato de cuatro a cinco años y permitiéndome también comprar participaciones de la empresa. Su creativa solución no solo cerró el trato, sino que también nos preparó para un alineamiento de intereses a más largo plazo.

La meta de una negociación exitosa consiste en conseguir nuestros objetivos y continuar contando con gente como nosotros. La profesora Hannah Riley Bowles, que estudió género y negociaciones en la escuela Gobierno de Kennedy de la Universidad de Harvard, cree que las mujeres pueden aumentar sus posibilidades de conseguir los resultados deseados haciendo dos cosas a la vez.[91] En primer lugar, las mujeres deben presentarse como personas agradables, preocupadas por los demás y femeninas «de la manera adecuada». Cuando las mujeres emplean un método más instrumental («Esto es lo que quiero y merezco»), las personas reaccionan de un modo mucho más negativo.

Hay un dicho: «Piensa a nivel global, actúa a nivel local». A la hora de negociar, «Piensa a nivel personal y actúa a nivel comunitario». He aconsejado a muchas mujeres que antes de comenzar una negociación expliquen que saben que con frecuencia las mujeres cobran menos que los hombres, de modo que van a negociar más bien que aceptar la oferta inicial. Al hacerlo, las mujeres se sitúan a sí mismas en un contexto de grupo y no parece que estén pidiendo algo únicamente para ellas mismas. En efecto, están negociando para todas las mujeres. Y aunque pueda parecer algo tonto, los pronombres sí importan. Siempre que sea posible, las mujeres deberían sustituir los «yo» por «nosotros». La solicitud de una mujer será mucho mejor recibida si afirma «Hemos tenido un gran año» en lugar de «Yo he tenido un gran año».[92]

Pero emplear un método con enfoque colectivo no es suficiente. Según la profesora Bowles, la segunda cosa que debe hacer una mujer es ofrecer una explicación legítima para la negociación.[93] Los hombres no se ven obligados a legitimar sus negociaciones; se espera de ellos que defiendan sus intereses. Las mujeres, sin embargo, deben justificar sus exigencias. Una forma de hacerlo es sugerir que alguien de mayor rango las ha animado a negociar («Mi jefe me ha sugerido que hable con usted sobre mi compensación económica») o citar estándares de la industria («Tengo entendido que los trabajos que implican este nivel de responsabilidad reciben una compensación económica dentro de este rango»). Aun así, cada negociación es única, de modo que las mujeres deberán ajustar su método según las circunstancias.

Hablar a nuestro jefe actual de una oferta de otra empresa es una táctica muy común, pero para los hombres funciona más fácilmente que para las mujeres. A los hombres se les permite centrarse en sus propios logros, mientras que de las mujeres se espera que sean leales. Además, ser tan solo agradable no es una estrategia que conduzca al éxito. Ser agradable transmite el mensaje de que la mujer está dispuesta a sacrificar su paga con tal de despertar la simpatía de los demás. Por eso es necesario que las mujeres combinen el hecho de ser agradables con ser insistentes, un estilo que Mary Sue Coleman, presidenta de la Universidad de Michigan, denomina «implacablemente complaciente».[94] Este método requiere sonreír con frecuencia, mostrar aprecio y preocupación, apelar a intereses comunes, enfatizar la importancia de los objetivos más generales y enfocar la negociación como la solución de un problema, lo contrario a adoptar un posicionamiento crítico.[95] La mayoría de las negociaciones implican movimientos prolongados y sucesivos, por lo que es necesario que las mujeres mantengan la vista fija en el objetivo… y que sonrían.

No es de extrañar que las mujeres no negocien tanto como los hombres. Es como tratar de atravesar un campo de minas caminando hacia atrás con tacones de aguja. Así pues, ¿qué deberíamos hacer? ¿Deberíamos acatar las normas que otros han creado? ¿Deberíamos inventar una nueva forma adoptando una expresión amistosa sin ser demasiado agradables, mostrando los niveles adecuados de lealtad y utilizando frases que empiecen por «nosotros»? Comprendo la paradoja que supone aconsejar a las mujeres que cambien el mundo mientras se rigen por normas y expectativas discriminatorias. Sé que no se trata de una respuesta perfecta sino de un método para alcanzar un fin determinado. También es cierto, como cualquier buen negociador sabe, que comprender mejor a la otra parte conduce a un resultado más favorable, de modo que, como poco, las mujeres pueden acceder a estas negociaciones sabiendo que si muestran preocupación por el bien común, aun cuando estén negociando para su propio beneficio, fortalecerán su posición.

Además, el esfuerzo por lo comunitario comporta enormes beneficios. Por definición, todas las organizaciones están formadas por personas que trabajan juntas. Centrarse en el equipo conduce a obtener mejores resultados por el simple hecho de que los grupos que funcionan bien son más fuertes que los individuos. Los equipos que trabajan bien juntos obtienen mejores resultados que los que no lo hacen. Y el éxito sabe mejor cuando se comparte. De modo que quizá uno de los resultados positivos de contar con más mujeres en los puestos de mayor responsabilidad sea que nuestros líderes habrán sido educados para preocuparse más del bienestar de los demás. Lo que yo espero, por supuesto, es que no tengamos que regirnos por estas normas arcaicas para siempre y que finalmente todos podamos ser nosotros mismos.

Pero todavía nos queda un largo camino por recorrer. En noviembre de 2011, la revista *San Francisco* publicó un artículo sobre empresarias de Silicon Valley y lo ilustró superponiendo las cabezas de las mujeres que aparecían en el artículo sobre cuerpos de hombres.[96] El único tipo de cuerpo que podían imaginar para un empresario de éxito tenía que llevar corbata o un suéter con capucha. Nuestra cultura necesita encontrar una imagen contundente del éxito femenino que sea, en primer lugar, no masculina, y tampoco una mujer blanca hablando por teléfono con una mano y sosteniendo a un bebé que llora con la otra. De hecho, estas imágenes de una «mala madre con maletín» siguen tan presentes hoy día que la escritora Jessica Valenti las recopila en un divertido y mordaz blog llamado «Bebés blancos tristes con malvadas mamás feministas».[97]

Pero hasta que logremos llegar ahí, me temo que las mujeres continuarán sacrificando el hecho de despertar simpatía por obtener el éxito. Cuando llegué a Facebook, un blog local dedicó unos cuantos píxeles a tirarme por tierra. Publicaron una imagen mía con otra superpuesta de una pistola en mi mano y escribieron la palabra «mentirosa» en grandes letras rojas sobre mi cara. Fuentes anónimas me tildaron de «falsa» y sentenciaron que estaba «a punto de arruinar Facebook para siempre». Me hicieron llorar, me hicieron perder el sueño, me hicieron sentir que mi carrera había terminado. Después, me dije que daba igual. Entonces todo el mundo a mi alrededor también me dijo que daba igual, lo que me recordó que también habían leído aquellos horribles comentarios sobre mí. Fantaseé con todo tipo de respuestas, pero al final mi mejor respuesta fue ignorar todo los ataques y hacer mi trabajo.

Arianna Huffington, fundadora de *The Huffington Post*, cree que aprender a soportar las críticas es fundamental para las mujeres. En una etapa muy inicial de su carrera, Arianna aprendió que el precio que debía pagar por decir lo que pensaba era que inevitablemente siempre habría alguien que se sentiría ofendido. Ella no cree que sea realista o siquiera deseable decir a las mujeres que no se preocupen cuando son atacadas; su consejo es que debemos permitirnos reaccionar de forma emocional y sentir toda la rabia o la tristeza que las críticas nos susciten. Y después debemos pasar página rápidamente. Para ella, el modelo ideal a seguir son los niños. Un niño puede estar llorando y al momento salir corriendo a jugar. Para mí, este ha sido un excelente consejo. Ojalá fuera suficientemente fuerte para ignorar lo que los demás dicen de mí, pero la experiencia me ha enseñado que con mucha frecuencia me resulta imposible. Sin embargo, permitirme sentir enfado, incluso auténtica rabia, y a continuación pasar página es algo que sí puedo hacer.

También es de mucha ayuda apoyarse en los demás. Podemos consolarnos sabiendo que los ataques no son personales, podemos bromear, tal y como hizo Marlo Thomas, diciendo que «un hombre debe ser como Joe McCarthy para que se le considere cruel, pero todo lo que necesita una mujer es dejarte esperando». El cambio auténtico llegará cuando las mujeres poderosas dejen de ser la excepción. Resulta fácil sentir antipatía hacia las mujeres que desempeñan cargos importantes porque hay muy pocas. Si tuvieran el 50 por ciento de los puestos de mayor responsabilidad, sería prácticamente imposible sentir antipatía hacia tantas personas.

Sharon Meers se decidió a escribir *Getting to 50/50* tras observar de primera mano esta especie de punto de inflexión. A finales de la década de 1990, Amy Goodfriend fue elegida para dirigir el equipo de derivados estadounidenses de Goldman Sachs (y más tarde se convertiría en la primera mujer en formar parte de la división de acciones). Supuso un acontecimiento totalmente revolucionario, y fue la causa de que cuatro de los más altos directivos abandonaran el grupo. Amy se enfrentó a una gran cantidad de escepticismo y a duras críticas. Antes de que Sharon se uniera al equipo, un amigo suyo le dijo: «Amy es una auténtica bruja, pero una bruja honesta». Sharon descubrió que Amy era una excelente jefa y, a lo largo de los años siguientes, el grupo de derivados experimentó una profunda transformación bajo su liderazgo. Una vez que hubo más de cinco directoras ejecutivas en la división —una masa crítica—, la negatividad y las quejas empezaron a desaparecer. Tener líderes mujeres se convirtió en algo normal y, al llegar el año 2000, el estigma parecía haberse disipado. Lamentablemente, más tarde, cuando aquellas mujeres en cargos importantes se fueron y la masa crítica volvió a reducirse, la fe en que las mujeres podían tener tanto éxito como sus colegas masculinos se fue con ellas.

Es necesario que todo el mundo se sienta más cómodo teniendo a mujeres como líderes, incluyendo a las mismas mujeres líderes. Desde 1999, Pattie Sellers, editora de la revista *Fortune*, supervisa una conferencia anual que ella denomina Reunión de las mujeres más poderosas. La primera noche que asistí, en 2005, me encontraba en el vestíbulo con dos de mis amigas íntimas, Diana Farrell, por entonces jefa del McKinsey Global Institute, y Sue Decker, en aquella época directora financiera de Yahoo. Hablábamos sobre el nombre de la conferencia y yo mencioné que cuando vi el título en la agenda de actividades corporativas de Google fui corriendo a Camille para pedirle que cambiara el nombre por el de «Conferencia de Mujeres *Fortune*». Diana y Sue rompieron a reír y dijeron que ellas habían hecho exactamente lo mismo.

Más tarde, Pattie explicó que ella y sus colegas habían elegido aquel nombre a propósito para forzar a las mujeres a enfrentarse a su propio poder y a sentirse más cómodas con esa palabra. A mí todavía me cuesta aceptarlo. No me importa aplicar la palabra «poderosa» a otras mujeres —cuantas más mejor—, pero niego con la cabeza cuando se aplica a mí. Esa molesta voz que resuena en el fondo de mi mente me recuerda, igual que en la facultad de ciencias empresariales: «No te jactes de tu éxito, ni siquiera se lo cuentes a los demás. Si lo haces, la gente te odiará».

Menos de seis meses después de empezar a trabajar en Facebook, Mark y yo nos reunimos para hacer una primera evaluación formal. Una de las cosas que me dijo era que mi deseo de despertar la simpatía de todos acabaría por suponer un impedimento para mi avance. Me dijo que cuando se desea cambiar las cosas, es imposible complacer a todos. Si complaces a todos, es que no estás progresando lo suficiente. Mark tenía razón.

4

Es un trepador infantil, no una escalera

Alrededor de un mes después de que comenzara a trabajar para Facebook, recibí una llamada de Lori Goler, una alta ejecutiva de marketing de eBay que goza de gran prestigio. Conocía un poco a Lori en el ámbito social, pero dejó bien claro que se trataba de una llamada de negocios y fue directa al grano: «Quiero hacer una solicitud para trabajar contigo en Facebook —me dijo—. Así que en un primer momento pensé en llamarte y decirte todas las cosas que se me dan bien y todo lo que me gusta hacer. Pero después me he imaginado que todo el mundo estaría haciendo lo mismo. De modo que, en lugar de hacerlo, voy a preguntarte: ¿Cuál es tu mayor problema y cómo puedo solucionarlo?».

Me quedé tan boquiabierta que se me cayó la mandíbula al suelo. Había contratado a miles de personas a lo largo de la década anterior y jamás nadie me había dicho algo ni remotamente parecido. Las personas normalmente se concentran en encontrar el puesto adecuado para ellas, suponiendo que sus capacidades ayudarán a la empresa. Lori antepuso las necesidades de Facebook y las situó en el centro. Sin duda era un método de lo más audaz. Yo le respondí: «Contratar personal es mi mayor problema. Y, sí, tú puedes resolverlo».

Lori jamás imaginó que algún día trabajaría encargándose de la contratación, pero dio el paso sin dudar. Incluso accedió a ocupar un puesto de nivel inferior al que le correspondería, dado que este campo era nuevo para ella y estaba dispuesta a renunciar a su anterior estatus profesional a cambio de adquirir nuevas capacidades. Lori hizo un trabajo excelente dirigiendo el departamento de contratación y al cabo de unos pocos meses fue ascendida al puesto que actualmente ocupa, directora de People@Facebook. Cuando hace poco le pregunté si algún día le gustaría regresar al marketing, respondió que los recursos humanos le permiten ejercer una influencia general mucho mayor.

La metáfora más común para las carreras profesionales suele ser una escalera de mano, pero este concepto ha dejado de ser válido para la mayoría de los trabajadores. A partir de 2010, el estadounidense medio llega a tener once trabajos únicamente entre los dieciocho y los cuarenta y seis años.[98] Esto significa que los días en que alguien entraba a trabajar en una organización o corporación y permanecía en ella para ir subiendo esa única escalera quedaron atrás hace tiempo. Lori cita con frecuencia a Pattie Sellers, que concibió una metáfora mucho más acertada: «Las carreras profesionales son un trepador infantil, no una escalera».

Tal y como Lori lo describe, las escaleras resultan muy limitantes: las personas solo pueden subir o bajar por ellas, entrar o salir. Los trepadores infantiles ofrecen una exploración más creativa. Solo hay un modo de llegar a lo alto de una escalera, pero existen muchas formas de llegar a lo más alto de un trepador infantil. El modelo del trepador infantil beneficia a todo el mundo, pero en especial a las mujeres, quienes quizá estén comenzando su carrera profesional, o cambiando de carrera, y sean bloqueadas por barreras externas o estén reincorporándose a la vida profesional activa después de haber pasado un tiempo fuera de ella. La capacidad de forjarse un camino exclusivo, con ocasionales caídas, desvíos e incluso callejones sin salida presenta una oportunidad mucho mayor de realización. Además, un trepador infantil ofrece fantásticas vistas para muchas personas, no solo para la que se encuentra en lo más alto. En una escalera, la mayoría de quienes la suben se quedan atascados contemplando el trasero de la persona que tienen encima.

La mejor descripción de mi carrera sería un trepador infantil. Algunos colegas más jóvenes y estudiantes con frecuencia me preguntan cómo planifiqué mi camino. Cuando les digo que no lo hice, normalmente reaccionan con una mezcla de sorpresa seguida de alivio. Parece que este hecho les anima a pensar que no es necesario trazar un mapa de la propia carrera profesional desde el mismo inicio. Esto resulta especialmente reconfortante en un mercado tan duro, en el que quienes buscan empleo con frecuencia se ven obligados a aceptar lo que hay y esperar que ese puesto apunte hacia una dirección deseable. Todos queremos conseguir un trabajo o una función que realmente nos estimule y nos haga comprometernos. Esta búsqueda requiere tanto concentración como flexibilidad, por lo que recomiendo adoptar dos objetivos concurrentes: un sueño a largo plazo y un plan a dieciocho meses vista.

Nunca podría haber conectado el punto desde el que comencé con el punto en el que me encuentro en la actualidad, especialmente por una razón: porque Mark Zuckerberg solo tenía siete años cuando yo obtuve mi título universitario. Además, por aquel entonces, la tecnología y yo no manteníamos lo que se dice una excelente relación. Utilicé el sistema informático de Harvard solo una vez antes de licenciarme, y fue para recabar datos para mi tesis doctoral sobre los aspectos económicos del maltrato en el matrimonio. Los datos se almacenaron en pesadas cintas magnéticas de gran tamaño que debía cargar en grandes cajas por todo el campus, maldiciendo todo el camino y llegando envuelta en sudor a la única sala de ordenadores, que estaba ocupada exclusivamente por estudiantes masculinos. Después debía pasar la noche en vela haciendo girar las cintas para introducir los datos. Cuando traté de hacer los cálculos finales, me cargué todo el sistema. Exacto. Años antes de que se produjera el famoso episodio en que Mark averió ese mismo sistema de Harvard, yo ya lo había hecho.

Cuando me licencié, solo tenía una idea sumamente vaga de hacia dónde me dirigía. Esta confusión contrastaba con la clara convicción que tenía mi padre de lo que él quería hacer desde una edad muy temprana. Cuando mi padre tenía dieciséis años, sintió un fuerte dolor abdominal durante un entrenamiento de baloncesto.

Mi abuela —como buena madre judía— supuso que era hambre y le preparó una enorme cena, lo cual no hizo sino empeorar las cosas. Acabó en el hospital, donde se le diagnosticó apendicitis aguda, pero como había comido no pudieron operarle durante doce penosísimas horas. A la mañana siguiente, un cirujano le extrajo el apéndice y, con él, el dolor. Mi padre eligió su carrera aquel mismo día y decidió que sería médico para ayudar a aliviar el sufrimiento de otras personas.

Mi madre compartía el deseo que sentía mi padre de ayudar a los demás. Solo tenía once años cuando oyó a su rabino pronunciar un sermón acerca de la importancia de los derechos civiles y *tikkun olam,* una frase hebrea que significa «reparar el mundo». Ella respondió a la llamada, se hizo con una lata vacía y fue puerta por puerta para recaudar fondos para las personas que trabajaban a favor de los derechos civiles del Sur. Desde entonces, nunca ha dejado de realizar con pasión labores de voluntariado y de ser una activista pro derechos humanos. Yo crecí viendo a mi madre trabajar sin descanso en nombre de los judíos perseguidos en la Unión Soviética. Ella y su amiga Margery Sanford escribían sentidas peticiones rogando la liberación de prisioneros políticos. Por las noches, mi padre se unía a ellas. Gracias a los esfuerzos colectivos de diversas personas preocupadas procedentes de todo el mundo, se logró salvar muchas vidas.

Durante toda mi infancia, mis padres siempre hicieron hincapié en la importancia de llevar una vida llena de sentido. Las conversaciones durante la cena con frecuencia se centraban en las injusticias sociales y en quienes luchaban por hacer del mundo un lugar mejor. Cuando era niña, jamás pensé en lo que querría ser de mayor, pero en cambio sí pensaba mucho en lo que querría hacer. Por muy cursi que suene, esperaba poder cambiar el mundo. Mi hermana y mi hermano se hicieron ambos médicos y yo siempre creí que trabajaría en una ONG o en el gobierno. Ese era mi sueño. Y aunque no creo que haya que trazar un mapa detallado de cada paso que se da en la propia carrera profesional, sí que creo tener un sueño o un objetivo a largo plazo es de mucha ayuda.

Un sueño a largo plazo no tiene por qué ser realista, ni siquiera específico. Puede reflejar el deseo de trabajar en un campo determinado o de viajar por todo el mundo. Quizá el sueño sea disponer de autonomía profesional o determinada cantidad de tiempo libre. Quizá consista en crear algo duradero o en obtener un valioso premio. Algunos objetivos requieren tomar caminos más tradicionales; cualquiera que aspire a ser juez del Tribunal Supremo deberá probablemente empezar matriculándose en una facultad de derecho. Pero incluso un objetivo poco definido puede proporcionar una guía, un faro situado en la lejanía hacia el que dirigirse.

Teniendo en mente el sueño de mi infancia, el primer trabajo que acepté después de la universidad fue en el Banco Mundial, como asistente de investigación de Larry Summers, quien ocupaba entonces el cargo de economista jefe. Con base en Washington D. C., el objetivo del Banco era reducir la pobreza mundial. Pasé los primeros nueve meses entre las estanterías de la biblioteca del Banco, situada en la esquina entre las calles Diecinueve y Pennsylvania, buscando datos y cifras para los informes y los discursos de Larry. Más tarde, Larry generosamente dispuso que yo me uniera a una misión sanitaria en la India para obtener un conocimiento más directo de lo que el Banco hacía en realidad.

Volar a la India me llevó a un mundo completamente diferente. El equipo trabajaba para erradicar la lepra, que era una enfermedad generalizada en las regiones más remotas y más pobres. Las condiciones allí eran abrumadoras. Debido al estigma que suponía la enfermedad, con frecuencia se exiliaba a los pacientes de sus localidades y terminaban tumbados sobre el sucio suelo en unos lugares horribles que recibían la dudosa denominación de clínicas. Los datos y las cifras de mi investigación jamás podrían haberme preparado para aquella realidad. Siento el más profundo de los respetos por aquellas personas que ofrecen su ayuda a quienes lo necesitan. Es el trabajo más difícil del mundo.

Regresé a Washington D. C. con un plan para matricularme en la facultad de derecho, pero Lant Pritchett, un economista del equipo de Larry que ha dedicado toda su vida al estudio de la pobreza, me persuadió de que la facultad de ciencias empresariales sería una alternativa mejor para mí, de modo que regresé a Cambridge. Traté de seguir siendo socialmente consciente y me uní al extremadamente impopular Nonprofit Club (club sin ánimo de lucro). También me apunté durante mi segundo año a clases de marketing social —cómo puede utilizarse el marketing para solucionar problemas sociales— con el profesor Kash Rangan. Uno de los casos en los que trabajamos estaba relacionado con la escasez de donaciones de órganos, que desemboca en dieciocho muertes al día tan solo en Estados Unidos. Nunca me olvidé de este caso y, diecisiete años más tarde, Facebook trabajó con registros de órganos de todo el mundo para lanzar una herramienta que fomentaba el registro de donantes.

Tras finalizar mis estudios de empresariales, acepté un trabajo como consultora en McKinsey & Company en Los Ángeles. Aquel trabajo nunca acabó de adecuarse a mí, de modo que permanecí allí solo un año y más tarde volví a mudarme a Washington D. C. para unirme al equipo de Larry, que en aquel momento era secretario adjunto del Departamento del Tesoro. Al principio trabajé como su asesora y más tarde, cuando fue nombrado secretario, me convertí en su jefe de personal. Mi trabajo consistía en ayudar a Larry a gestionar las operaciones del departamento, así como también su presupuesto de catorce mil millones de dólares. Aquello me dio la oportunidad de participar en la política económica tanto a nivel nacional como internacional. También participé en algunos proyectos de menor envergadura, como la propuesta de gobierno para fomentar el desarrollo de vacunas para enfermedades infecciosas.

Durante mis cuatro años en el Departamento del Tesoro, fui testigo del primer *boom* tecnológico desde la distancia. Su repercusión fue obvia y resultaba aún más atractiva que poder llevar pantalones vaqueros al trabajo. La tecnología estaba transformando la comunicación y cambiando las vidas de la gente no solo en Estados Unidos y los países desarrollados, sino en todo el mundo. El instinto de mi sueño a largo plazo despertó: cuando terminó el mandato del presidente Clinton, había abandonado el trabajo y decidido mudarme a Silicon Valley. Mirando hacia atrás, parece una decisión bastante astuta, pero en 2001 era cuando menos cuestionable. La burbuja tecnológica había estallado y la industria seguía sufriendo las consecuencias. Me di cuatro meses de plazo para encontrar un trabajo, pero esperaba tardar menos. Me costó casi un año.

Mi búsqueda de trabajo en Silicon Valley tuvo algunos puntos álgidos, como conocer a mi alma gemela en el mundo de los negocios, la directora general de eBay Meg Whitman, pero también tuvo sus momentos duros, como cuando conocí a una ejecutiva de alto nivel que comenzó nuestra entrevista afirmando que su empresa jamás consideraría contratar a alguien como yo porque tener experiencia en el gobierno en modo alguno podría preparar a nadie para trabajar en la industria de la tecnología. Habría sido de lo más adecuado limitarme a agradecerle su honestidad y salir de su despacho, pero lamentablemente yo nunca he sido muy «adecuada». Me quedé allí sentada, carraspeando y balbuceando hasta absorber la última molécula de aire de la habitación. Fiel a su palabra, jamás llegó siquiera a considerar contratarme.

Afortunadamente, no todo el mundo compartía su opinión. Eric Schmidt y yo habíamos coincidido varias veces durante mis años en el Departamento del Tesoro, de modo que fui a verle cuando le nombraron director general del entonces relativamente desconocido Google. Tras varias rondas de entrevistas con los fundadores de Google, me ofrecieron un trabajo. Mi cuenta bancaria estaba disminuyendo con rapidez, de modo que ya iba siendo hora de volver a tener un trabajo remunerado, y rápido. Siguiendo el típico —y sí, irritante— método del máster en administración de empresas, elaboré una hoja de cálculo en la que incluí mis oportunidades en las filas y mis criterios de selección en las columnas. Comparé las tareas, el nivel de responsabilidad, etc. Mi corazón deseaba unirse a Google en su misión para proporcionar al mundo acceso a la información, pero, en el juego de la hoja de cálculo, el trabajo en Google recibía la peor puntuación con diferencia.

Volví a hablar con Eric y le expliqué mi dilema. Las demás empresas querían contratarme para trabajos de verdad, con equipos que dirigir y objetivos que lograr; sin embargo, en Google sería la primera «directiva general de una unidad de negocio», lo cual sonaba genial si no fuera por el hecho manifiesto de que Google carecía de unidades de negocio, por lo que en realidad no había nada sobre lo que ejercer la función de gerente. Además, no solo el puesto estaba a un nivel inferior que mis demás opciones, sino que para empezar ni siquiera estaba claro en qué consistía el trabajo.

Eric me respondió con el que quizá sea el mejor consejo laboral que he recibido jamás. Tapó mi hoja de cálculo con la mano y me dijo que no fuera idiota (otro gran consejo). A continuación me explicó que solo importaba un único criterio a la hora de elegir un trabajo: el rápido crecimiento. Cuando las empresas crecen con rapidez, hay más cosas que hacer que personas disponibles para llevarlas a cabo; en cambio, cuando las empresas crecen más lentamente o dejan de crecer, hay menos cosas que hacer y demasiadas personas para realizarlas. Entonces llega la hora de las políticas y del estancamiento, y todo el mundo duda. Me dijo: «Si te ofrecen un asiento en una nave espacial, no preguntas qué clase de asiento es, simplemente te subes». Me decidí en aquel mismo instante. Google era todavía diminuto y estaba desorganizado, pero era una nave espacial. Y lo que todavía era más importante para mí, era una nave espacial que tenía una misión en la que yo creía profundamente.

A lo largo de los años, he repetido el consejo que me dio Eric a innumerables personas, animándolas a reducir sus hojas de cálculo a una sola columna: potencial de crecimiento. Por supuesto, no todo el mundo tiene la oportunidad o el deseo de trabajar en una industria como la de la alta tecnología, pero dentro de cualquier campo existen puestos con más potencial de crecimiento que otros. Las personas que trabajan en industrias más establecidas pueden buscar sus naves espaciales dentro de su empresa: divisiones o equipos en expansión. Y en las profesiones como la enseñanza o la medicina, el corolario consiste en buscar puestos donde exista una gran demanda de esas capacidades. Por ejemplo, en el campo de la neurocirugía pediátrica, al que se dedica mi hermano, hay algunas ciudades que cuentan con demasiados médicos mientras que en otras hay demasiado pocos. Mi hermano siempre ha elegido trabajar donde fueran demandados sus conocimientos y experiencia, para poder tener la mayor repercusión posible.

Del mismo modo que creo que se debería tener un sueño a largo plazo, también creo que todo el mundo debería tener un plan a dieciocho meses vista (digo dieciocho meses porque dos años parece demasiado tiempo y un año demasiado poco, pero no tiene que ser un tiempo exacto). Normalmente, mi plan a dieciocho meses vista tiene como objetivo dos frentes diferentes. Primero y más importante, establezco objetivos que mi equipo pueda cumplir. Aquellos empleados que se concentran en los resultados y en la repercusión de estos son los más valiosos, como Lori, quien sabiamente se centró en solucionar el problema de contratación de Facebook antes de centrarse en sí misma. Esto no es solo pensar en términos comunitarios —la opción que se espera y con frecuencia la más inteligente para una mujer—, sino sencillamente hacer buenos negocios.

En segundo lugar, trato de establecer objetivos más personales para aprender nuevas capacidades en los dieciocho meses siguientes. Con frecuencia resulta doloroso, pero me pregunto a mí misma: «¿Cómo puedo mejorar?». Si me da miedo hacer algo, normalmente es porque no se me da bien o quizá porque me da demasiado miedo intentarlo. Después de trabajar en Google durante más de cuatro años, gestionando más de la mitad de los ingresos de la empresa, me daba vergüenza admitir que jamás había negociado un trato comercial. Ni siquiera uno. De modo que hice acopio de mi valor y fui a confesarme frente a mi jefe, Omid Kordestani, entonces jefe de ventas y desarrollo de negocios. Omid estuvo dispuesto a darme la oportunidad de dirigir un pequeño equipo de negocios. Durante el primer trato que intenté cerrar, casi lo eché todo a perder haciendo una oferta a nuestro socio potencial antes de comprender completamente su negocio. Por suerte, mi equipo incluía a un negociador de gran talento, Shailesh Rao, que me señaló lo que era obvio: dejar que la otra parte haga la primera oferta es fundamental para conseguir términos favorables.

Todo el mundo tiene la capacidad de mejorar. La mayoría de la gente tiene un estilo en el lugar de trabajo que apunta en exceso en una misma dirección: o es demasiado agresivo o demasiado pasivo, demasiado comunicativo o demasiado tímido. En aquel primer trato, yo hablé demasiado. No fue ninguna sorpresa para cualquiera que me conociera, desde luego, pero una vez identificado este punto débil, busqué ayuda para corregirlo. Acudí a Maureen Taylor, orientadora de comunicación, quien me asignó una tarea: me dijo que durante una semana no podía dar mi opinión a menos que se me pidiera. Fue una de las semanas más largas de mi vida. Si me hubiera mordido la lengua cada vez que empezaba a expresar mi opinión, no me habría quedado ni un solo trozo sano.

Tratar de corregirse en exceso es una forma excelente de encontrar un término medio. Para conseguir hablar lo justo durante una reunión, debo sentirme como si estuviera hablando demasiado poco. Las personas que son tímidas deberán sentirse como si estuvieran hablando demasiado. Conozco a una mujer que de forma natural habla con suavidad, de modo que se obliga a «gritar» durante las reuniones de negocios para conseguir hablar a un volumen normal. Superar nuestras tendencias naturales es muy difícil. En todos los años que llevo intentándolo, solo recuerdo unas cuantas veces en las que alguien me haya dicho: «Sheryl, ojalá hubieras hablado más en aquella reunión». Omid lo hizo una vez y no pude por menos que darle un abrazo.

Eric resultó tener toda la razón acerca de Google, y yo siempre le estaré agradecida, y también a Larry Page y a Sergey Brin por darme aquella oportunidad. Mi plan a dieciocho meses vista en aquella empresa se amplió hasta los seis años y medio y allí aprendí más de lo que jamás habría imaginado, trabajando junto a auténticos visionarios. Pero finalmente supe que era el momento de hacer un movimiento dentro del trepador infantil.

En mi vida personal, no suelo abrazar la incertidumbre. Me gusta que las cosas estén en orden. Archivo los documentos en carpetas de colores (sí, todavía) y mi entusiasmo por ordenar el armario una y otra vez desconcierta constantemente a Dave. Pero en mi vida profesional he aprendido a aceptar la incertidumbre e incluso a abrazarla. El riesgo —y una gran dosis de suerte— me ayudó a aterrizar en Google. Aquello funcionó tan bien que decidí abrazar el riesgo una vez más, lo cual me llevó hasta Facebook. Por aquel entonces, otras empresas estaban dispuestas a contratarme como directora general; sin embargo, entré a trabajar en Facebook como directora de operaciones. Al principio mucha gente me preguntó por qué acepté un puesto de «nivel inferior» trabajando para un muchacho de veintitrés años. Ahora ya nadie me lo pregunta. Igual que cuando entré a trabajar en Google, antepuse el potencial de crecimiento rápido y la misión de la empresa a cualquier cargo.

He visto tanto a hombres como a mujeres dejar escapar grandes oportunidades por centrarse demasiado en los cargos que desean ocupar. Una amiga mía llevaba cuatro años trabajando de abogada cuando se dio cuenta de que, en lugar de tratar de llegar a ser socia de la firma, prefería trabajar en una empresa ocupando un puesto en el departamento de ventas o marketing. Uno de sus clientes estuvo dispuesto a contratarla en ese campo, pero quiso que empezara desde el nivel más bajo. Dado que podía permitirse aquella reducción temporal en el sueldo, la animé a que diera el salto, pero al final decidió no aceptar un puesto que, según ella, la hacía «retroceder cuatro años». Comprendí lo doloroso que era para ella perder el estatus que tanto le había costado obtener, pero aun así yo creía que, si iba a trabajar durante los próximos treinta años, ¿qué más daba realmente «retroceder» cuatro? Si el otro camino profesional la hacía más feliz y le ofrecía la oportunidad de aprender nuevas habilidades, eso significaba que en realidad estaba avanzando.

En muchos casos, las mujeres necesitan estar más abiertas a asumir riesgos en sus carreras profesionales.[99] Cuando abandoné Google para trabajar en Facebook, en mi equipo anterior, a título porcentual, hubo menos mujeres que trataron de seguir mis pasos. Tal y como había sucedido a lo largo de nuestros años juntos, los hombres estaban más interesados en lo nuevo y, como decimos en el mundo de la tecnología, en oportunidades beta superiores (aquellas en las que el riesgo es grande pero el beneficio potencial es incluso mayor). Muchas de las mujeres de mi equipo finalmente mostraron interés en unirse a Facebook, pero no fue hasta unos cuantos años más tarde, cuando la empresa ya estaba más establecida. Con frecuencia, el precio de la estabilidad es disponer de menos oportunidades de crecimiento.

Por supuesto, hay momentos en la vida en los que rechazar el riesgo es algo bueno; por ejemplo, mueren muchos más hombres adolescentes y adultos ahogados que mujeres.[100] Pero en lo que respecta a los negocios, rechazar los riesgos puede desembocar en estancamiento. Un análisis realizado sobre nombramientos de directivos en diversas corporaciones señaló que las mujeres son significativamente más propensas que los hombres a continuar desempeñando la misma función, incluso después de haber asumido nuevas responsabilidades. Y cuando las ejecutivas ascienden, es más probable que lo hagan internamente que cambiando de empresa.[101] En ocasiones, permanecer en la misma área funcional y en la misma organización crea determinada inercia y limita las oportunidades. Buscar experiencias variadas supone una preparación útil para el liderazgo.

Soy consciente de las presiones externas que obligan a las mujeres a no jugársela y a no moverse del lugar donde se encuentran. Los estereotipos de género pueden dificultar el acceso a cargos tradicionalmente desempeñados por hombres. También es más probable que una mujer se adapte a la carrera profesional de su pareja que al revés.[102] Un cambio de trabajo que implique mudarse a otra ciudad puede ser un importante motivo para rechazar dicho trabajo en el caso de las mujeres que mantienen una relación de pareja. El resultado es la triste tautología de que la tendencia a permanecer en el mismo lugar conduce a permanecer en el mismo lugar.

Rechazar los riesgos en el lugar de trabajo también puede ser la causa de que las mujeres sean más reticentes a aceptar tareas demasiado complicadas. Según mi experiencia, más hombres buscan actividades prolongadas y asumen proyectos de alta visibilidad, mientras que más mujeres tienden a quedarse atrás. Diversas investigaciones sugieren que este hecho se aplica especialmente a las mujeres que trabajan en entornos que ponen un mayor énfasis en el rendimiento individual o cuando las mujeres trabajan conjuntamente con hombres.[103]

Uno de los motivos por los que las mujeres rechazan tareas que se prolongan en el tiempo y nuevos retos es que se preocupan demasiado por si poseen en ese momento las capacidades necesarias para ocupar un nuevo puesto. Esto puede transformarse en una profecía que lleva implícito su cumplimiento, puesto que muchas de las capacidades necesarias para un puesto se acaban adquiriendo en el puesto mismo. Un informe interno de Hewlett-Packard reveló que las mujeres únicamente se presentan a puestos vacantes cuando creen que cumplen con el cien por cien de los requisitos necesarios; en cambio, los hombres se presentan si creen que cumplen con el sesenta por cien de los requisitos.[104] Esta diferencia causa un enorme efecto de onda expansiva. Las mujeres tienen que dejar de pensar «No estoy preparada para hacer eso» y convencerse de «Deseo hacer eso y voy a aprender haciéndolo».

Durante mi primer día de trabajo en el Banco Mundial, Larry Summers me pidió que realizara ciertos cálculos. Yo no tenía ni idea de cómo proceder, de modo que acudí a Lant Pritchett en busca de ayuda. «Basta con que lo pongas en Lotus 1-2-3», me aconsejó. Yo le dije que no sabía cómo hacerlo. «¡Vaya! —exclamó—. No me puedo creer que hayas llegado tan lejos; ni siquiera sé cómo puedes comprender economía básica sin saber cómo utilizar Lotus.» Me fui a casa convencida de que iban a despedirme. Al día siguiente, Lant me llamó a su despacho. El corazón me iba a mil por hora. Pero en lugar de despedirme, me enseñó a utilizar el programa. Eso sí que es un buen jefe.

Las mujeres también son más reacias a solicitar ascensos incluso cuando los merecen, a menudo en la creencia de que los buenos resultados en el trabajo les conducirán de forma natural a obtener recompensas.[105] Carol Frohlinger y Deborah Kolb, fundadoras de Negotiating Women, Inc., describen este hecho como el «Síndrome de la tiara», según el cual las mujeres «esperan que, si continúan haciendo bien su trabajo, alguien se dará cuenta y les colocará una tiara sobre la cabeza».[106] En una meritocracia perfecta, se distribuirían tiaras entre las personas que las merecieran, pero hasta el día de hoy todavía no he visto ninguna tiara en ninguna oficina. Es cierto que los demás deberían reconocer el trabajo duro y los buenos resultados, pero cuando no es así hablar de las propias cualidades se vuelve necesario. Como decía anteriormente, debe hacerse con gran cuidado, pero debe hacerse.

Asumir riesgos, elegir el crecimiento, autocuestionarnos y solicitar ascensos (con una sonrisa en los labios, por supuesto) son todos elementos importantes a la hora de gestionar una carrera profesional. Una de mis citas favoritas es de la autora Alice Walker, quien observó: «La forma más común en que la gente renuncia al poder es pensando que no tiene poder en absoluto».

No esperes a que el poder se te ofrezca. Como esa tiara, es posible que jamás llegue a materializarse. Y, de todos modos, ¿quién llevaría una tiara en un trepador infantil?

5

¿Es usted mi mentor?

Cuando era niña, uno de mis libros favoritos era *Are You My Mother?* (¿Eres tú mi madre?). Es la historia de un pajarito recién nacido que, cuando sale del cascarón, encuentra el nido vacío. El polluelo se dirige en busca de su madre perdida y plantea a un gato, una gallina, un perro y una vaca la candente cuestión: «¿Eres tú mi madre?». Cada uno de los animales responde que no, de modo que el pollito cada vez está más desesperado y finalmente termina por gritar «¿Eres tú mi madre?» a un coche, un barco, un avión e incluso a una excavadora a vapor, que únicamente puede responderle con un sonoro «bufff». Atrapado en las mandíbulas de la excavadora, el polluelo parece condenado a un final trágico hasta que, milagrosamente, la excavadora lo eleva y vuelve a dejarlo en su nido. La madre regresa y el pollito anuncia: «Tú eres un pájaro, de modo que eres mi madre».

Este libro para niños es un conmovedor reflejo de la pregunta profesional «¿Es usted mi mentor?». Si es necesario hacer la pregunta, lo más probable es que la respuesta sea no. Cuando alguien encuentra a su mentor adecuado, resulta del todo obvio: la pregunta se convierte en una afirmación. Perseguir o forzar esa conexión rara vez funciona y aun así continuamente veo a mujeres que lo intentan. Cuando doy conferencias o asisto a reuniones, un asombroso número de mujeres se me presentan y, sin siquiera tomar aliento, inmediatamente me piden que sea su mentora. No recuerdo ni un solo hombre que haya hecho lo mismo (aunque algunos hombres sí me han pedido que fuera la mentora de sus esposas o novias).

Esta pregunta es capaz de romper la magia por completo; es como el equivalente de volverte hacia la persona con la que has quedado, que está pensativa y preguntarle: «¿En qué estás pensando?». Todas las mujeres que ocupan cargos de gran responsabilidad con las que he hablado acerca de ello han recibido montones de veces esta misma petición. Su reacción es unánime: «Nunca sé qué decir cuando una persona que no conozco de nada me pide que sea su mentora». Esta interacción resulta halagadora, pero también muy extraña. Incluso la magnate de los medios de comunicación Oprah Winfrey, que tanto ha enseñado a toda una generación, admite que se siente incómoda cuando alguien le pide que sea su mentora. En cierta ocasión explicó: «Me convierto en mentora cuando veo algo y pienso "deseo ver cómo crece"».

En parte, nosotras mismas somos las responsables de que esto suceda. Durante la pasada década, el tutelaje y el patrocinio han sido uno de los temas más destacados en cualquier seminario de orientación profesional para mujeres. Es objeto de entradas de blogs, artículos de periódico e informes de investigación. Muchas de estas jóvenes no hacen sino responder al consejo repetido hasta la saciedad que dice que, si se desea ascender por la escala corporativa, hay que encontrar tanto mentores (personas que les aconsejen) como patrocinadores (personas que utilizarán su influencia para beneficiarlas).[107]

El énfasis que se ha puesto en encontrar un mentor se me reveló con especial claridad cuando volví a dar una charla en la facultad de ciencias empresariales de Harvard en la primavera de 2011. Me había invitado Dean Nitin Nohria, quien se puso junto a mí sobre el estrado y condujo la entrevista. Su primera pregunta se centró en Facebook y en cómo era trabajar para Mark. Le dije que me encantaba, excepto aquellos días en que mis compañeros decían cosas como «Sheryl, ¿puedes echar un vistazo a esto? Necesitamos saber qué opina la gente mayor sobre esta aplicación». Hablamos sobre la Primavera árabe y sobre un montón de otros temas de actualidad. Entonces Dean Nohria me hizo una pregunta acerca de las mujeres en el mundo laboral. No estoy muy segura de qué fue lo que me poseyó, pero me volví hacia el público, hice una pausa y respondí con una sinceridad brutal: «Si continúa la tendencia actual, dentro de quince años, alrededor de un tercio de las mujeres que se encuentran entre el público estará trabajando a tiempo completo y casi todas vosotras trabajaréis para el tío junto al que estáis sentadas ahora mismo».

Se produjo un silencio mortal en el gran auditorio. Continué: «Lamento si esto suena demasiado duro o si alguien se siente sorprendido, pero este es el momento que vivimos. Si queréis que el resultado sea diferente, tendréis que hacer algo al respecto».

En medio de aquel ambiente tan tenso, Dean Nohria finalizó la entrevista y se volvió al público para dar comienzo a la ronda de preguntas. Varios hombres saltaron al micrófono e hicieron sesudas preguntas de tono general como «¿Qué aprendió en Google que esté aplicando actualmente en Facebook?» y «¿Cómo se dirige una empresa de plataforma y se garantiza estabilidad para quienes desarrollaron el software?». Después, dos mujeres se dirigieron al micrófono. La primera preguntó: «¿Cree que está bien trabajar para una empresa que compite con la empresa para la que trabajó antes de asistir a la facultad de ciencias empresariales?». La segunda preguntó: «¿Cómo puedo conseguir un mentor?». Se me cayó el alma a los pies.

Los hombres se centraban en cómo gestionar un negocio y las mujeres en cómo gestionar una carrera profesional. Los hombres querían respuestas mientras que las mujeres pedían permiso y ayuda. Me di cuenta de que buscar un mentor se ha convertido en el equivalente profesional de esperar al príncipe azul. Todas crecimos con el cuento de la Bella Durmiente, que enseña a las jovencitas que si esperan a que llegue su príncipe, este las besará y se las llevará cabalgando en un corcel blanco hacia una vida en la que serán felices por siempre jamás. Ahora se les dice a las jóvenes que si pueden encontrar al mentor adecuado, este las hará subir por la escala como la espuma y las llevará al despacho de la esquina donde serán felices por siempre jamás. Una vez más, estamos enseñando a las mujeres a depender demasiado de los demás.

Para decirlo con claridad, el problema no es si tener un mentor es importante o no. Lo es. La tutoría y el patrocinio son fundamentales para progresar en una carrera profesional. Tanto hombres como mujeres con patrocinadores tienen más posibilidades de solicitar tareas que se prolonguen en el tiempo y aumentos de sueldo que sus colegas del mismo género que no tienen patrocinadores.[108] Lamentablemente para las mujeres, los hombres suelen tenerlo más fácil para conseguir y mantener ese tipo de relaciones.[109] Un reciente estudio muestra que los hombres tienen muchas más probabilidades que las mujeres de obtener un patrocinio y que los que tienen patrocinadores están más satisfechos con su ritmo de avance.[110]

Dado que las mujeres jóvenes lo tienen más difícil para encontrar mentores y patrocinadores, están asumiendo un papel más activo a la hora de buscarlos y, aunque yo normalmente aplaudo las conductas asertivas, esta energía está siendo en ocasiones mal dirigida. Independientemente de lo importantísimo que sea lograr estos contactos, es muy probable que no surjan pidiendo a personas prácticamente desconocidas que sean nuestros mentores. Las relaciones más fuertes surgen de una conexión auténtica y con frecuencia merecida que ambas partes sienten por igual.

Yo he tenido la suerte de contar con mentores y patrocinadores poderosos a lo largo de mi carrera. Los agradecimientos de este libro incluyen una larga lista de personas que han sido tan generosas como para guiarme y aconsejarme. Durante mi primer año en la universidad, asistí a la clase de economía en el sector público que impartía Larry Summers. Él se ofreció a supervisar mi tesis doctoral, algo que muy pocos profesores de Harvard se ofrecen a hacer por sus alumnos. Larry ha sido una parte muy importante de mi vida desde entonces. Conocí a Don Graham, presidente de la Washington Post Company, hace más de quince años, cuando trabajaba en Washington D. C., y desde entonces me ha ayudado a lidiar con algunas de mis situaciones profesionales más complicadas. Si no hubiera sido por el ánimo y el apoyo que me brindó Pat Mitchell, directora general del Paley Center, jamás habría llegado a hablar en público acerca de las mujeres en el mundo profesional.

Estas tres personas, entre muchas otras, me han animado, me han presentado a gente importante y me han enseñado con su ejemplo. Su sabiduría me ha ayudado a evitar cometer determinados errores... y a solucionar aquellos que no fui lo suficientemente inteligente para evitar cometerlos.

A mi vez, yo he tratado de ser mentora de otras personas, incluyendo amigos de amigos y, conforme me hago mayor, hijos de amigos. Disfruto enormemente observando la carrera profesional de Emily White, que comenzó a trabajar conmigo justo después de terminar sus estudios universitarios y que ahora dirige para Facebook las colaboraciones con empresas de telefonía móvil. Cuando conocí a Bryan Schreier, él nunca había trabajado en una empresa de tecnología ni había viajado al extranjero, pero hizo gala de un liderazgo y de unas capacidades analíticas de una firmeza inusual. Le contraté para que me ayudara a construir las operaciones globales de Google y superó todas y cada una de mis expectativas. Años más tarde, cuando quiso emprender una nueva carrera profesional como inversor, yo le presenté a sus socios actuales en Sequoia Capital. Actualmente es un inversor de gran éxito especializado en empresas emergentes que ejerce una gran influencia en las compañías a las que asesora. Tengo suerte de tener a Emily y a Bryan y a tantas otras personas de talento en mi vida.

Diversos estudios muestran que los mentores eligen a sus protegidos basándose en su rendimiento y en su potencial.[111] Intuitivamente, la gente invierte en aquellas personas que destacan por su talento o que realmente pueden beneficiarse de su ayuda. Los mentores continúan invirtiendo cuando sus tutelados utilizan bien su tiempo y están realmente abiertos a los comentarios y sugerencias. Quizá desemboque en una amistad, pero la base es una relación profesional. Dicho esto, creo que hemos enviado el mensaje equivocado a las mujeres jóvenes. Tenemos que dejar de decirles: «Consigue un mentor y tu rendimiento será excelente»; en cambio, debemos decirles: «Obtén un rendimiento excelente y conseguirás un mentor».

Clara Shih es un excelente ejemplo de ello. Conocí a Clara hace unos cinco años en una conferencia e inmediatamente quedé impresionada por sus ideas sobre las redes sociales. Más tarde escribió un sesudo libro sobre el tema y fundó Hearsay Social, una empresa de software que ayuda a los negocios a gestionar su presencia en las redes sociales. Cada cierto tiempo, Clara se ponía en contacto conmigo, siempre aportando una opinión interesante o suscitando una cuestión de gran profundidad. Jamás me pidió que nos viéramos para «ponernos al día», jamás me hizo una pregunta cuya respuesta pudiera haber descubierto sin mi ayuda. Cuando yo iba a abandonar el consejo de administración de Starbucks en 2012, les ofrecí unos cuantos nombres de expertos en redes sociales que podrían ocupar mi puesto y, entre ellos, incluí el de Clara. Por aquel entonces ella solo tenía veintinueve años, pero recibió una invitación para unirse al consejo de administración.

Aunque pedir a un desconocido que sea nuestro mentor rara vez funciona, o quizá nunca, aproximarse a un desconocido con una cuestión inteligente y meditada puede dar sus resultados. Garrett Neiman se acercó a mí después de un discurso que di en Stanford para explicarme que había fundado CollegeSpring, una organización sin ánimo de lucro que ofrece asesoramiento en ciencias y tecnología y también orientación universitaria a alumnos con un nivel bajo de ingresos. Quería reunirse conmigo y dejó claro que únicamente necesitaba unos pocos minutos de mi tiempo para que le presentara a algunas personas que pudieran ayudarle a ampliar su organización. Había hecho los deberes y sabía que para mí la educación es profundamente importante. Durante nuestra primera reunión y en cada una de las interacciones que hemos mantenido desde entonces, Garrett ha sido muy respetuoso con mi tiempo. Es conciso, centrado y cortés, y posteriormente siempre me ha tenido al tanto de los resultados de nuestras conversaciones.

Captar la atención o la imaginación de una persona en un minuto es posible, pero solo si el encuentro se planifica bien y se lleva a cabo a la medida de ese individuo. Empezar con una pregunta poco precisa del estilo de «¿Cómo es la cultura de Facebook?» muestra más ignorancia que interés por la empresa, puesto que existen cientos de artículos escritos que ofrecen esa respuesta. La preparación es especialmente importante cuando se busca trabajo.

Cuando dejé el Departamento del Tesoro, el anterior jefe de personal Josh Steiner me dio un gran consejo para pedir consejo; me dijo que decidiera qué quería hacer *antes* de ir a ver a las personas que tenían la capacidad de contratarme. De ese modo no desperdiciaría mi única oportunidad buscando asesoramiento general, sino que sería capaz de comentar las oportunidades específicas que ellos podían ofrecer.

La tutoría es con frecuencia una relación más recíproca de lo que pueda parecer, especialmente en aquellas situaciones en las que ambas personas ya trabajan en la misma empresa. Es posible que el tutelado reciba un asesoramiento más directo, pero el mentor también recibe beneficios, incluyendo información útil, un mayor compromiso por parte de sus colegas y una sensación de satisfacción y orgullo. Los sociólogos y psicólogos llevan tiempo observando nuestro profundo deseo de participar en comportamientos recíprocos. El hecho de que los humanos se sientan obligados a devolver los favores ha sido documentado en prácticamente todas las sociedades y avala todo tipo de relaciones sociales.[112] La relación entre mentor y tutelado no es una excepción. Cuando se hace bien, todo el mundo sale beneficiado.

Erin Burnett, una conocida periodista de CNN, afirma que Willow Bay, un veterano corresponsal de televisión y editor, fue su mentor cuando ella apenas estaba empezando. Willow acababa de conseguir el puesto de presentador de *Moneyline*, pero no contaba con una profunda experiencia en el campo de las finanzas. Erin había trabajado en Goldman Sachs, lo que la convirtió en la persona ideal para trabajar como asistente de Willow. Erin impresionó a Willow por su ambición, su ética profesional y su talento. Mientras tanto, Erin tuvo ocasión de observar a un experimentado y veterano periodista desde muy cerca. Cada uno de ellos se benefició de las capacidades y experiencia del otro.

Justin Osofsky captó mi atención en Facebook hace años, cuando estábamos preparándonos para nuestra primera reunión de alto nivel con la empresa Walt Disney Company. Cada uno de nuestros equipos, incluidos el de ventas, el de desarrollo de negocios y el de marketing, habían enviado ideas para la colaboración, pero nadie las coordinaba, por lo que nuestra presentación parecía desordenada y poco manejable. En lugar de simplemente enviar su parte, Justin tomó la iniciativa de reunir al grupo e integrar todas las ideas. Desde entonces me convertí en su «mentora», lo cual en este caso significa que con frecuencia acudo a Justin para que me solucione algún problema. Esto ayuda a la empresa y crea oportunidades constantes para él.

Obtener la atención de una persona de alto rango con un rendimiento excepcional funciona, pero no es la única forma de conseguir un mentor. He visto cómo empleados de nivel básico aprovechaban ágilmente el momento después de una reunión o en el pasillo para pedir consejo a un respetado ejecutivo de alto nivel que estaba tremendamente ocupado. El intercambio se produce de forma rápida y casual. Después de aceptar el consejo, el tutelado potencial continúa la relación al expresar su agradecimiento y aprovecha esa oportunidad para solicitar más asesoramiento. Sin siquiera darse cuenta, el ejecutivo de alto nivel se implica e invierte en la carrera profesional del empleado de nivel básico. Ni siquiera es necesario mencionar la palabra «mentor»; la relación es mucho más importante que la etiqueta que se le pueda dar.

La etiqueta en sí misma está abierta a la interpretación. Durante muchos años, mantuve la vista fijada en una joven de enorme talento que trabajaba en mi equipo en Google, y cada vez que ella tenía una decisión importante que tomar, yo le ofrecía mi consejo. Jamás empleé la palabra «mentor», pero invertí una gran cantidad de tiempo en su desarrollo. De modo que me sorprendió cuando un día afirmó llanamente que «nunca había tenido un mentor ni nadie que realmente se preocupara por ella». Yo le pregunté qué significaba un mentor para ella y me respondió que era alguien con quien ella pudiera hablar al menos una hora cada semana. Sonreí para mis adentros y pensé: «Eso no es un mentor, es un terapeuta».

Muy pocos mentores disponen de tiempo suficiente para dar una orientación excesivamente personalizada a sus tutelados. La mayoría están demasiado ocupados con sus propios trabajos altamente estresantes. Un tutelado que sea positivo y esté preparado puede ser la persona que nos alegra el día, por eso convendría evitar quejarse demasiado delante de un mentor. Emplear el tiempo de un mentor para validar sentimientos puede resultar de ayuda psicológicamente hablando, pero es mejor centrarse en problemas específicos que tienen soluciones reales. La mayoría de las personas que se encuentran en posición de ser mentores son bastante expertos en solucionar problemas, de modo que dadles un problema que resolver. Algunas veces, a las mujeres de gran potencial les cuesta mucho pedir ayuda porque no desean parecer desorientadas o aturdidas. Sentirse inseguro del modo en que se debe proceder es el sentimiento más natural del mundo. Yo me siento así constantemente. Pedir la opinión de los demás no es un signo de debilidad, sino que muchas veces es el primer paso para encontrar un camino a seguir.

A menudo las relaciones entre mentores o patrocinadores y sus protegidos surgen entre individuos que tienen intereses en común, o cuando los miembros de mayor rango se ven reflejados de algún modo en los de menos rango.[113] Esto significa que los hombres normalmente tienden a patrocinar a hombres más jóvenes con los que pueden conectar de forma más natural. Dado que hay muchísimos más hombres en los puestos más altos de todas las industrias, la proverbial red entre hombres mayores y hombres jóvenes continúa en expansión. Y como existe un reducido número de mujeres ocupando puestos de gran responsabilidad, es imposible que las mujeres jóvenes obtengan suficiente apoyo a menos que intervengan también los hombres que ocupan puestos de gran responsabilidad. Debemos hacer que los líderes masculinos sean conscientes de esta escasez y animarles a ampliar sus círculos.

Es maravilloso cuando los hombres que ocupan altos cargos se convierten en mentores de mujeres, pero todavía es mejor cuando las promueven y patrocinan. Cualquier líder masculino que se tome en serio hacer del mundo un lugar más igualitario puede convertir esto en una prioridad y formar parte de la solución. Para los hombres, el hecho de patrocinar a una mujer debería convertirse en una insignia de honor. Y puesto que sabemos que la existencia de varias perspectivas diferentes ayuda a mejorar el rendimiento, las empresas deberían promover y recompensar este comportamiento.

Desde luego, existen unas cuantas cuestiones peliagudas que resolver en este tema, incluyendo el contexto sexual que se percibe en las relaciones entre hombres y mujeres. En cierta ocasión, durante los años en que trabajaba en el Departamento del Tesoro, Larry Summers y yo viajamos juntos a Sudáfrica y pasamos todo el día siguiente a nuestra llegada atrincherados en el salón de su suite en el hotel para trabajar en el discurso sobre política fiscal que debía dar al día siguiente. Debido al desfase horario y a que estábamos absortos en el trabajo, de repente nos dimos cuenta de que eran las tres de la madrugada. Ambos sabíamos que parecería algo extraño si alguien me veía salir de su suite a esa hora. Discutimos las opciones. ¿Quizá podíamos comprobar si había alguien en el pasillo? Pero nos dimos cuenta de que no encontrábamos solución porque no existe diferencia alguna entre intentar que no te vean saliendo de la habitación de hotel de alguien de madrugada y salir realmente de la habitación de hotel de alguien de madrugada. Salí caminando al pasillo, afortunadamente vacío, y llegué a mi habitación sin que nadie me viera.

Las mujeres jóvenes y los hombres que tienen cargos de responsabilidad con frecuencia evitan entablar relaciones de tutoría o de patrocinio porque les da miedo lo que otras personas puedan pensar. Un estudio publicado por el *Center for Work-Life Policy* (Centro para la política de conciliación entre vida laboral y personal) así como el *Harvard Business Review* publicaron que el 64 por ciento de los hombres que están en un cargo de vicepresidencia o superior vacilan a la hora de mantener una reunión privada con una mujer de rango inferior. Por su parte, la mitad de las mujeres con cargos de nivel básico evitan mantener un contacto demasiado cercano con hombres de rango superior.[114] Esta actitud evasiva debe terminar. Las relaciones personales conducen a nombramientos y promociones, de modo que debe considerarse adecuado que los hombres y mujeres pasen tiempo juntos del mismo modo que lo hacen los hombres entre sí. Si se ve a un hombre que desempeña un cargo importante con un hombre de nivel inferior en un bar, se considera que es su mentor, pero si se ve a un hombre que desempeña un cargo importante con una joven de nivel inferior en un bar, aunque también puede que sea su mentor, da la sensación de que es una cita. Esta interpretación desanima a las mujeres y crea un doble rasero. Si las mujeres tratan de cultivar una relación cercana con un patrocinador masculino, se arriesgan a ser objeto de los cotilleos en el lugar de trabajo, y si tratan de llegar a lo más alto sin la ayuda de nadie, sus carreras con frecuencia se quedarán atascadas. No podemos suponer que las interacciones entre hombres y mujeres siempre implican un componente sexual. Y deben asegurarse de que se comportan de forma profesional de modo que las mujeres —y también los hombres— se sientan seguros en cualquier contexto.

En Goldman Sachs, a finales de la década de 1990, Bob Steel, miembro del comité de gestión, fue capaz de ver este problema de percepción e ideó una admirable solución. Steel, que era padre de tres niñas, indicó en un curso de formación que él tenía una «política de solo desayunar o comer» con los empleados porque se sentía incómodo saliendo a cenar con las empleadas mujeres y quería que el acceso fuera igualitario para todos. Sharon Meers trabajaba en Goldman por aquella época y afirma que la decisión de Steel causó cierto revuelo, pero que pensó que su franqueza había sido heroica. Todo aquello que iguale las oportunidades entre hombres y mujeres es la práctica correcta. Algunos llegarán allí adoptando una política de no salir a cenar con los empleados y otros quizá adopten la política de salir a cenar con cualquiera de los empleados. En uno y otro caso, necesitamos más prácticas que concedan las mismas oportunidades a los hombres y a las mujeres.

Muchas empresas empiezan a avanzar, pasando de la tutoría informal que se basa en la iniciativa individual a adoptar programas de carácter más formal. Cuando se toman en serio, estos programas formales de tutoría/patrocinio pueden tener un éxito asombroso. Los programas estructurados también eliminan la presión que sienten las mujeres con cargos de nivel básico por tener que hacer la difícil pregunta: «¿Es usted mi mentor?». Un estudio demostró que las mujeres que encontraban mentores mediante programas formales tenían un 50 por ciento más de probabilidades de recibir un ascenso que aquellas que habían encontrado mentores por su cuenta.[115] Los programas formales más eficaces ayudan a educar a los hombres en la necesidad de convertirse en mentores de mujeres y a establecer directrices de comportamiento adecuado. Estos programas pueden ser una forma estupenda de ayudar a normalizar este modelo de relación entre hombres que ocupan altos cargos y mujeres que están en cargos de nivel básico.

No obstante, los programas oficiales de tutoría no son suficientes por sí mismos y funcionan mejor cuando se los combina con otros tipos de programas de desarrollo y formación. La iniciativa para mujeres Leading to WIN, de Deloitte, es un buen ejemplo. Deloitte ya había establecido con anterioridad un programa para dar apoyo a las empleadas, pero las mujeres seguían sin representación en los niveles más destacados de la empresa. Esto llevó al director general de Deloitte Tax, Chet Wood, a preguntarse: «¿Dónde están todas las mujeres?». Como respuesta, Deloitte lanzó en 2008 un programa de desarrollo de liderazgo dirigido a mujeres que ocupaban cargos de responsabilidad dentro de la división fiscal y que estaban cerca de obtener un ascenso. Se asignó un patrocinador a cada mujer y estas recibieron orientación ejecutiva, siguieron muy de cerca a los miembros del comité ejecutivo y aceptaron asignaciones globales. De las veintiuna mujeres que había en el grupo inaugural, dieciocho ascendieron a partir de entonces.

A pesar de lo útiles que pueden ser estos programas, no siempre se ofrecen y, en algunas situaciones, no hay altos cargos disponibles para ofrecer su orientación. La buena noticia es que la orientación puede proceder de cualquier nivel. Cuando entré a trabajar en Facebook, uno de mis mayores retos consistió en establecer los procesos de negocio necesarios sin dañar el ambiente de espontaneidad. La empresa funcionaba actuando con agilidad y tolerancia con los errores y mucha gente temía no solo que yo fuera a arruinarles la fiesta, sino también que acabara con la innovación. Naomi Gleit había entrado a trabajar en Facebook nada más terminar sus estudios universitarios, varios años antes. Había sido una de las primeras empleadas de Facebook y comprendía profundamente el funcionamiento de la empresa. Naomi y yo nos hicimos muy amigas. Apuesto a que la mayoría de la gente, incluida ella misma, probablemente supuso que yo era su mentora. Pero lo cierto es que fue ella la que se convirtió en mi mentora: me ayudó a implementar los cambios que debían realizarse y siempre conseguía intervenir a tiempo para evitar que yo hiciera algo mal. Naomi siempre me dijo la verdad, aun cuando pensaba que quizá no me gustaría oírla, y hoy sigue haciéndolo.

Los colegas también pueden ser mentores y patrocinadores entre sí. Hay un proverbio que dice «todos los consejos son autobiográficos». Dos amigos que se encuentren en la misma etapa de sus carreras profesionales pueden de hecho ofrecer consejos más actuales y útiles. Varios de mis mentores de mayor edad me aconsejaron que no entrara a trabajar en Google en el año 2001; sin embargo, casi todos mis iguales comprendieron el potencial de Silicon Valley. Los compañeros también están en las trincheras y es posible que comprendan determinados problemas que nuestros superiores no comprenden, especialmente cuando estos se han producido en primera instancia por uno de esos superiores.

Como socia en McKinsey & Company, la primera tarea que se me asignó fue trabajar en un equipo formado por un jefe de proyecto senior y otros dos socios, Abe Wu y Derek Holley. Ambos eran hombres. Cuando el jefe de proyecto deseaba hablar con Abe o con Derek, simplemente se acercaba a su mesa; en cambio, cuando deseaba hablar conmigo, se sentaba a su escritorio y gritaba: «¡Sandberg, venga aquí!» con el mismo tono que habría empleado para llamar a un niño o, lo que es peor, a un perro. Cada vez que esto sucedía, me sentía acobardada. Yo nunca dije nada, pero un día Abe y Derek empezaron a llamarse «Sandberg» entre sí, empleando aquel mismo tono de voz tan elevado. El absorto jefe de proyecto no pareció darse cuenta. Pero ellos siguieron haciéndolo. Cuando tener a tantos Sandbergs se convirtió en algo confuso, decidieron que debíamos diferenciarnos. Abe empezó a llamarse a sí mismo «Sandberg asiático», Derek se autodenominó «Sandberg guapo» y yo pasé a ser «Sandberg Sandberg». Mis colegas fueron capaces de convertir una situación horrible en una situación en la que me sentí protegida. Dieron la cara por mí y me hicieron reír. Ellos fueron los mejores mentores que podría haber tenido.

Y como las desgracias nunca vienen solas, el director de servicio al cliente de aquel mismo proyecto quería emparejarme con su hijo. Declaró su intención de hacerlo frente a su equipo una y otra vez. Yo sabía que lo decía a modo de halago, pero lo único que él conseguía era minar mi autoridad profesional. ¿Cómo podían tomarme en serio mis clientes si su jefe no dejaba de recordar a todo el mundo que yo tenía la misma edad que su hijo... y por supuesto que debía tener una cita con él? Un día reuní todo mi valor y le pedí que accediera a hablar conmigo en privado. Le expliqué amablemente que no creía que fuera adecuado que siguiera sacando el tema de su hijo, pero él se echó a reír y continuó haciéndolo.

Tras intentar solucionar la situación por mí misma, acudí a mi superior, aquel jefe de proyecto que gritaba «Sandberg». Tras escuchar mi queja, me dijo que debería reflexionar sobre qué estaba «haciendo para enviar ese tipo de señales». Sí, era culpa mía. Le conté mi problema a los otros dos Sandbergs, que se mostraron indignados. Me animaron a acudir al jefe del gerente de enlaces, Robert Taylor, y hablar con él. Robert comprendió inmediatamente por qué me sentía incómoda y me explicó que, algunas veces, aquellos que somos diferentes (él es afroamericano) nos vemos obligados a recordar a los demás que deben tratarnos apropiadamente. Dijo que se alegraba de que hubiera tomado la iniciativa de hablar sobre el tema con el director de servicio al cliente y que este debería haberme escuchado. Después, Robert habló con él y le dijo que debía dejar de comportarse así. También habló con mi gerente de enlaces sobre la falta de sensibilidad de su respuesta. Yo no podría estar más agradecida por la protección de Robert. Por fin supe exactamente cómo se sintió aquel pajarito bebé cuando al final encontró a su madre.

6

Buscar y decir tu verdad

Mi amiga Betsy Cohen estaba embarazada de su segundo hijo cuando su pequeño, Sam, sintió curiosidad por saber en qué parte de su cuerpo estaba el nuevo bebé. «Mami —preguntó—, ¿los brazos del bebé están dentro de tus brazos?» «No, el bebé está en mi tripita», respondió ella. «¿Y las piernas del bebé están dentro de tus piernas?» «No, todo el bebé está en mi tripita.» «¿En serio, todo el bebé está en tu tripita? ¿Estás segura?» «Sí, todo el bebé está en mi tripita.» «Entonces, mami, ¿qué está creciendo dentro de tu trasero?»

Este tipo de sinceridad es común en los niños y prácticamente inexistente en los adultos. Conforme los niños crecen, les enseñamos a ser educados, a tener cuidado con lo que dicen y a no herir los sentimientos de los demás. Esto no es malo. Como antigua «ballena» embarazada, me alegro de que la mayoría de la gente se guarde algunas de sus opiniones para sí. Pero a medida que aprendemos a hablar del modo adecuado, perdemos cierta autenticidad.

La comunicación auténtica no siempre es fácil, pero es la base del éxito en las relaciones domésticas y de la verdadera eficiencia en el trabajo. Aun así, las personas constantemente se apartan de la sinceridad para protegerse a sí mismas y a los demás. Esta reticencia provoca y perpetúa toda clase de problemas: temas incómodos que nunca llegan a solucionarse, resentimiento que se acumula, ejecutivos poco capaces que son ascendidos en lugar de ser despedidos, y un largo etcétera. Con frecuencia, estas situaciones no mejoran porque nadie se atreve a decir lo que está sucediendo en realidad. Pocas veces somos suficientemente valientes para decir la verdad.

Ser sincero en el lugar de trabajo resulta especialmente difícil. Todas las organizaciones tienen algún tipo de jerarquía, lo que significa que el rendimiento de determinada persona será evaluado según la percepción de otra persona. Esto hace que todavía sea menos probable que la gente diga la verdad. Toda organización se enfrenta a este reto, a pesar de que trate de ser lo más equitativa posible. En Facebook trabajamos muy duro para que no existan las jerarquías; todo el mundo se sienta a escritorios abiertos situados en amplios espacios abiertos, no hay despachos, no hay cubículos ni separaciones para ninguno de nosotros. Mantenemos una sesión de preguntas y respuestas para toda la empresa los viernes, en la que cualquiera puede plantear una pregunta o hacer un comentario. Cuando alguien no está de acuerdo con alguna decisión, lo escribe en el muro del grupo de Facebook de la empresa. Pero sería idiota o me mentiría a mí misma si pensara que mis compañeros de trabajo siempre se sienten libres para criticar mis decisiones, las de Mark o incluso las de sus colegas.

Cuando los psicólogos estudian las dinámicas del poder, se dan cuenta de que las personas que ocupan puestos de rango inferior vacilan más ante la idea de compartir sus puntos de vista y a menudo suavizan sus afirmaciones cuando lo hacen.[116] Esto ayuda a explicar por qué para muchas mujeres hablar con sinceridad en un entorno profesional acarrea un conjunto adicional de miedos: miedo a que piensen que no trabajan bien en equipo, miedo a parecer negativas o molestas, miedo a que las críticas constructivas se consideren como meras críticas sin más, miedo a que, al hablar, llamen la atención sobre sí mismas, lo cual podría situarlas como objetivo para un posible ataque (este miedo viene impuesto por aquella misma vocecita que resuena en el fondo de nuestras cabezas y nos insta a no sentarnos a la mesa).

La comunicación funciona mejor cuando combinamos la adecuación con la autenticidad y encontramos ese punto ideal en el que las opiniones no resultan brutalmente sinceras sino delicadamente sinceras. Hablar de forma sincera sin herir los sentimientos de los demás resulta natural para algunas personas, pero es una cualidad que otras deben aprender. Yo definitivamente necesitaba ayuda en este aspecto y, afortunadamente, la encontré.

Cuando Dave estaba en Yahoo, asistió a un programa de formación para directivos impartido por Fred Kofman, antiguo profesor del MIT (Instituto de Tecnología de Massachussetts) y autor del libro *Conscious Business*. Dave odia los cursos de cualquier tipo, por lo que el equipo de recursos humanos de Yahoo tuvo que obligarle a asistir a aquella sesión de dos días de duración. Cuando volvió a casa después del primer día, me sorprendió que describiera el curso como «no del todo mal». Al final del segundo día, empezó a citar a Fred y a hacer observaciones acerca de nuestra comunicación. Yo estaba totalmente impresionada: ese tipo debía de ser bueno. Así que llamé a Fred, me presenté y dije: «No sé qué es lo que haces, pero quiero que lo hagas con mi equipo de Google».

Fred vino a Google y sus enseñanzas cambiaron mi carrera profesional y mi vida. Es uno de los más extraordinarios pensadores sobre liderazgo y dirección que he conocido nunca. Muchos de los conceptos que se comentan en este capítulo surgieron gracias a él y reflejan su creencia de que el mejor liderazgo es el liderazgo «consciente».

Aprendí de Fred que la comunicación eficaz comienza con la comprensión de que existe mi punto de vista (mi verdad) y el punto de vista de otra persona (su verdad). Rara vez existe una verdad absoluta, de modo que aquellas personas que creen estar en posesión de la verdad obligan a enmudecer a los demás. Cuando reconocemos que solo podemos ver las cosas desde nuestra propia perspectiva, somos capaces de compartir nuestras opiniones sin intimidar. Las opiniones siempre resultan más constructivas si se ofrecen en primera persona. Comparemos estas dos afirmaciones: «Nunca te tomas mis sugerencias en serio» y «Me siento frustrado porque no has respondido a mis últimos cuatro mensajes de correo electrónico, lo que me lleva a pensar que mis sugerencias no te parecen importantes. ¿Es así?». La primera afirmación puede provocar un rápido y defensivo «¡Eso no es cierto!», mientras que la segunda es mucho más difícil de refutar. Una activa el desacuerdo y la otra provoca una conversación. Ojalá siempre pudiera mantener esta perspectiva en todas mis comunicaciones. No es así. Pero continúo intentándolo.

También se hace más honor a la verdad si se utiliza un lenguaje sencillo. La manera de hablar en la oficina con frecuencia contiene matices y expresiones, que se enuncian a modo de paréntesis, que pueden acabar soterrando no solo lo más importante, sino toda la opinión en general. Comedias como *Trabajo basura* se acercan a la realidad por un motivo. A la gente le da miedo insultar a los demás, especialmente a su jefe, por lo que siempre se andan con rodeos y contestan con evasivas. En lugar de decir «No estoy de acuerdo con nuestra estrategia de expansión», dicen cosas como «Aunque pienso que hay muchas buenas razones por las que vamos a abrir esta nueva línea de negocio y tengo confianza en que el equipo de dirección ha llevado a cabo una concienzuda labor de análisis del margen de beneficio, no estoy seguro de que hayamos considerado completamente todos los efectos posteriores de dar este paso adelante en este preciso momento». ¿Cómo dices? Con todas esas precauciones resulta difícil descifrar qué piensa realmente la persona que habla.

Al comunicar la dura verdad, a menudo menos es más. Hace algunos años, Mark Zuckerberg decidió aprender chino. Para practicar, pasaba algo de tiempo con un grupo de empleados de Facebook cuyo idioma natal era el chino. Podría pensarse que los limitados conocimientos de esta lengua de Mark impidieron que aquellas conversaciones fueran sustancialmente útiles, pero, en lugar de ello, le proporcionaron un profundo conocimiento de lo que sucedía dentro de la empresa. Por ejemplo, una de las mujeres estaba tratando de contar a Mark algo acerca de su superior. Mark no comprendía, de modo que dijo: «Más sencillo, por favor». Entonces ella volvió a hablar, pero Mark seguía sin comprender, así que tuvo que pedirle que simplificara todavía más. La misma operación se repitió varias veces hasta que, al final, ella se sintió tan frustrada que simplemente espetó: «¡Mi jefe es malo!». Seguía hablando chino, pero suficientemente sencillo para que Mark lo comprendiera.

Si más personas fueran así de claras, el rendimiento de muchas organizaciones mejoraría de manera drástica.

La capacidad de escuchar es tan importante como la capacidad de hablar. Desde muy pequeños, cada vez que mis hermanos y yo nos peleábamos, nuestra madre nos enseñó —o más bien nos obligó— a crear un reflejo del otro, es decir, a verbalizar la opinión del otro antes de responderle. Por ejemplo, un día mi hermana y yo estábamos peleando por una piruleta. «¡Sheryl se ha comido la última piruleta!», chilló Michelle. «¡Pero ella ya se había comido una piruleta ayer y yo no!», chillé yo a mi vez, ofreciendo un *excelente* argumento. Mi madre nos sentó frente a frente. No me permitió que explicara lo terriblemente injusto que había sido el reparto de piruletas hasta que no reconociera los sentimientos de mi hermana. «Michelle, comprendo que estés enfadada porque me he comido la última piruleta y tú la querías.» Por muy doloroso que aquello resultara en aquel momento, el hecho de expresar con palabras el punto de vista del otro clarifica el desacuerdo y se convierte en el punto de partida para solucionarlo. Todos deseamos que se nos escuche y, cuando nos centramos en mostrar a los demás que estamos escuchando, realmente nos convertimos en mejores oyentes. Ahora yo hago esto mismo con mis hijos, y aunque lo más probable es que les desagrade el proceso tanto como me desagradaba a mí cuando tenía su edad, me encanta escuchar a mi hijo explicarle a mi hija: «Siento que estés enfadada porque has perdido al Monopoly, pero yo soy mayor que tú, de modo que es normal que gane». No está mal para un niño de siete años (aunque Fred recomendaría a mi hijo que eliminara el «pero» y todo lo que va después, dado que tiende a negar la afirmación anterior. Imagina a alguien que te dice «me gustas mucho, pero...»).

Ser consciente de un problema es el primer paso para solucionarlo. Resulta prácticamente imposible saber cómo perciben los demás nuestras acciones. Podemos tratar de adivinar lo que piensan, pero preguntar directamente resulta muchísimo más efectivo. Al tener un conocimiento real, podemos ajustar nuestras acciones y evitar equivocarnos. Aun así, la gente pocas veces solicita lo bastante la opinión de los demás. Hace algunos años, Tom Bokaw me hizo una entrevista para un artículo sobre Facebook. Tom es un magnífico entrevistador y yo tenía la sensación de que algunas de mis respuestas eran un tanto torpes. Después de terminar, le pregunté cómo podría haberlo hecho mejor. A él pareció sorprenderle mi pregunta, de modo que volví a preguntarle. Entonces me dijo que, en todos sus años de carrera, yo era solo la segunda persona que le pedía su opinión.

La primera vez que observé la estrategia de solicitar la opinión a los demás de forma generalizada fue gracias a Robert Rubin, secretario del Tesoro cuando entré a trabajar en el departamento en 1996. Durante mi primera semana de trabajo, me invitaron a participar en una reunión sobre la reestructuración de la oficina tributaria. Cuando entré, había unos diez miembros de la plantilla con cargos de responsabilidad sentados a la mesa. Dado que yo no sabía nada sobre el tema, me senté en una silla situada en una esquina de la habitación (eso es, ni siquiera cerca de la mesa). Hacia el final de la reunión, el secretario Rubin de pronto se volvió hacia mí y me preguntó: «Sheryl, ¿qué opinas tú?». Me quedé perpleja y en silencio, abrí la boca pero no salió ningún sonido. Cuando vio lo impactada que estaba, el secretario Rubin me explicó por qué me habían convocado a aquella reunión: «Como eres nueva y no acabas de estar familiarizada del todo con el modo en que hacemos las cosas, pensé que quizá serías capaz de ver alguna cosa que a nosotros se nos escapara». Aparentemente no era mi caso, pero el secretario Rubin nos envió a todos un poderoso mensaje acerca del valor de solicitar ideas procedentes de cada rincón (en sentido literal).

El secretario Rubin también era consciente del peligro que implica seguir ciegamente a un líder o, en su caso, que le siguieran ciegamente. Antes de llegar a ser secretario del Tesoro, Rubin trabajó como co-presidente del consejo de Goldman Sachs. Al final de su primera semana como co-presidente, se dio cuenta de que Goldman había invertido mucho en oro. Preguntó a alguien por qué la firma había adoptado una posición de tal magnitud y el empleado, sorprendido, le respondió: «Fue usted, señor». «¿Yo?», respondió Rubin. Al parecer, el día anterior había realizado su visita inicial a la planta del departamento de transacciones y había comentado:

«El oro parece interesante». Aquello se interpretó como «A Rubin le gusta el oro», y alguien gastó millones de dólares en oro para complacer al nuevo jefe.

Más de una década más tarde, yo experimenté mi propio momento del tipo «A Rubin le gusta el oro». Cuando entré a trabajar en Facebook, me enfrenté a un dilema: necesitaba reforzar el lado comercial de la empresa y al mismo tiempo respetar su modo de hacer poco convencional. A la mayoría de las corporaciones les encantan las presentaciones de PowerPoint, de modo que animé a la gente a no prepararlas para sus reuniones conmigo y que, en cambio, se presentaran con una sencilla lista de temas. Repetí aquello mismo con mucha frecuencia, pero cada reunión parecía incluir de todas formas una detallada presentación en PowerPoint. Tras más de dos años de frustración, anuncié que, aunque odiaba imponer normas, iba a imponer una: no más PowerPoints en mis reuniones.

Unas semanas más tarde, mientras me preparaba para hablar con nuestro equipo de ventas globales, Kirsten Nevill-Manning, una líder de recursos humanos de Facebook muy capaz, vino a mi despacho. Kirsten pensaba que debería saber que todo el mundo en Europa estaba enfadado conmigo. ¿En serio? ¿Había conseguido enfadar a todo el continente? Me explicó que las reuniones con los clientes eran muy difíciles sin presentaciones en PowerPoint y me preguntó por qué había impuesto una norma tan estúpida. Le expliqué que mi intención había sido que la norma se aplicara únicamente a las presentaciones que se me ofrecían a mí pero, al igual que el equipo de Goldman había oído «oro = bueno», el equipo de Facebook había oído «PowerPoint = malo». Me subí al estrado frente a todo nuestro equipo de ventas y me disculpé por el malentendido. También les dije que, si escuchaban una mala idea, incluso cuando pensaran que procedía de mí o de Mark, debían o bien rebatirla o bien ignorarla.

Por muy difícil que resulte mantener un diálogo sincero sobre decisiones de negocios, todavía resulta más difícil ofrecer una opinión sincera a personas concretas. Esto es así en el caso de los empleados que acaban de entrar como en el caso de los líderes de rango más alto y en el de cualquiera que esté situado entre uno y otro. Suele ser de ayuda recordar que las opiniones, como la verdad, no son absolutas. Las opiniones son eso, opiniones basadas en observaciones y experiencias que nos permiten saber qué impresión causamos en los demás. Esta información es reveladora y potencialmente incómoda, por eso todos preferimos ofrecer nuestras opiniones a quienes sabemos que las van a aceptar. Si yo hago una observación o una recomendación y alguien reacciona mal —o incluso si simplemente se pone visiblemente tenso—, rápidamente aprendo a guardarme mis comentarios para aquellas cosas que realmente importan. Por eso admiro tanto el enfoque de Molly Graham. Molly entró a trabajar en Facebook en 2008 y ha desempeñado diversas tareas dentro de la empresa en los departamentos de comunicaciones, recursos humanos y productos para móviles. Sus resultados han sido extraordinarios en todos estos distintos puestos, no solo porque posee un talento único sino también porque siempre está aprendiendo. Un día, ella y yo organizamos una peliaguda reunión con un cliente. Ella capeó la conversación con gran eficacia y, después de que el cliente se hubiera marchado, yo alabé su esfuerzo. Se hizo una pausa y me respondió: «Gracias, pero seguro que tienes alguna idea que ofrecerme acerca de qué más podría haber hecho».

«¿Cómo puedo mejorar?» «¿Estoy haciendo algo que no sé?» «¿Qué estoy dejando de hacer y no me doy cuenta?» Todas estas preguntas conducen a innumerables beneficios y, creedme, la verdad duele. Incluso cuando yo misma he solicitado activamente la opinión de los demás, cualquier tipo de enjuiciamiento puede parecer duro, pero la parte positiva del conocimiento que duele es mucho mayor que la parte negativa de la feliz ignorancia.

Pedir consejo también puede ayudar a construir relaciones. En Facebook, yo sabía que el factor determinante más importante de mi éxito sería mi relación con Mark. Cuando empecé a trabajar allí, pedí a Mark que se comprometiera a darme su opinión sobre mi trabajo cada semana, de tal modo que cualquier cosa que pudiera molestarle sería expuesta y comentada rápidamente. Mark no solo accedió, sino que inmediatamente añadió que quería que fuera recíproco. Durante los primeros años, nos ceñimos a aquella rutina y comentábamos nuestras preocupaciones, fueran estas grandes o pequeñas, todos los viernes por la tarde. Conforme pasaron los años, compartir reacciones sinceras se convirtió en una parte de nuestra relación normal, de modo que ahora lo hacemos en el momento en vez de esperar al final de la semana. No me atrevería a sugerir que todas las relaciones necesitan tal cantidad de información en ambas direcciones —quizá sea pedir demasiado— pero, en nuestro caso, ha resultado ser sumamente importante.

También he aprendido a las duras que ser abierta a escuchar la verdad significa asumir la responsabilidad de mis errores. Durante mi primera semana como jefe de personal en el Departamento del Tesoro, tuve la oportunidad de trabajar directamente con los jefes de las diferentes oficinas del departamento. Existe una forma correcta y otra incorrecta de comenzar una relación laboral. Yo elegí la incorrecta. La primera llamada que hice fue a Ray Kelly, que por aquel entonces era comisario del servicio de aduanas de Estados Unidos y actualmente trabaja como comisario de policía de la ciudad de Nueva York. En lugar de ponerme en contacto con él para ofrecerle mis servicios, llamé al comisario Kelly con una solicitud del secretario. La impresión que causé fue que mi trabajo consistía en solicitar y el suyo era escuchar. Fue un error. La respuesta de Ray fue rápida y clara: «[Palabra malsonante], Sheryl —dijo—. ¡Solo porque no esté en la [palabrota] coalición de cerebros treintañeros de Larry Summers, eso no significa que no sepa lo que hago! ¡Si el secretario Summers quiere algo de mí, dile que me llame él mismo! [palabrota]». Después colgó el teléfono. Yo pensé: «Esto no va bien». Mi primera semana en el puesto y ya había conseguido enfadar a un hombre que sabe un par de cosas acerca de las armas de fuego.

Cuando dejé de temblar, me di cuenta de que el comisario Kelly me había hecho un enorme favor. Su «opinión» fue sumamente útil y me la ofreció de un modo que jamás iba a olvidar. Me replanteé mi estrategia de integración. Con los demás directores de oficina, empecé la conversación preguntando qué podía hacer yo para ayudarles a conseguir sus objetivos. No es de extrañar que reaccionaran de forma más positiva y con muchas menos palabras malsonantes.

Y después de haber empleado el método «¿Qué he hecho yo por ti últimamente?», estaban mucho más dispuestos a devolver el favor.

Por mucho que trate de persuadir a la gente para que comparta su opinión sincera, siempre supone un reto provocar su respuesta. Cuando empecé a crear mi equipo en Google, yo entrevistaba a cada candidato antes de hacerle una oferta. Incluso cuando el equipo había crecido hasta alcanzar las cien personas, yo seguía hablando con cada finalista. Un día, durante una reunión con mis subalternos más directos, me ofrecí a dejar de hacer entrevistas, totalmente convencida de que todos insistirían en que no lo hiciera porque mi opinión era una parte fundamental del proceso. En lugar de hacerlo, se pusieron a aplaudir. Todos ellos me explicaron —al unísono— que mi insistencia en hablar personalmente con todos los candidatos se había convertido en un enorme cuello de botella. Yo no tenía ni idea de que había estado retrasando al equipo y me sentí muy molesta por el hecho de que nadie me lo hubiera dicho. Pasé unas horas echando humo, lo cual, dado que no sé poner cara de póquer, probablemente resultó bastante obvio para todos. Después me di cuenta de que si mis compañeros no me habían hablado de aquello, era claramente porque yo no había sido capaz de comunicar que estaba abierta a sus comentarios. Si deseaba recibir más sugerencias, tendría que asumir la responsabilidad de dejarlo bien claro. La falta de comunicación es siempre una calle de dos sentidos. Si quería que me hicieran más sugerencias, debía haber tomado la responsabilidad de dejarlo claro. De modo que regresé a mi equipo y acordé con ellos que ya no entrevistaría a nadie más. Y lo que es más importante, les dije que quería que me ofrecieran sus comentarios pronto y con frecuencia.

Otro modo en el que intento fomentar la auténtica comunicación es hablar abiertamente de mis propios puntos débiles. Por mencionar solo uno, tengo tendencia a impacientarme con las situaciones no resueltas. Mi reacción es presionar a la gente para que las resuelva rápidamente, en ocasiones antes de que puedan hacerlo desde un punto de vista realista. David Fischer y yo hemos trabajado muy estrechamente durante quince años en el Departamento del Tesoro, en Google y en Facebook. Él bromea diciendo que

puede adivinar por mi tono de voz si debería molestarse en completar una tarea o si estoy a punto de hacerlo yo misma. Reconozco abiertamente mi impaciencia y pido a mis colegas que me avi-
sen cuando necesito relajarme. Al mencionarlo yo misma, estoy
dando permiso a los demás para que señalen mi impaciencia cuando aparece... y también para que bromeen sobre ella. Mis compañeros me dicen: «Sheryl, ¿recuerdas que nos pediste que te avisá-
ramos cuando te pusieras nerviosa y presionaras demasiado a los
equipos? Vale, pues creo que lo estás haciendo ahora mismo». Pero
si yo nunca hubiera dicho nada, ¿habría alguien en Facebook que
se me acercara y me dijera, «¡Vamos, Sheryl, cálmate! ¡Estás volvien-
do loco a todo el mundo!»? Sinceramente lo dudo. Seguro que lo
pensarían, incluso puede que lo comentaran entre ellos, pero nadie
me diría nada directamente a mí.

Cuando las personas son abiertas y honestas, darles las gracias
públicamente les anima a continuar al tiempo que se envía un poderoso mensaje a los demás. Durante el transcurso de una reunión
con seis ingenieros de Facebook, mencioné que estaba interesada
en abrir más oficinas de Facebook en todo el mundo, especialmente en una región concreta. Dado que el grupo incluía miembros del
equipo de seguridad, les pregunté qué era lo que más les preocupaba. Sin que se solicitara expresamente su opinión, Chad Greene exclamó: «¡Abrir una oficina de Facebook en esa región!». Me explicó por qué no funcionaría y por qué estaba del todo equivocada
delante de todo el grupo. Me encantó. Nunca habíamos coincidido
antes, pero nunca olvidaré el impacto que me causó aquel primer
encuentro. Finalicé la reunión dando las gracias a Chad por su espontaneidad y a continuación publiqué la historia en Facebook para
animar al resto de la empresa a seguir su ejemplo. Y Mark opina
igual. Durante una barbacoa veraniega, hace cuatro años, un empleado en prácticas dijo a Mark que debería mejorar sus aptitudes
para hablar en público. Mark le dio las gracias delante de todo el
mundo y a continuación nos animó a todos a ofrecer a aquel muchacho un trabajo a tiempo parcial.

El humor puede ser una herramienta increíble para transmitir
un mensaje sincero de forma agradable. Un estudio reciente incluso

demostró que «sentido del humor» era la expresión que más se empleaba para describir a los líderes más eficaces.[117] Yo misma he sido testigo de cómo el sentido del humor obtenía grandes resultados en muchas ocasiones. Después de trabajar en la Casa Blanca de Obama, Marne Levine entró a trabajar en Facebook para dirigir la comunicación de la empresa a nivel mundial. Marne es minuciosa, profesional y muy competente. Durante su primera semana en Facebook, necesitaba que un colega de otro equipo terminara de hacer el borrador de unos cuantos párrafos para su comparecencia en un congreso próximo. El colega se estaba retrasando, no dejaba de acudir a Marne para hacerle preguntas, que ella respondía puntualmente pero, por más que esperaba, él no terminaba aquellos párrafos. Cuando volvió a acudir a ella con otra pregunta más, Marne lo miró con una enorme sonrisa y le dijo: «Voy a responder a todas tus preguntas, de verdad que sí, pero ahora mismo lo único que puede impedir que me caiga al suelo y tenga un ataque al corazón delante de ti es que te levantes de esa silla, vuelvas a tu mesa y escribas los párrafos que necesitamos para el congreso». Funcionó de maravilla.

Un compañero de Google, Adam Freed, y yo nos sentíamos frustrados con una persona de nuestro entorno laboral que nos dificultaba mucho el trabajo. Me reuní con ella varias veces y le expliqué sinceramente que me daba la sensación de que criticaba cada uno de nuestros movimientos y que con sus actitud nos impedía avanzar. Durante cada una de nuestras sentidas conversaciones, me escuchaba, asentía con la cabeza y me daba las gracias por sacar el tema. Cuando salía de su despacho, yo me sentía mejor. Pero después la situación empeoró. Entonces, Adam empleó un método completamente diferente. La invitó a comer. Se encontraron en la cafetería de Google, charlaron un rato y después la miró a los ojos y, en tono de broma, le preguntó: «¿Por qué me odias?». Ahí donde yo había fracasado repetidamente, Adam consiguió abrirse paso. Ella le preguntó por qué hacía esa broma, lo que le dio a él la oportunidad de explicárselo de un modo que ella estuviera dispuesta a escuchar.

Lamentablemente, nuestro sentido del humor en ocasiones nos falla cuando más lo necesitamos. Cuando un problema me toca la fibra sensible, me resulta muy difícil tratarlo a la ligera. Llevaba aproximadamente tres meses en Google cuando surgió una situación incómoda. Cuando entré en la empresa mi superior directo era Eric Schmidt, pero estaba en período de transición para empezar a trabajar para Omid Kordestani. Durante aquel proceso, Omid y yo tuvimos un considerable malentendido. Acudí a él para hablar del tema y traté de explicarle con calma por qué estaba molesta, pero tan pronto como empecé a hablar, rompí a llorar. Me sentía horrorizada por estar llorando delante de mi nuevo jefe, al que apenas conocía, lo cual me hizo tener todavía más ganas de llorar. Pero tuve suerte, Omid fue paciente y tranquilizador, e insistió: «Todo el mundo se siente alguna vez molesto en el trabajo, no pasa nada».

La mayoría de las mujeres cree —y así lo demuestran diversas investigaciones— que no es buena idea llorar en el lugar de trabajo.[118] No es nada planeado y el libro *Los siete hábitos de la gente altamente efectiva* lo desaconseja con firmeza, pero en aquellas raras ocasiones en las que me he sentido realmente frustrada o, lo que es peor, traicionada, no he podido evitar llorar. Aun cuando me he ido haciendo mayor y he ido adquiriendo más experiencia, todavía me sigue pasando de vez en cuando.

Llevaba casi un año trabajando en Facebook cuando supe que alguien había dicho algo sobre mí que no solo era falso sino que además también era cruel. Empecé a contárselo a Mark y, a pesar de todos mis esfuerzos, me eché a llorar. Me aseguró que aquella acusación era tan falsa que era imposible que nadie la creyera y a continuación me preguntó: «¿Quieres un abrazo?». Sí que lo quería. Fue un momento importante para nosotros. Me sentí más cerca de él de lo que me había sentido nunca. Después expliqué la historia en público, pensando que tal vez así reconfortaría a aquellas personas que no pudieron reprimir las lágrimas en una situación considerada inadecuada, pero la prensa informó del incidente como: «Sheryl Sandberg lloró sobre el hombro de Mark Zuckerberg», lo cual es exactamente lo que pasó. Lo que sucedió fue que expresé mis sentimientos y Mark respondió de un modo sumamente compasivo.

Compartir las emociones ayuda a construir relaciones más profundas. La motivación procede de trabajar en las cosas que nos importan y también de trabajar con personas que nos importan. Para preocuparnos realmente de los demás debemos comprenderles, saber lo que les gusta y les disgusta, lo que sienten y lo que piensan. La emoción conduce las vidas tanto de hombres como de mujeres e influye en todas y cada una de las decisiones que tomamos. Reconocer el papel que desempeñan nuestras emociones y estar dispuestos a hablar de ellas nos hace mejores jefes y parejas o compañeros de trabajo.

Yo no siempre lo entendí. Pensaba que ser profesional significaba ser organizada y centrada y dejar aparte mi vida personal. Cuando empecé a trabajar en Google, Omid y yo manteníamos reuniones individuales cada semana. Yo entraba en su despacho con una agenda escrita a mano y nos poníamos directamente con el tema. Yo creía que estaba siendo de lo más eficiente, pero mi colega Tim Armstrong (que más tarde se convertiría en director general de AOL) fue tan amable de llevarme aparte un día y brindarme un consejo. Me dijo que debería tomarme un momento para conectar con Omid antes de lanzarme al trabajo. Dado que Omid y yo éramos las únicas personas que asistían a aquellas reuniones, estaba claro quién era la persona que se lo había mencionado a Tim. Hice un reajuste y empecé por preguntar a Omid cómo estaba antes de lanzarme de lleno a mi lista de cosas por hacer. Fue una excelente lección. Un método exclusivamente profesional no siempre es bueno.

Ha habido una evolución y ahora creo firmemente en llevar a nuestro propio ser completo al lugar de trabajo. Ya no pienso que la gente tenga un yo profesional de lunes a viernes y un yo auténtico durante el resto del tiempo. Ese tipo de división probablemente nunca ha existido y, en el área actual de expresión individual, en la que la gente constantemente actualiza su estado de Facebook y tuitea cada uno de sus movimientos, todavía tiene menos sentido. En lugar de ponernos algún tipo de disfraz que nos convierta en alguien «exclusivamente profesional», creo que nos iría mejor si expresáramos nuestra verdad, habláramos de nuestras situaciones personales y reconociéramos que las decisiones profesionales con frecuencia están influidas por nuestras emociones. Yo debería haber aprendido esta lección muchos años antes. Cuando me titulé en la facultad de ciencias empresariales en 1995, Larry Summers me ofreció un trabajo en el Departamento del Tesoro. Yo deseaba aquel trabajo desesperadamente, pero había un problema: no quería volver a mudarme a Washington D. C., donde vivía el que pronto se convertiría en mi ex marido. Una de las llamadas más difíciles que he tenido que hacer en mi vida fue para decirle a Larry que no podía aceptar aquel trabajo. Larry me presionó para que le explicara por qué y yo pensé en contarle que lo que realmente deseaba era intentar dedicarme a la consultoría en Los Ángeles. En lugar de ello, me abrí a él y le expliqué que me iba a divorciar y que quería mudarme lejos de Washington D. C., que me traía demasiados recuerdos dolorosos. Larry me contestó que era una ciudad muy grande, pero a mí no me parecía lo bastante grande. Un año más tarde, cuando había pasado suficiente tiempo y me sentía preparada para volver, llamé a Larry y le pregunté si la oferta seguía en pie. Aquella fue una de las llamadas más fáciles que he hecho jamás y en parte era porque había sido sincera el año anterior. Si le hubiera dicho a Larry que rechazaba un trabajo por motivos profesionales, habría dado la impresión de ser excesivamente impulsiva al cambiar de opinión. Dado que el motivo real era personal, compartirlo sinceramente era lo mejor que podía hacer.

La gente suele pretender que las decisiones profesionales no se ven afectadas por su vida personal. Tiene miedo de hablar de su situación familiar en el trabajo como si lo uno nunca debiera interferir con lo otro cuando, desde luego, pueden hacerlo y lo hacen. Conozco a muchas mujeres que no hablan de sus hijos en el lugar de trabajo porque les da miedo que se cuestionen sus prioridades. Espero que este no sea siempre el caso.

Mi cuñada, Amy Schefler, tenía una compañera de habitación en la facultad, Abby Hemani, que es socia en uno de los bufetes más prestigiosos de Boston. La línea entre lo personal y lo profesional quedó eliminada para Abby cuando se le diagnosticó a su hija de siete meses el síndrome de Dravet, una extraña y grave forma de epilepsia. Abby me explicó que sus compañeros de trabajo, la mayoría de ellos hombres, se acostumbraron a verla llorar en la oficina y que su respuesta fue muy reconfortante. «Era como si me vieran como una de sus propias hijas y desearan consolarme», me dijo. Abby insiste en que el hecho de mostrar sus emociones en público mejoró su situación laboral tanto al convertir a sus colegas en una importante fuente de apoyo como al proporcionarle un horario más flexible. «Conozco a varios hombres de mi firma que tuvieron experiencias similares con niños enfermos, pero no se permitieron ser tan abiertos como lo fui yo —me dijo—, de modo que, al final, creo que mi forma femenina de relacionarme me sirvió de mucho.»

No todos los lugares de trabajo ni todos los compañeros son tan generosos y afectuosos, pero estoy convencida de que la línea que separa la vida profesional de la personal empieza a difuminarse. Cada vez más, los pensadores más destacados en el campo de los estudios sobre liderazgo, como Marcus Buckingham, están poniendo en duda las nociones tradicionales de liderazgo. Sus investigaciones sugieren que presentar el liderazgo como una lista de cualidades cuidadosamente definidas (mostrando a los líderes como personas estratégicas, analíticas y centradas únicamente en el rendimiento) ya no sirve. En lugar de ello, el liderazgo auténtico surge de una individualidad que se expresa de forma honesta y, en ocasiones, imperfecta.[119] Piensan que los líderes deberían tratar de alcanzar la autenticidad antes que la perfección. Este cambio de rumbo supone una buena noticia para las mujeres, quienes a menudo se sienten obligadas a suprimir sus emociones en el lugar de trabajo, en un intento de mostrarse más cercanas al estereotipo masculino. Y también es una buena noticia para los hombres, que es posible que estén haciendo exactamente lo mismo.

Tuve ocasión de ver de primera mano el poder de la auténtica comunicación en un líder cuando trabajé en el consejo de administración de Starbucks. Howard Schultz fue director general de Starbucks entre 1987 y 2000 y, durante ese período, la empresa pasó de tener simplemente unos cuantos establecimientos hasta convertirse en una importante empresa a nivel mundial. Howard abandonó su puesto de director general en 2000 y durante los ocho años siguientes el rendimiento de Starbucks descendió. Cuando Howard retomó el puesto en 2008, celebró una reunión con todos los gerentes de la empresa procedentes de todo el mundo en Nueva Orleans. Admitió abiertamente que la empresa se enfrentaba a graves problemas y dejó aflorar sus emociones, rompiendo a llorar cuando confesó que tenía la sensación de haber abandonado a los empleados y a sus familias. Toda la empresa aceptó el reto de salir adelante. Starbucks dio la vuelta a la situación y unos pocos años más tarde obtuvo los beneficios y ganancias más elevados de su historia.

Quizá algún día el hecho de derramar lágrimas en el lugar de trabajo ya no se contemple como algo vergonzoso o como un signo de debilidad, sino como una simple muestra de emoción auténtica. Y quizá la compasión y la sensibilidad que históricamente han cohibido a las mujeres logren convertirlas en líderes de forma más natural en un futuro. Mientras tanto, todos podemos activar este cambio comprometiéndonos tanto a buscar como a decir nuestra verdad.

No te vayas antes de irte

Hace algunos años, una joven que trabajaba en Facebook vino a mi despacho y me preguntó si podía hablar conmigo en privado. Nos dirigimos a una sala de reuniones, donde ella comenzó a lanzarme preguntas acerca de cómo conseguía yo equilibrar la vida familiar con el trabajo. A medida que las preguntas fueron acelerándose cada vez más, comencé a preguntarme a qué respondía su urgencia. La interrumpí para preguntarle si tenía algún hijo. Me contestó que no, pero que quería planificar las cosas con antelación. Le pregunté si ella y su pareja estaban planteándose tener un hijo y ella contestó que no tenía marido. A continuación añadió, riendo: «En realidad ni siquiera tengo novio».

Me pareció que se estaba precipitando —muchísimo—, pero comprendía por qué. Desde una edad temprana, se envía a las niñas el mensaje de que el día de mañana tendrán que elegir entre tener éxito en el trabajo y ser buenas madres. Para cuando llegan a la universidad, las mujeres ya están pensando en todos los sacrificios que deberán hacer y en los objetivos profesionales y personales a los que tendrán que renunciar.[120] Cuando se les pide que elijan entre el matrimonio y la carrera profesional, las estudiantes universitarias tienden a elegir el matrimonio en doble proporción que sus compañeros masculinos.[121] Y esta preocupación puede empezar incluso antes. Peggy Orenstein, autora del libro *Cinderella Ate My Daughter* (Cenicienta se ha comido a mi hija), contó en cierta ocasión la historia de una niña de cinco años que regresó a casa consternada de sus clases extraescolares y le contó a su madre que tanto ella como el niño que le gustaba querían ser astronautas. Cuando su madre le preguntó dónde estaba el problema, la niña respondió: «Cuando vayamos juntos al espacio, ¿quién cuidará de nuestros hijos?». Con solo cinco años pensaba que el mayor inconveniente de viajar al espacio sería el cuidado de los niños.

Tal y como he mencionado, creo firmemente en la preparación concienzuda. Allá donde voy llevo siempre conmigo un cuaderno con mi lista de cosas por hacer... un *cuaderno de verdad* en el que escribo con un *bolígrafo de verdad* (en el mundo de la tecnología, es como si llevara una losa de piedra y un cincel). Pero en lo que respecta a combinar la vida profesional y la familiar, planificar con demasiada antelación puede cerrar puertas en lugar de abrirlas. He visto cómo esto sucedía una y otra vez. Las mujeres rara vez toman una gran decisión para abandonar el mundo profesional. En lugar de hacerlo, toman un montón de pequeñas decisiones por el camino, realizando ajustes y sacrificios cuando se sienten llamadas a tener una familia algún día. De todas las formas en que las mujeres se autolimitan, quizá la más generalizada sea que se van antes de irse.

El caso típico se produce del siguiente modo: una mujer ambiciosa y de éxito recorre un complicado camino para desarrollar su carrera, pero siempre con el pensamiento de tener hijos resonando en el fondo de su mente. En algún momento, este pensamiento toma una posición destacada dentro de su cabeza, normalmente cuando encuentra una pareja. La mujer reflexiona sobre lo duramente que trabaja y considera que, a fin de hacer sitio para la llegada de un hijo, va a tener que aminorar la marcha. Una abogada de un bufete quizá decida no tratar de llegar a socia porque algún día espera tener una familia, una profesora quizá decida no poner en marcha un programa de desarrollo curricular para su escuela, o quizá una representante de ventas asuma un territorio más reducido o decida no presentarse a un puesto de dirección. Las mujeres dejan de buscar nuevas oportunidades, a menudo sin siquiera ser conscientes de ello, y si se les presenta alguna, tienden a rechazarla o a ofrecer ese tipo de «sí» dubitativo que hace que el proyecto sea asignado a otra persona. El problema es que, aun cuando fuera a quedarse embarazada inmediatamente, una mujer sigue contando con nueve meses antes de tener que cuidar realmente de un bebé, y como las mujeres normalmente comienzan su preparación mental mucho antes de intentar quedarse embarazadas, con frecuencia pasan varios años entre el hecho de pensar en concebir y el nacimiento en sí. En el caso de la mujer que me acribilló a preguntas en Facebook, podía incluso pasar una década.

Para cuando llega el bebé, es probable que la mujer se encuentre en un lugar de su carrera drásticamente diferente del que habría estado si no se hubiera cortado las alas. Antes sus resultados eran excelentes y sus obligaciones similares a las de sus colegas masculinos en cuanto a responsabilidad, oportunidad y retribución, pero, al no encontrar formas de desarrollarse en los años previos a su maternidad, se ha quedado atrás. De modo que, cuando regresa a su puesto después del nacimiento de su hijo, tiende a sentirse menos realizada, desaprovechada o minusvalorada. Quizá se pregunte por qué trabaja para alguien (normalmente un hombre) que tiene menos experiencia que ella, o quizá por qué no tiene un emocionante proyecto nuevo en vistas, o por qué no está ocupando el despacho de la esquina. Llegada a este punto, es probable que todavía reduzca más sus ambiciones puesto que ya no cree que pueda llegar a lo más alto. Y si cuenta con los recursos económicos suficientes para dejar el trabajo, es aún más probable que lo haga.

Cuanto más satisfecha está una persona con su puesto, menos probable será que lo abandone.[122] De modo que la ironía —y, para mí, la tragedia— radica en que las mujeres tiran la toalla y abandonan el mercado laboral precisamente a causa de cosas que hicieron para permanecer en él. Con la mejor de sus intenciones, terminan haciendo un trabajo que les resulta menos satisfactorio y menos atractivo. Cuando finalmente tienen un hijo, la elección —para aquellas que la tienen— se plantea entre convertirse en madres a tiempo completo o regresar a una situación laboral bastante poco atrayente.

Joanna Strober, coautora del libro *Getting to 50/50*, achaca su decisión de regresar al mundo laboral después de la maternidad al hecho de que su trabajo era fascinante. «Cuando empecé a trabajar, oí un montón de historias espeluznantes de ejecutivas que ignoraban a sus hijos o no pasaban suficiente tiempo en casa —me contó—. Todo el mundo en nuestra oficina hablaba de una ejecutiva cuya hija supuestamente le dijo que, cuando creciera, quería ser cliente porque eran ellos los únicos que obtenían toda su atención. Aquellas historias me parecían tan deprimentes que me di por vencida incluso antes de encontrar pareja. Sin embargo, cuando cinco años más tarde tenía un trabajo que realmente me encantaba, me di cuenta de que deseaba regresar al trabajo después de transcurridas tan solo unas semanas de baja maternal. Me di cuenta de que aquellas ejecutivas no eran para nada espeluznantes. Como yo, adoraban a sus hijos y, como yo, también adoraban sus trabajos.»

Hay muchas razones de peso para abandonar el mercado laboral. Ser padre o madre a tiempo completo es una elección maravillosa y a menudo necesaria para muchas personas. No todos los padres necesitan o desean trabajar fuera de casa, ni debería esperarse de ellos que así fuera. Además, nosotros no controlamos todos los factores que nos influyen, incluyendo la salud de nuestros hijos. Mucha gente agradece la oportunidad de poder salir de esa carrera en la que es necesario avanzar a codazos. No se debería juzgar a nadie por una decisión de carácter tan extremadamente personal. Yo apoyo por entero a cualquier hombre o mujer que dedica su vida a educar y criar a la siguiente generación; se trata de una labor importante, muy exigente y altamente gratificante.

Lo que quiero decir es que el momento de echar el freno es cuando se necesita hacer un receso o cuando llega un hijo, pero no antes y, desde luego, no con años de antelación. Los meses y años que preceden al hecho de tener un hijo no son el momento de autolimitarse, sino el momento crucial de avanzar hacia delante.

Hace varios años, acudí a una empleada de Facebook para que gestionara un proyecto nuevo importante. Al principio pareció halagada, pero después empezó a dudar de forma manifiesta. Me dijo que no estaba segura de que debiera asumir más responsabilidad. Obviamente, algo sucedía, de modo que le pregunté con tono tranquilo: «¿Te preocupa asumir este encargo porque estás pensando en tener pronto un bebé?». Algunos años antes me habría dado miedo hacer semejante pregunta. Se supone que los jefes no deben considerar los planes de embarazo como un factor a tener en cuenta a la hora de contratar a alguien o de tomar una decisión administrativa. La mayoría de los abogados laboralistas sufrirían un ataque al corazón si alguien sacara este tema en el lugar de trabajo, pero después de ver a tantas mujeres de talento rechazar oportunidades por motivos que nunca revelaron, empecé a tratar este tema de forma directa. Siempre doy a la gente la opción de que no me responda, pero hasta hoy todas las mujeres a las que he preguntado parecían agradecidas de tener la oportunidad de comentar el tema. También dejo siempre claro que solo lo pregunto por un motivo: para asegurarme de que no están limitando sus opciones innecesariamente.

En 2009 íbamos a contratar a Priti Choksi para que se uniera al equipo de desarrollo de negocios de Facebook. Después de hacerle una oferta, vino para hacer algunas preguntas de seguimiento del puesto. No mencionó el estilo de vida ni las horas, pero tenía la edad en la que las mujeres suelen tener hijos. De modo que, cuando estábamos a punto de finalizar, saqué el tema: «Si crees que no deberías aceptar este puesto porque quieres tener un hijo pronto, estaré encantada de hablar contigo sobre este tema». Imaginé que, si no quería hablar de ello, simplemente seguiría su camino hacia la puerta. En cambio, se volvió, se sentó de nuevo y dijo: «Hablemos». Le expliqué que, aunque es posible que el instinto nos diga lo contrario, el momento justo antes de tener un bebé puede ser de hecho el momento perfecto para aceptar un nuevo trabajo. Si encontraba su nuevo puesto estimulante y gratificante, tendría más ganas de regresar a él después del nacimiento. Si se quedaba donde estaba, quizá decidiera que su trabajo no merecía tanto sacrificio. Priti aceptó nuestra oferta y, cuando empezó a trabajar en Facebook, ya estaba embarazada. Ocho meses después tuvo a su bebé, se tomó un descanso de ocho meses y regresó a un trabajo que le encantaba. Más tarde, me dijo que si yo no hubiera sacado el tema, habría rechazado la oferta.

Como tantas otras mujeres, Caroline O'Connor creía que algún día tendría que elegir entre su carrera y su familia, pero ese día llegó antes de lo que esperaba. Caroline estaba a punto de finalizar sus estudios en el Instituto de Diseño de Stanford cuando le ofrecieron la oportunidad de crear una empresa al mismo tiempo que se enteró de que estaba embarazada. Su reacción inmediata fue pensar que no era capaz de hacer ambas cosas, pero entonces decidió cuestionar esa suposición. «Empecé a pensar en mi dilema como si se tratara de un reto relativo al campo del diseño —escribió O'Connor—. En lugar de aceptar que crear una empresa emergente de éxito y tener un bebé eran dos cosas totalmente incompatibles, me planteé el asunto como si se tratara de una pregunta y a continuación me puse a utilizar herramientas que yo misma había diseñado para encontrar una respuesta.» O'Connor recopiló datos sobre las experiencias de decenas de madres y de los mecanismos que emplearon para hacer frente a la situación, hizo «trabajo de campo» sobre la privación de sueño trabajando todo un turno de noche con bebés en un orfanato y llegó a la conclusión de que, con la cultura de grupo que le permitía tener la ayuda de su marido y de sus amigos, sería posible llevar adelante ambas cosas. O'Connor se autodenomina ahora «una madre que adora su carrera profesional», que supone una alternativa estupenda al manido «madre trabajadora».[123]

Con todas las variables que presenta la vida, jamás recomendaría a todas las mujeres que avanzaran hacia delante en sus carreras sin tener en cuenta las circunstancias. Ha habido momentos en los que yo elegí no hacerlo. Durante el verano de 2006, una diminuta empresa emergente llamada LinkedIn andaba buscando un nuevo director general, de modo que Reid Hoffman, fundador de LinkedIn, acudió a mí. Pensé que se trataba de una oportunidad excelente y, después de cinco años ocupando el mismo puesto en Google, ya estaba lista para un nuevo reto. Pero mi reloj biológico estaba en marcha. Tenía treinta y siete años y quería tener un segundo hijo. Le dije a Reid la verdad y, lamentablemente, tuve que rechazar la oferta porque no pensé que fuera a ser capaz de manejar un embarazo y un trabajo nuevo a la vez. Su reacción fue increíblemente amable y considerada. Trató de convencerme de todas las formas posibles, incluso se ofreció a trabajar a tiempo completo en la empresa para darme su apoyo durante aquel período, pero a mí me resultaba muy difícil ver el modo de hacerlo bien.

Para algunas mujeres, el embarazo no supone una ralentización de sus carreras en absoluto, sino que les sirve para centrarse y les brinda un plazo en el tiempo hacia el cual dirigirse laboralmente hablando. Mi amiga de la infancia Elise Scheck recuerda su embarazo con cariño y afirma que jamás en la vida se ha sentido tan productiva como entonces. No solo trabajaba durante su horario normal como abogada, sino que también se dedicó a organizar su casa y a poner cinco años de fotos en álbumes. Para otras mujeres —como es mi caso— el embarazo es muy difícil y les imposibilita el hecho de ser tan efectivas como antes. Yo traté de escribir mensajes de correo electrónico inclinada sobre el inodoro, pero la situación no resultó ser una experiencia multitarea excesivamente efectiva. Dado que ya había pasado por ello durante mi primer embarazo, ya sabía lo que me esperaba. Rechacé la oferta de Reid y me quedé embarazada —y sufrí unas náuseas terribles— pocos meses después.

Cualquier pesar que pudiera haber sentido por no haber aceptado el trabajo se evaporó cuando, unos siete meses después de que hubiera nacido mi hija, Mark me ofreció unirme a Facebook. Aquel tampoco parecía ser el momento ideal. Tal y como mucha gente me había advertido y yo misma no tardé en descubrir, tener dos hijos suponía más del doble de trabajo que tener uno. No estaba buscando nuevos retos, simplemente trataba de llegar al final de cada día. Pero Dave y yo nos dimos cuenta de que, si yo esperaba hasta que el momento fuera perfecto, la oportunidad se habría esfumado. Mi decisión de aceptar el trabajo fue personal, como son siempre este tipo de decisiones y hubo días durante mis primeros seis meses en Facebook en los que me preguntaba si habría tomado la decisión adecuada. Al final del primer año, sabía que lo había hecho… por mí.

El nacimiento de un niño cambia instantáneamente el modo en que nos definimos a nosotros mismos. Las mujeres se convierten en madres, los hombres se convierten en padres y las parejas se convierten en progenitores. Nuestras prioridades cambian de modo fundamental. Puede que ser padre sea la experiencia más gratificante que existe, pero también es la más difícil y toda una lección de humildad. Si hubiera un único método correcto para criar a nuestros hijos, todo el mundo lo utilizaría, pero está claro que no es el caso.

Una de las preguntas a las que se enfrentan inmediatamente los nuevos padres es quién se encargará de la atención primaria del niño. Históricamente, la elección ha sido la madre. Dar el pecho ha convertido esta opción en lógica y a la vez biológica, pero la llegada de los modernos sacaleches ha cambiado la ecuación. En Google, cerraba con pestillo la puerta de mi despacho y me extraía la leche durante las conferencias telefónicas. La gente me preguntaba: «¿Qué es ese ruido?», y yo respondía: «¿Qué ruido?». Cuando insistían en que había un sonoro zumbido que podían oír a través del teléfono, yo les decía: «Ah, es que hay un camión de bomberos al otro lado de la calle». Yo pensaba que aquella excusa era de lo más inteligente, hasta que me di cuenta de que algunas de las personas que participaban en las conferencias telefónicas a veces estaban en el mismo edificio que yo y sabían que no había ningún camión de bomberos. Me habían pillado.

A pesar de los métodos modernos que pueden minimizar el impacto de los imperativos biológicos, las mujeres siguen siendo las que cuidan mayoritariamente de los niños. En consecuencia, la maternidad disminuye la participación de las mujeres en el mercado laboral, pero no la de los hombres.[124] En Estados Unidos, la tasa de empleo tras tener hijos desciende hasta un 54 por ciento en el caso de las madres con niños de menos de tres años y vuelve a subir hasta un 75 por ciento en el caso de las madres con niños de entre seis y catorce años. En España, la tasa de empleo después de la maternidad desciende hasta un 48 por ciento en el caso de las madres que tienen hijos de menos de tres años ¡ y vuelve a elevarse hasta un 61 por ciento en el caso de las madres con hijos de entre seis y catorce años.[125]

Las mujeres que tienen más tendencia a abandonar el mundo laboral se concentran en los extremos opuestos de la escala de salarios y están casadas con los hombres que más ganan y con los que menos ganan. En el año 2006, solo el 20 por ciento de las madres casadas con hombres cuyos sueldos se situaban en el centro de la escala (entre la cota veinticinco y la setenta y cinco en la escala de rentas) se hallaba fuera del mercado laboral en Estados Unidos. Por el contrario, un impresionante 52 por ciento de las madres casadas con hombres situados en el cuarto inferior y un 40 por ciento de las casadas con hombres situados en el 5 por ciento superior de la escala estaban fuera del mercado laboral.[126] Obviamente, sus motivos para quedarse en casa son del todo diferentes. Aquellas madres casadas con los hombres de menos ingresos tratan de encontrar empleos que paguen lo suficiente para cubrir los gastos del cuidado de los niños, que resultan cada vez menos asequibles. A lo largo de la última década, el coste del cuidado de los hijos ha aumentado a una velocidad que duplica la de los ingresos medios de las familias con hijos.[127] El gasto de llevar a dos hijos (un bebé y un niño de cuatro años) a una guardería es superior al pago medio anual del alquiler en todos y cada uno de los estados del país.[128] Los países europeos hacen más por proporcionar o subvencionar el cuidado infantil que Estados Unidos, pero en gran parte de Europa el cuidado de los niños sigue siendo muy caro, especialmente en el caso de los niños de menos de cinco años.[129]

Las mujeres casadas con los hombres de mayores recursos abandonan el mercado laboral por diversos motivos, pero un factor importante suele ser el número de horas que trabajan sus maridos. Cuando trabajan cincuenta y dos horas a la semana o más, sus esposas con hijos tienen un 44 por ciento más de probabilidades de abandonar sus trabajos que las esposas con hijos cuyos maridos trabajan menos.[130] Muchas de estas madres son las que tienen un mayor nivel de educación. Una encuesta realizada en 2007 entre alumnos de la facultad de ciencias empresariales de Harvard mostró que, mientras que la tasa de empleo a tiempo completo entre los hombres jamás descendía por debajo del 91 por ciento, tan solo el 81 por ciento de las mujeres que se licenciaron a principios de la década de 2000 y el 49 por ciento de las que se licenciaron a principios de la década de 1990 estaban trabajando a tiempo completo.[131] Entre los alumnos de Yale que rondaban los cuarenta hacia el año 2000, tan solo el 56 por ciento de las mujeres permanecía en el mercado laboral, en comparación con el 90 por ciento de los hombres.[132] Este éxodo de mujeres con un elevado nivel de estudios es uno de los factores que más contribuyen al distanciamiento existente entre hombres y mujeres en lo que respecta al liderazgo.

Aunque resulta difícil predecir en qué modo reaccionará un individuo al hecho de convertirse en padre, resulta fácil predecir la reacción de la sociedad. Cuando una pareja anuncia que van a tener un bebé, todos dicen «¡Felicidades!» al hombre y «¡Felicidades! ¿Qué tienes pensado hacer con el trabajo?» a la mujer. En general está asumida la idea de que criar a los niños es responsabilidad de ella y, en más de treinta años, esta percepción ha cambiado muy poco. Una encuesta realizada entre la promoción de Princeton de 1975 reveló que el 54 por ciento de las mujeres preveían que existiría conflicto entre su trabajo y su vida familiar frente a un 26 por ciento de los hombres. La misma encuesta realizada entre la promoción de Princeton de 2006 reveló que el 62 por ciento de las mujeres anticipaban que existiría conflicto entre su trabajo y su vida familiar frente a un 33 por ciento de los hombres. Tres décadas separan estos estudios y, aun así, casi el doble de mujeres que de hombres sigue entrando en el mercado laboral con este obstáculo ya en mente. Incluso en el año 2006, el 46 por ciento de los hombres que preveían la aparición de este conflicto en sus vidas esperaban que sus esposas abandonaran su carrera para criar a los hijos. Únicamente el 5 por ciento de las mujeres creían que sus maridos alterarían su carrera para adaptarse al cuidado de sus hijos.[133]

Las elecciones personales no son siempre tan personales como parece, todos nos vemos influidos por las convenciones sociales, la presión de los colegas y las expectativas de nuestras familias. Además de todas esas fuerzas, las mujeres que pueden permitirse abandonar su puesto con frecuencia reciben desde todas direcciones no solo permiso sino también estímulos para hacerlo.

Imaginemos que la carrera profesional es como un maratón: una prolongada, agotadora y finalmente gratificante misión. Ahora imaginemos un maratón en el que los hombres y las mujeres llegan a la línea de salida en el mismo estado físico y con el mismo nivel de entrenamiento. Suena el disparo de salida. Hombres y mujeres corren unos junto a otros. Los corredores masculinos reciben normalmente los siguientes gritos de ánimo: «¡Mantente fuerte! ¡Sigue así!», pero las corredoras femeninas oyen un mensaje diferente: «¡Ya sabes que no es necesario que hagas esto!», grita la multitud. O quizá: «Buen comienzo... pero probablemente no querrás terminar». Cuanto más lejos llegan los corredores, más fuerte se oye el grito dirigido a los hombres: «¡Sigue adelante! ¡Ya lo tienes!». Pero las mujeres oyen más y más dudas acerca de su esfuerzo. Las voces externas y, con frecuencia, su propia voz interior, cuestionan repetidamente su decisión de seguir corriendo. Las voces pueden incluso volverse hostiles. Conforme las mujeres luchan para sobrellevar los rigores de la carrera, los espectadores gritan: «¿Por qué estás corriendo cuando tus niños te necesitan en casa?».

Allá por 1997, Debi Hemmeter era una ejecutiva cuya carrera profesional en Sara Lee iba en ascenso y que aspiraba a llegar algún día a dirigir una corporación de gran nivel como su modelo a imitar, la directora general de Pepsi-Cola en Norteamérica, Brenda Barnes. Incluso después de formar una familia, Debi continuó con su carrera a toda velocidad. Entonces cierto día, cuando estaba en viaje de negocios, encontró en la puerta de la habitación de su hotel el *USA Today* con el más asombroso de los titulares: «Jefa de Pepsi deja el trabajo para dedicarse a su familia». El subencabezamiento continuaba: «La veterana ejecutiva, con veintidós años de carrera a sus espaldas, ha acabado por quemarse». En aquel momento, Debi explica que sintió cómo su propia ambición cambiaba de pronto. Tal y como ella misma me contó: «Yo pensaba que, si aquella extraordinaria mujer no había conseguido que funcionara, ¿quién podría? Poco después, me ofrecieron un gran puesto en una entidad bancaria y yo lo rechacé porque mi hija solo tenía un año y yo pensé que no podría con ello. Casi una década más tarde conseguí un puesto similar y todo fue perfectamente, pero perdí una década de mi vida laboral. En su día guardé el recorte del periódico y todavía lo conservo. Es un recordatorio de lo que no deseo que soporte otra generación más».

Si una corredora de maratón es capaz de ignorar los gritos de la multitud y consigue superar la durísima primera mitad de la carrera, seguramente conseguirá seguir adelante con su plan. Hace muchos años conocí a una inversora bancaria en Nueva York cuyo marido trabajaba en la administración pública. Me dijo que, a lo largo de los años, todas sus amigas que trabajaban en la banca habían dimitido pero que, como ella era el principal sostén económico de su hogar, había tenido que seguir adelante. Había días en los que se sentía celosa y deseaba poder abandonar su trabajo, días en los que simplemente debía soportar demasiado o demasiadas estupideces. Pero ella no tenía opción. Finalmente, consiguió un puesto con menos estupideces y más impacto. Ahora, cuando mira atrás, se alegra de haber continuado con su carrera profesional incluso en los tiempos difíciles. Actualmente mantiene una relación muy estrecha con sus hijos, y ahora que han crecido y han abandonado el nido, está especialmente agradecida de tener un trabajo tan gratificante.

Aunque los expertos y los políticos —normalmente hombres— suelen asegurar que la maternidad es el trabajo más importante y difícil de cuantos existen, las mujeres que temporalmente abandonan el mercado laboral se ven obligadas a pagar un elevado precio por ello en sus carreras. En Estados Unidos, solo el 74 por ciento de las mujeres profesionales vuelven al mercado laboral en cualquier puesto tras la maternidad, y solo el 40 por ciento se reincorporan a tiempo completo. Además, las que vuelven a trabajar con frecuencia ven cómo sus ingresos descienden de un modo dramático. Según el nivel educativo y las horas trabajadas, los ingresos medios anuales de las mujeres descienden aproximadamente un 20 por ciento si se ausentan del mercado laboral durante solo un año.[134] Los ingresos medios anuales descienden en un 30 por ciento después de dos o tres años,[135] lo cual supone el promedio de tiempo que las mujeres se mantienen fuera del mercado laboral.[136] Esta «penalización por maternidad» también resulta patente en España, donde los períodos más prolongados de baja por maternidad se asocian con un desfase mayor entre los sueldos de las madres trabajadoras y los padres trabajadores. Las madres españolas que trabajan a tiempo completo perciben como media en torno a un 14 por ciento menos que sus colegas masculinos. Por su parte, las mujeres españolas sin hijos perciben alrededor de un 12 por ciento menos que los hombres sin hijos.[137] Si la sociedad valorara realmente la labor de cuidar de los hijos, las empresas e instituciones encontrarían el modo de reducir estas pronunciadas diferencias en sueldos y de ayudar a los padres a compaginar sus carreras profesionales con sus responsabilidades familiares. Los programas laborales con frecuencia demasiado rígidos, la falta de bajas maternales pagadas y lo caros que resultan los servicios de cuidado de los niños sabotean los mejores esfuerzos de las mujeres.

Un error de cálculo que con frecuencia cometen las mujeres es abandonar su puesto de trabajo en una etapa muy temprana de sus carreras porque su salario apenas llega para cubrir el coste del cuidado de sus hijos. El cuidado infantil supone un gasto enorme y resulta frustrante trabajar duramente tan solo para no tener pérdidas, pero las mujeres profesionales deberían comparar el coste del cuidado de los hijos con su salario futuro en lugar de con su salario actual. Anna Fieler describe el hecho de ser madre a los treinta y dos años como «el momento de poner en práctica la teoría». Al ser una estrella ascendente en el mundo del marketing, Anna estaba preocupada porque su salario neto apenas si alcanzaba para cubrir los gastos del cuidado de sus hijos. «Como los maridos suelen ganar más que sus esposas, parece que la mayor rentabilidad se obtiene invirtiendo en la carrera de él», me contó. Pero pensó en todo el tiempo y el dinero que ya había invertido en su propia carrera y vio que abandonar su vida profesional tampoco parecía tener demasiado sentido. De modo que dio lo que ella denomina «un salto a ciegas» y permaneció en el mercado laboral. Años más tarde, sus ingresos son varias veces superiores a los que tenía cuando estuvo a punto de retirarse. Sabiamente, Anna y otras mujeres han empezado a considerar el dinero que cuesta el cuidado de los hijos como una inversión en el futuro de sus familias. Conforme pasan los años, la compensación económica suele aumentar. La flexibilidad normalmente también aumenta, puesto que los líderes de mayor rango con frecuencia tienen más control sobre sus horarios y sus agendas.

¿Y qué sucede con los hombres que desean abandonar el mercado laboral? Si a las mujeres les resulta demasiado fácil abandonar el maratón de su carrera profesional, a los hombres les resulta demasiado difícil. Del mismo modo que las mujeres sienten que recae sobre ellas la principal responsabilidad de cuidar de sus hijos, muchos hombres sienten que la responsabilidad principal de mantener económicamente a sus familias recae sobre ellos. Su valía personal está principalmente vinculada a su éxito profesional y a menudo creen que no tienen otra opción, aparte de terminar el maratón.

Elegir dejar a un hijo al cuidado de otra persona y volver a trabajar es una decisión difícil. Cualquier padre o madre que lo haya hecho —yo incluida— sabe lo doloroso que puede llegar a ser. Tan solo un trabajo que resulte fascinante, desafiante y gratificante conseguirá que pueda tomarse esta decisión en igualdad de condiciones. E incluso después de que se haya tomado la decisión, los padres deben tener derecho a cambiar de opinión cuando lo consideren oportuno.

Cualquiera que sea suficientemente afortunado para poder elegir debería mantener todas las opciones abiertas. No entres en el mercado laboral pensando ya en la salida. No eches el freno. Acelera. Mantén un pie en el acelerador hasta que llegue el momento de tomar una decisión. Esa es la única forma de asegurarse de que, cuando llegue ese momento, haya una auténtica decisión que tomar.

Haz de tu pareja un auténtico compañero

Ser madre ha sido una experiencia increíble para mí, pero dar a luz no lo fue en absoluto. Tras nueve meses de intensas náuseas, estaba más que impaciente para pasar a la fase siguiente. Por desgracia, mi hijo no tenía tanta prisa. Cuando salí de cuentas, mi tocólogo decidió que había que inducir el parto. Mis padres y mi hermana Michelle fueron con Dave y conmigo al hospital. Algunas personas dicen que hace falta todo un pueblo para criar a un niño, pero en mi caso hizo falta todo un pueblo tan solo para hacer que el niño saliera de mí. El parto se prolongó durante horas… y horas… y más horas. Mis acompañantes pasaron de la emoción al aburrimiento. En un momento dado necesitaba ayuda en una contracción pero no conseguí captar la atención de nadie porque todos estaban en el otro lado de la habitación, mostrando fotos familiares a mi médico. Entre nosotros solemos bromear con que es casi imposible mantener la atención de cualquier miembro de mi familia durante demasiado tiempo. El parto no fue una excepción a la regla.

Después de pasar tres horas y media empujando, mi hijo finalmente apareció, con un peso de cuatro kilos, doscientos ochenta gramos. La mitad de ese peso estaba en su cabeza. Mi hermana es pediatra y ha asistido a cientos de partos, pero fue tan amable de no decirme hasta mucho tiempo después que mi parto había sido uno de los más difíciles que había presenciado jamás. Sentí que todo aquello había merecido la pena cuando me dijeron que mi hijo estaba sano y cuando las náuseas que había estado sintiendo durante nueve meses seguidos desaparecieron al cabo de una hora. Lo peor había pasado.

A la mañana siguiente, salí de la cama en la habitación del hospital, di un paso y me caí de bruces al suelo. Al parecer, había forzado la pierna hacia atrás con tanta fuerza durante el parto que me había provocado un tirón en un tendón. Tuve que caminar con muletas durante una semana. El hecho de no poder ponerme de pie añadió un grado de dificultad a mi primera semana de maternidad, pero también me proporcionó un beneficio inesperado: Dave se convirtió en el principal cuidador de nuestro recién nacido. Tenía que levantarse cuando el bebé lloraba, traerlo hasta mí para que le diera el pecho, cambiarlo y después volver a acostarlo. Normalmente, la madre se convierte en una experta cuidadora de bebés de forma instantánea. En nuestro caso, fue Dave quien me enseñó cómo cambiar un pañal cuando nuestro bebé tenía ocho días de vida. Si Dave y yo lo hubiéramos planeado así, habríamos sido auténticos genios, pero no lo hicimos y desde luego no lo somos.

De hecho, deberíamos haber planificado muchas más cosas. Cuando estaba embarazada de seis meses, una alumna de doctorado me entrevistó por teléfono para su disertación acerca de las parejas trabajadoras. Comenzó preguntándome: «¿Cómo consigue usted hacerlo todo?». Yo le contesté: «No lo hago. Ni siquiera tengo un hijo», y le sugerí que entrevistara a alguien que sí tuviera hijos. Me dijo: «A usted le faltan solo unos meses para dar a luz, de modo que seguro que ya ha pensado junto con su marido en quién irá a recoger al niño al colegio si se pone enfermo, quién se encargará del cuidado del bebé…», y así sucesivamente. No fui capaz de responder ni una sola de sus preguntas. Al final de la llamada me sentía aterrorizada y abrumada por lo poco preparados que estábamos Dave y yo para manejar todas aquellas responsabilidades. Tan pronto como Dave entró por la puerta aquella noche, salté sobre él. «¡Ay, Dios mío! —dije—. ¡Tan solo quedan unos pocos meses para que tengamos un bebé y nunca hemos hablado sobre nada de todo esto!» Dave me miró como si estuviera loca. «¿Cómo? —exclamó—. ¡Pero si no hablamos de otra cosa!»

Al analizar aquella discrepancia, Dave y yo nos dimos cuenta de que habíamos dedicado mucho tiempo a hablar sobre la manera en que haríamos las cosas, pero casi siempre de un modo abstracto. Así que Dave tenía razón en el hecho de que habíamos dialogado con frecuencia acerca de nuestra paternidad y yo tenía razón en que nuestras conversaciones no habían sido prácticas. Parte del problema es que nuestra inexperiencia nos impedía saber incluso qué asuntos debíamos tener en cuenta. No teníamos demasiada idea de lo que nos esperaba.

También creo que nos hallábamos en un estado de negación con respecto al enorme cambio que estaba a punto de producirse en nuestras vidas. Dave y yo ni siquiera trabajábamos en la misma ciudad cuando me quedé embarazada (aunque, solo para que quede claro, sí estábamos en el mismo lugar cuando me quedé embarazada). Años atrás, Dave había fundado la empresa Launch Media en Los Ángeles y más tarde la había vendido a Yahoo. La sede central de Yahoo estaba en el norte de California, donde yo vivía y trabajaba, pero el equipo de Dave se quedó en Los Ángeles, donde él vivía y trabajaba. Cuando empezamos a salir, decidimos basar nuestra vida en común en la zona de la bahía de San Francisco, de modo que Dave empezó a viajar de uno a otro lugar, pasando normalmente de lunes a jueves en el sur de California y volando hacia el norte para pasar los fines de semana conmigo. Este sistema continuó incluso después de casarnos.

Tras el nacimiento de nuestro hijo, Dave comenzó a tomar aviones varias veces a la semana para ir y volver del trabajo a casa. Fue genial que tuviéramos la posibilidad de que él se desplazara, pero la situación distaba mucho de ser ideal. Aunque llevaba a cabo un esfuerzo agotador para estar conmigo y con nuestro bebé, seguía pasando muchísimo tiempo fuera de casa. Dado que yo estaba con el bebé todo el tiempo, la gran mayoría de sus cuidados recayeron sobre mí. El reparto de tareas parecía injusto y contribuyó a tensar las cosas dentro de nuestro matrimonio. Contratamos a una niñera, pero ella no podía solucionar todos nuestros problemas; el apoyo emocional de una pareja y compartir experiencias entre los dos no pueden comprarse. Tras unos pocos meses de paternidad, ya habíamos adoptado unos roles sexuales tradicionales y desequilibrados.

Y no éramos los únicos. En los últimos treinta años, las mujeres han realizado más progresos en el mundo laboral que dentro del hogar. Según los más reciente estudios, cuando ambos miembros de un matrimonio trabajan a tiempo completo en Estados Unidos, la madre realiza un 40 por ciento más de labores de cuidado de los niños y en torno a un 30 por ciento más de tareas del hogar que el padre.[138] Una encuesta realizada en 2009 señaló que tan solo el 9 por ciento de los matrimonios en los que ambos trabajan por igual afirmaron que compartían las tareas del hogar, el cuidado de los niños y la obtención del sustento en la misma medida.[139] En España, las mujeres realizan el triple de tareas de cuidado de los niños y en el hogar que los hombres.[140] De modo que, aunque es cierto que los hombres van asumiendo más responsabilidades dentro del hogar, este aumento se está produciendo muy lentamente y todavía nos encontramos muy lejos de la paridad total[141] (quizá resulte poco sorprendente, pero las parejas del mismo sexo comparten las tareas del hogar de forma mucho más equitativa).[142]

Las políticas públicas refuerzan estos prejuicios de índole sexista. La Oficina del Censo de Estados Unidos considera a la madre el «progenitor designado», incluso aunque ambos padres estén presentes en el hogar.[143] Cuando las madres cuidan de sus hijos, están «ejerciendo su maternidad»; en cambio, cuando los padres cuidan de sus hijos, el gobierno considera que se trata de un «acuerdo para el cuidado de los niños».[144] Las políticas públicas en España también refuerzan la creencia de que las madres deben ser las principales cuidadoras de sus hijos.[145] He llegado incluso a oír a unos cuantos hombres decir que se iban a casa a «hacer de canguro» para sus hijos; sin embargo, nunca he oído a una mujer referirse al cuidado de sus propios hijos como «hacer de canguro». Una amiga mía dirigió un ejercicio para promover el trabajo en equipo en un retiro organizado por la compañía donde trabajaba. Durante dicho ejercicio, se pedía a los participantes que escribiera cuáles eran sus hobbies. La mitad de los hombres del grupo incluyeron a «sus hijos» como hobby. ¿Un hobby? Para la mayoría de las madres, los niños no son un hobby. Darse una ducha es un hobby.

Mis amigos Katie y Scott Mitic han invertido este patrón de conducta. Katie y Scott son ambos emprendedores de Silicon Valley que trabajan a tiempo completo. Hace alrededor de un año, Scott viajó a la costa este por trabajo. Estaba a punto de iniciar una reunión a última hora de la mañana cuando sonó su teléfono. Su equipo únicamente escuchó una parte de la conversación. «Un sándwich, palitos de zanahoria, una manzana cortada, galletas saladas y una galleta dulce», dijo Scott. Colgó con una sonrisa en los labios y explicó que su esposa le preguntaba qué debía poner en la fiambrera de sus hijos para comer. Todo el mundo se rió. Unos meses más tarde, Scott estaba de nuevo en el este con los mismos colegas de trabajo. Se encontraban en el interior de un taxi a última hora de la mañana cuando el teléfono de Scott sonó. Su equipo escuchó incrédulo mientras él pacientemente repetía la lista para el almuerzo una vez más: «Un sándwich, palitos de zanahoria, una manzana cortada, galletas saladas y una galleta dulce».

Cuando Scott cuenta esta historia, resulta tierna y divertida. Pero si tomamos esta misma historia y cambiamos el sexo de sus protagonistas, pierde todo su encanto. Esa es la realidad para la mayoría de las parejas y, con su sistema para repartir las tareas del hogar, Scott y Katie contravienen por completo lo que se espera de ellos. Existe un epílogo a su historia. Scott salió de viaje una tercera vez y descubrió que Katie había olvidado preparar la comida de los niños. Ella se dio cuenta de su desliz a mitad de la mañana y solucionó el problema haciendo que enviaran una pizza a la cafetería del colegio. Sus hijos estaban encantados, pero Scott no. Ahora, cuando sale de viaje, empaqueta las comidas de antemano y deja notas con instrucciones específicas para su mujer.

Puede que exista una base evolucionista para que un progenitor sepa mejor que el otro qué debe poner en el almuerzo de sus hijos. Podría decirse que las mujeres que dan el pecho son la primera fiambrera de sus bebés. Pero incluso aunque sea cierto que las madres tienden de forma más natural a ser protectoras, los padres pueden igualar esa cualidad con conocimientos y esfuerzo. Si las mujeres desean tener más éxito en su trabajo y los hombres desean tener más éxito en su hogar, estas expectativas deben cambiar. Tal y como observó Gloria Steinem en cierta ocasión, «No se trata de biología, sino de conciencia».[146]

Ya hemos superado la biología gracias a la conciencia en otros ámbitos. Por ejemplo, cuando la comida escaseaba era necesario almacenar grandes cantidades de grasa para sobrevivir, de manera que el ser humano evolucionó para desearla y consumirla cuando estuviera disponible. Pero en esta época de abundancia en la que ya no es necesario almacenar grandes cantidades de combustible en el depósito, en lugar de entregarnos a nuestra inclinación natural hacemos ejercicio y limitamos nuestra ingesta calórica. Utilizamos la fuerza de voluntad para combatir la biología, o al menos lo intentamos. Así que, aunque la frase «la madre lo sabe mejor» esté basada en la biología, no necesariamente está esculpida en piedra. Todo lo que hace falta es una madre y un padre con buena disposición. Sí, es preciso que haya alguien que recuerde qué es lo que va en la fiambrera, pero, tal y como Katie estará dispuesta a certificar, no necesariamente tiene que ser mamá.

Del mismo modo que es preciso que las mujeres adquieran mayor poder en el puesto de trabajo, es necesario que los hombres adquieran más poder en el hogar. He visto a demasiadas mujeres alentar por descuido a sus maridos a no hacer lo que les corresponde por ser demasiado controladoras o críticas con ellos. Los investigadores sociales denominan este fenómeno «control maternal», que es un término fino para decir «¡Aydiosmío, lo estás haciendo mal! ¡Quita que ya lo hago yo!».[147] En lo que respecta a los hijos, los padres con frecuencia se limitan a acatar las órdenes de las madres. Eso confiere un gran poder a la madre para alentar o imposibilitar la implicación del padre. Si actúa como una madre controladora y se muestra reticente ante el hecho de delegar responsabilidades, o, lo que es peor, si cuestiona los esfuerzos del padre, este hará menos.

Siempre que una mujer casada me pide consejo acerca del reparto de tareas con su marido en lo referente al cuidado de los hijos, yo le digo que le deje poner el pañal al bebé como él quiera siempre y cuando lo haga él solo. Y si se levanta para cambiar el pañal sin que nadie se lo pida, ella debería sonreír incluso aunque le ponga al bebé el pañal en la cabeza. Con el tiempo, si hace las cosas a su manera, encontrará la forma correcta de hacerlas; sin embargo, si se le obliga a hacer las cosas a la manera de ella, no tardará mucho en ser ella quien acabe haciéndolo todo.

Toda mujer que desee que su pareja sea un auténtico compañero debe tratarle como un igual, como una persona perfectamente capaz. Y si esto no fuera motivo suficiente, téngase en cuenta que un estudio demostró que las mujeres que adoptan conductas protectoras realizan cinco horas más de tareas domésticas a la semana que aquellas que emplean un método más cooperativo.[148]

Otra dinámica que resulta tan común como contraproducente se da cuando las mujeres asignan o sugieren tareas a sus parejas. Ella está delegando, lo cual es un paso en la dirección correcta, pero compartir la responsabilidad debería significar compartir la responsabilidad. Cada uno de los miembros de la pareja debe estar al cargo de actividades específicas, ya que de lo contrario resulta demasiado fácil que uno de ellos se sienta como si estuviera haciendo un favor en lugar de hacer lo que le corresponde.

Como sucede con muchos consejos que se dan, dejar que un miembro de la pareja asuma responsabilidades y haga la parte que le toca a su manera es algo fácil de decir y difícil de hacer. Mi hermano David y mi cuñada Amy fueron muy conscientes de esta tensión cuando fueron padres por primera vez. «Hubo muchas veces en las que nuestra hija se consolaba más fácilmente conmigo —me contó Amy—. Resulta realmente difícil oír llorar a tu bebé mientras tu pobre marido sin pechos intenta consolarla desesperadamente y, en ocasiones, de forma algo extraña. David insistía en que, en lugar de pasarme el bebé a mí cuando lloraba, le dejara que la consolara él, aunque le llevara más tiempo. Era más difícil a corto plazo, pero mereció totalmente la pena cuando nuestra hija aprendió que papá podía cuidar de ella tan bien como mamá.»

Creo firmemente que la decisión más importante que una mujer toma con respecto a su carrera profesional es si va a tener una pareja y quién va a ser esa pareja. No conozco a ninguna mujer que tenga un puesto de liderazgo cuya pareja no apoye completamente —y quiero decir completamente— su carrera. Sin excepción. Y a diferencia de la creencia popular de que únicamente las mujeres solteras pueden llegar a lo más alto, la mayoría de las líderes empresariales de mayor éxito del mundo tienen pareja. De las veintiocho mujeres que han trabajado como directoras generales de empresas que han aparecido en la lista Fortune 500, veintiséis estaban casadas, una divorciada y tan solo había una que nunca había contraído matrimonio.[149] Muchas de estas altas ejecutivas afirmaron que «no habrían podido triunfar sin el apoyo de sus maridos, que les ayudaron con los hijos, las tareas del hogar y mostraron buena disposición ante la idea de mudarse».[150]

No resulta sorprendente, pues, que la falta de apoyo por parte de la pareja pueda tener el efecto contrario en una carrera profesional. En un estudio que se llevó a cabo en 2007 entre mujeres profesionales con un elevado nivel de estudios que habían abandonado el mundo laboral remunerado, el 60 por ciento de las encuestadas citaron a sus maridos como un factor determinante en su decisión.[151] Estas mujeres indicaron como motivos para abandonar su puesto de trabajo la falta de participación por parte de sus maridos en el cuidado de los hijos o en las tareas domésticas y la extendida suposición de que son las esposas las que deben renunciar a su carrera profesional. No es de extrañar que, cuando durante una conferencia alguien preguntó a Rosabeth Moss Kanter, profesora de la facultad de ciencias empresariales de Harvard, qué es lo que podían hacer los hombres para contribuir al avance del liderazgo de las mujeres, ella respondiera «la colada».[152] Tareas como hacer la colada, hacer la compra, limpiar y cocinar son triviales y obligatorias, y la responsabilidad de llevarlas a cabo suele recaer sobre las mujeres.

En enero de 2012 recibí una carta de Ruth Chang, una doctora con dos niños pequeños que había asistido a mi TEDTalk. Le habían ofrecido un nuevo puesto como supervisora de setenta y cinco médicos en cinco clínicas diferentes. Su primer instinto fue decir que no, pensando que no sería capaz de manejar tanta responsabilidad y, además, cuidar de su familia, pero después dudó de su decisión y, en ese momento, me escribió: «Oí su voz diciendo "Sentémonos a la mesa" y supe que tenía que aceptar el ascenso, de modo que aquella misma tarde le dije a mi marido que iba a aceptar el puesto… y a continuación le entregué la lista de la compra». Compartir la carga de lo tedioso y prosaico puede marcar la diferencia por completo.

Mi carrera y mi matrimonio están inseparablemente interconectados. Durante aquel primer año de paternidad que compartimos Dave y yo, quedó bastante claro que equilibrar dos carreras y dos ciudades no era la fórmula ideal para una familia feliz. Debíamos realizar algunos cambios. Pero ¿cuáles? A mí me encantaba mi trabajo en Google y él sentía una enorme lealtad hacia su equipo de Los Ángeles. Seguimos luchando con los desplazamientos durante otro largo año de escasa placidez matrimonial. Hacia el final de aquel período, Dave estaba listo para abandonar Yahoo. Limitó su búsqueda de empleo a la zona de San Francisco, lo cual supuso un enorme sacrificio por su parte dado que la mayoría de sus intereses y contactos profesionales se encontraban en Los Ángeles. Finalmente aceptó un puesto de director general en SurveyMonkey y pudo desplazar la sede central de la empresa desde Portland hasta la zona de la bahía de San Francisco.

Una vez que estuvimos en la misma ciudad, todavía nos llevó algún tiempo pensar cómo coordinar nuestros programas laborales. Aunque Dave y yo somos extraordinariamente afortunados y podemos permitirnos contratar un cuidado infantil excepcional, sigue habiendo decisiones que resultan difíciles y dolorosas acerca de cuánto tiempo debemos permanecer lejos de nuestra familia por motivos laborales y quién se encargará de hacer el trabajo que falta por hacer. Nos sentamos juntos al principio de cada semana y decidimos cuál de nosotros llevará a nuestros hijos al colegio cada día. Ambos tratamos de estar en casa a la hora de cenar tantas noches como podemos (durante la cena, vamos compartiendo por turnos lo mejor y lo peor que nos ha pasado a lo largo del día; normalmente me abstengo de decirlo, pero lo mejor para mí suele ser estar en casa a la hora de cenar). Si uno de nosotros tiene previsto salir de viaje, casi siempre el otro trata de quedarse en casa.

Durante los fines de semana, trato de centrarme completamente en mis hijos (aunque un par de veces me han pillado enviando mensajes de correo electrónico desde el baño del campo de fútbol de la zona).

Como sucede con todos los matrimonios, el nuestro es una labor que no cesa. Dave y yo hemos tenido que superar unos cuantos obstáculos a lo largo del camino para llegar a repartir las tareas a partes iguales. Tras mucho esfuerzo y conversaciones aparentemente interminables, somos compañeros no solo en lo que hacemos, sino también en quién está al frente. Cada uno de nosotros se asegura de que se hace todo lo que es necesario hacer. No obstante, nuestro reparto de las tareas del hogar es en realidad bastante tradicional: Dave se encarga de pagar las facturas, maneja nuestra economía y ofrece asistencia técnica, mientras que yo programo las actividades de los niños, me aseguro de que haya comida en la nevera y organizo las fiestas de cumpleaños. A veces me molesta este reparto de tareas por sexos de corte tan clásico. ¿Estaré perpetuando los estereotipos al seguir estos patrones? Pero prefiero planificar una fiesta de Dora la Exploradora que pagar el recibo de un seguro y, dado que Dave siente exactamente lo contrario, este arreglo a nosotros nos funciona. Hace falta una comunicación constante, sinceridad y una gran capacidad de perdonar para mantener un equilibrio que en ocasiones resulta algo precario. El reparto jamás es a partes exactamente iguales —la igualdad perfecta es difícil de definir y no digamos ya de sostener—, pero dejamos que el péndulo vaya oscilando de uno a otro miembro de la pareja.

Es probable que en los próximos años debamos endurecer las normas para lograr el equilibrio. Nuestros hijos todavía son pequeños y se acuestan pronto, lo cual me proporciona un montón de tiempo para trabajar por la noche o incluso para ver por la tele lo que Dave considera auténtica telebasura. Conforme crezcan los niños, tendremos que adaptarnos. Muchos de mis amigos me han dicho que los adolescentes requieren más tiempo de sus padres. Cada una de las etapas de la vida tiene sus retos. Por fortuna, Dave está conmigo para enfrentarnos juntos a ello. Es el mejor compañero que podría imaginar, aun cuando se equivoque completamente tachando de telebasura los programas de la tele que a mí me gustan.

Contar con un auténtico compañero como Dave todavía sigue siendo algo poco frecuente. Mientras esperamos de las mujeres que sean protectoras, no tenemos las mismas expectativas con respecto a los hombres. Mi hermano David me habló en cierta ocasión de un compañero de trabajo que se jactaba de que la tarde en que nació su primer hijo él se fue a jugar a fútbol. David, en lugar de asentir y sonreír, le señaló que no creía que aquello fuera guay ni impresionante en absoluto, lo cual dice mucho a favor de mi hermano. Es necesario que esta opinión se exprese de viva voz y se repita en los campos de fútbol, los lugares de trabajo y los hogares.

Mi hermano tuvo un maravilloso modelo a imitar en mi padre, que fue un progenitor comprometido y participativo. Como la mayoría de los hombres de su generación, mi padre hacía muy pocas cosas en la casa, pero, a diferencia de esa mayoría de hombres de su generación, se sentía feliz cambiando pañales y dando baños a los niños. Estaba en casa todas las noches a la hora de la cena, porque su trabajo como oftalmólogo no requería que viajara e implicaba muy pocas emergencias. Fue entrenador del equipo de deportes de mi hermano y del de mi hermana (y habría estado encantado de entrenar también a mi equipo si yo hubiera contado con la más mínima coordinación física). Me ayudaba habitualmente con los deberes y era mi fan más entusiasta cuando participaba en concursos de oratoria.

Diversos estudios realizados en todas partes del mundo han llegado a la conclusión de que los niños se benefician enormemente de la implicación paterna. Varias investigaciones fundadas que se realizaron a lo largo de los últimos cuarenta años han descubierto que, en comparación con los niños cuyos padres se implican menos, los que tienen padres que se implican y les muestran su afecto presentan niveles más elevados de bienestar psicológico y mejores capacidades cognitivas.[153] Incluso cuando los padres se limitan a ofrecer meramente un cuidado rutinario a sus hijos, los niños manifiestan niveles superiores de logros académicos y profesionales y menores tasas de delincuencia.[154] Estos hijos tienden incluso a ser

personas más empáticas y socialmente competentes.[155] Estos hallazgos se aplican a niños de todos los entornos socioeconómicos, tanto si la madre se implica mucho como si no es así.

Es necesario que todos animemos a los hombres a involucrarse
en sus familias. Por desgracia, en Estados Unidos los roles que tradicionalmente se asignan a cada género se ven reforzados no solo
por los individuos, sino también por las políticas de empleo. Me
enorgullece saber que, incluso antes de mi llegada, Facebook ofrecía una baja maternal y una baja paternal que tenían exactamente
la misma duración. Pero la mayoría de las empresas estadounidenses ofrecen bajas por maternidad de mayor duración que las bajas
por paternidad y los hombres hacen mucho menos paréntesis en
sus carreras por motivos familiares.[156] En Estados Unidos, tan solo
cinco estados ofrecen compensaciones económicas por el cuidado
de los hijos (lo cual de por sí ya supone un enorme problema). En
tres de estos estados, dicho subsidio solo se ofrece a las madres y se
considera como una compensación por incapacidad durante el embarazo. Tan solo dos estados ofrecen una baja familiar remunerada
de la que los padres se pueden beneficiar.[157] En general, los padres
no se toman demasiados días libres por el nacimiento de un nuevo
hijo. Una encuesta realizada entre padres que trabajan en el sector
corporativo descubrió que la inmensa mayoría se ausentó una semana o menos cuando sus parejas dieron a luz, lo cual apenas es
tiempo suficiente para empezar la paternidad en igualdad de condiciones.[158] Aunque la mayoría de los países de la Unión Europea
han instaurado bajas remuneradas para ambos padres, la mayoría
ofrece una baja significativamente más prolongada a las madres que
a los padres.[159] En España, las madres tienen derecho a 16 semanas
de baja remunerada por maternidad, mientras que actualmente los
padres disponen de 15 días de baja remunerada por paternidad.[160]

Cuando se ofrecen prestaciones que permiten conciliar la vida
familiar, como la baja por paternidad o la reducción del horario laboral, tanto hombres como mujeres suelen temer que, si aprove-
chan ese tipo de programas, serán considerados en la empresa como
personas poco comprometidas con su trabajo. Y tienen suficientes
motivos para creerlo así. Los empleados que utilizan este tipo de

beneficios a menudo se enfrentan a importantes sanciones que van desde un importante recorte de su salario hasta la pérdida de posibilidades de ascenso o la marginación.[161] Tanto hombres como mujeres pueden ser penalizados en el trabajo por anteponer a su familia, pero los hombres pueden llegar a pagar un precio incluso mayor.[162] Cuando un hombre coge la baja o simplemente sale antes del trabajo para cuidar de un hijo enfermo, puede enfrentarse a consecuencias negativas que van desde ser el blanco de burlas hasta recibir peores calificaciones de su rendimiento o ver reducidas sus posibilidades de ascenso.[163]

Los padres que desean abandonar por completo el mundo laboral y dedicarse al cuidado de sus hijos se enfrentan a una presión social extremadamente negativa. Actualmente, los padres suponen menos del 4 por ciento de los progenitores que trabajan a tiempo completo en el hogar en Estados Unidos, y muchos de ellos afirman que pueden llegar a sentirse realmente aislados.[164] Mi amigo Peter Noone pasó varios años en casa cuidando de sus hijos y descubrió que, aunque la gente afirmaba respetar su elección, no se sentía bienvenido en los círculos sociales de su vecindario. Al ser un hombre, cuando se encontraba en la zona de juegos del parque o asistía a las clases denominadas —con bastante poco tacto— «Mami y yo», los extraños le observaban con cierta desconfianza. Las amistosas relaciones que las mujeres entablan con facilidad no resultaban tan accesibles para él.[165] Una y otra vez se le recordaba que se estaba saliendo de la norma.

Las expectativas específicas de cada género siguen siendo una profecía que acarrea su propio cumplimiento. La creencia de que las madres están más comprometidas con la familia que con el trabajo tiene una influencia nefasta en las mujeres, puesto que los empresarios suponen que no serán capaces de estar a la altura de las expectativas en el ámbito profesional. Y lo contrario se aplica a los hombres, de quienes se espera que antepongan siempre su carrera. Juzgamos a los hombres principalmente por su éxito profesional y les enviamos claramente el mensaje de que los logros personales no son suficientes para valorarles o para que ellos puedan sentirse realizados. Esta mentalidad es la causante de que un hombre adulto se jacte en un campo de fútbol de haber dejado a su mujer que acaba de parir y a su bebé recién nacido en el hospital para irse a darle patadas a un balón.

Para empeorar las cosas, el éxito de los hombres no solo se considera en términos absolutos, sino que con frecuencia se considera en comparación con el de sus esposas. La imagen de una pareja feliz sigue incluyendo a un marido que tiene más éxito profesional que su mujer. Si sucede lo contrario, se percibe como algo que amenaza al matrimonio. La gente con frecuencia me lleva aparte para preguntarme comprensivamente: «¿Cómo está Dave? ¿Se siente cómodo con, ya sabes, todo tu éxito?», preguntan en un susurro. Dave es mucho más seguro de sí mismo que yo y, dado su propio éxito profesional, le resulta muy fácil sacudirse de encima estos comentarios. Cada vez más hombres deberán hacer lo mismo, dado que casi el 30 por ciento de las esposas trabajadoras de Estados Unidos y el 14 por ciento de las esposas trabajadoras de España ganan actualmente más que sus maridos.[166] Espero que, a medida que continúe creciendo ese número, cesarán los susurros.

Dave y yo podemos reírnos de la preocupación que otras personas muestran hacia el supuestamente frágil ego de mi marido, pero para muchas mujeres este tema no es cosa de risa. Las mujeres ya se enfrentan a bastantes barreras que impiden su éxito profesional. Si también tienen que preocuparse de no molestar a sus maridos con su éxito, ¿cómo podemos esperar vivir en un mundo igualitario?

A la hora de buscar un compañero para compartir vuestra vida, mi consejo para las mujeres es que salgáis con todo tipo de hombres: chicos malos, chicos a la última moda, chicos con fobia al compromiso y chicos algo chalados. Pero no os caséis con ellos. Lo que hace sexys a los chicos malos no los convierte en buenos maridos. Cuando llegue el momento de sentar la cabeza, buscad a alguien que desee tener una compañera para considerarla su igual. Alguien que piense que las mujeres deben ser inteligentes, obstinadas y ambiciosas. Alguien que valore la ecuanimidad y espere o, lo que es mejor, desee hacer la parte de tareas del hogar que le corresponde. Esos hombres existen y, confiad en mí, con el tiempo no hay nada más sexy (si no me creéis, echad un vistazo a un fabuloso libro llamado

Porn for Women. En una página puede verse a un hombre limpiando una cocina mientras insiste: «Me gusta hacer estas cosas antes de que me lo pidan». Otro hombre sale de la cama en medio de la noche y se pregunta: «¿Ha sido el bebé? Yo me ocupo»).[167]

Kristina Salen, líder del grupo de inversiones en medios de comunicación e internet Fidelity, me contó que cuando tenía citas con hombres deseaba ver hasta qué punto los pretendientes serían capaces de apoyarla en su carrera, de modo que ideó una prueba. Cancelaba la cita en el último minuto aduciendo que se había producido un conflicto profesional y comprobaba cuál era la reacción del chico. Si lo entendía y simplemente posponía la cita, ella volvía a salir con él. Cuando Kristina quería llevar una relación al siguiente nivel, hacía pasar otra prueba al candidato. Mientras estuvo trabajando en mercados emergentes a finales de la década de 1990, invitaba al muchacho a visitarla durante el fin de semana... en São Paulo. Era una forma estupenda de saber si él estaba dispuesto a adaptar su programa al de ella. Al final, sus pruebas surtieron efecto: conoció a su hombre ideal y lleva catorce años casada con él y feliz. Y su marido, Daniel, no solo apoya completamente su carrera profesional, sino que es el principal encargado del cuidado de sus dos hijos.

Incluso después de haber encontrado al hombre perfecto —o a la mujer perfecta—, nadie ha nacido sabiéndolo todo. Yo aprendí de mi madre a ser cuidadosa con la definición de los roles al principio de una relación. Aunque mi madre hacía la mayor parte de las tareas del hogar, mi padre siempre pasaba el aspirador después de la cena. Jamás tuvo que convencerlo para que hiciera esa tarea, simplemente la hizo suya desde el primer día. Al inicio de una relación amorosa, resulta tentador para las mujeres mostrar su aspecto más clásico de novia típica y ofrecerse a cocinar y a encargarse de los recados... y de repente nos encontramos de nuevo en 1955. Si una relación comienza de forma poco equitativa, lo más probable es que se vuelva menos equilibrada todavía cuando se añaden niños a la ecuación. En cambio, es posible que el principio de una relación sirva para establecer el reparto de tareas, tal y como nos recuerda el diálogo de Nora Ephron en *Cuando Harry encontró a Sally*:

HARRY: Cuando acompañas a alguien al aeropuerto es porque estás al principio de una relación. Por eso yo nunca acompaño a nadie al aeropuerto al principio de una relación.

SALLY: ¿Por qué?

HARRY: Porque las cosas se complican y dejas de acompañarle al aeropuerto, y a mí no me gusta que ninguna mujer pueda decirme: «Por qué ya no me acompañas al aeropuerto, mi amor?».

Si deseas un compañero en condición de total igualdad, es preciso que establezcas ese patrón de conducta desde el principio. Hace algunos años, Mark Zuckerberg y su pareja —actualmente su esposa— Priscilla Chan realizaron una donación para mejorar el sistema escolar público de Newark, Nueva Jersey, y necesitaban que alguien dirigiera su fundación. Yo les recomendé a Jen Holleran, que tenía un profundo conocimiento y una amplia experiencia en reforma escolar. También era madre de gemelos de catorce meses y había reducido su horario laboral en dos tercios desde su nacimiento. Su marido, Andy, era un psiquiatra infantil muy implicado en la tarea de criar a los niños cuando estaba en casa, pero una vez que Jen redujo su carga de trabajo, *terminó siendo la responsable de todo el trabajo de la casa*, lo cual incluía hacer los recados, pagar las facturas, cocinar y organizarlo todo. Cuando Mark y Priscilla le ofrecieron dirigir su fundación, Jen no estaba segura de estar preparada para alterar el orden establecido comprometiéndose con un trabajo a tiempo completo que implicaba frecuentes viajes. Yo le insistí en que estableciera la dinámica que deseaba en su relación sin perder un minuto. Jen recuerda que yo le sugerí: «Si deseas un compañero en igualdad de condiciones, deberías empezar ahora mismo».

Jen y Andy comentaron la oportunidad que se presentaba y decidieron que ella debía aceptar el puesto debido al gran impacto que podría tener. ¿Y quién se encargaría de hacer las labores del hogar? Pues Andy. Reorganizó su trabajo para poder estar en casa con los niños todas las mañanas y todas las noches y más aún cuando Jen salía de viaje. Actualmente él se encarga de pagar las facturas y va a la compra siempre que puede escaparse. Cocina y limpia más, conoce los detalles de la organización familiar y está encantado de ser el padre más solicitado durante la mitad de la semana. Un año y medio después de este nuevo sistema de funcionamiento, Andy me contó que le encanta pasar tiempo solo con los niños y que adora el importante papel que desempeña en sus vidas. Jen ama su trabajo y se alegra de que ahora su marido y ella disfruten de un matrimonio más igualitario. «Ahora mi tiempo es tan valioso como el suyo —me dijo—. El resultado es que somos más felices.»

Diversas investigaciones respaldan la opinión de Jen de que la igualdad entre compañeros conduce a una relación más feliz. Cuando los maridos realizan más tareas en el hogar, sus esposas están menos deprimidas, disminuyen los conflictos matrimoniales y aumenta el nivel de satisfacción.[168] Cuando las mujeres trabajan fuera del hogar y contribuyen a los ingresos familiares, las parejas tienen más probabilidades de permanecer unidas. De hecho, el riesgo de divorcio se reduce en torno a la mitad cuando la esposa obtiene la mitad de los ingresos y el marido hace la mitad de las tareas del hogar.[169] En el caso de los hombres, participar en la educación de los hijos promueve el desarrollo de la paciencia, la empatía y la adaptabilidad, características que benefician a todas sus demás relaciones.[170] En el caso de las mujeres, ganar dinero aumenta su capacidad de toma de decisiones en el hogar, las protege en caso de divorcio y puede suponer un importante seguro para años venideros, ya que las mujeres con frecuencia viven más que los hombres.[171] Además —y muchos pensarán que este factor es el más motivador de todos—, las parejas que comparten las responsabilidades domésticas tienen más relaciones sexuales.[172] Puede que suene algo extraño, pero quizá la mejor manera de insinuarse para un marido podría ser fregando los platos.

También tengo la firme convicción de que, cuando una madre se queda en casa, su tiempo durante el día debería seguir considerándose como auténtico trabajo... porque lo es. Criar a los hijos es una tarea al menos tan estresante y exigente como un trabajo remunerado. Es injusto que con frecuencia se espere que las madres trabajen hasta bien entrada la noche mientras que los padres que trabajan fuera de casa tienen la posibilidad de relajarse y olvidarse de sus trabajos. Cuando el padre está en casa, debería asumir la mitad del cuidado de los niños y de las tareas del hogar. Además, la mayoría de los padres que trabajan interactúan con otros adultos durante todo el día, mientras que las madres que se quedan en casa a menudo echan de menos una conversación adulta hacia el final del día. Conozco a una mujer que abandonó su carrera como abogada para quedarse en casa cuidando de sus hijos y siempre insistía en que, cuando su marido, que era guionista de televisión, llegaba a casa del trabajo, le preguntaba «¿Cómo te ha ido el día?» antes de lanzarse a contarle cómo le había ido el suyo.

La auténtica colaboración en nuestros hogares hace mucho más que meramente beneficiar a las parejas de hoy día; también establece las bases para la próxima generación. El lugar de trabajo ha evolucionado más que el hogar en parte porque entramos en él como adultos, de modo que cada generación experimenta una nueva dinámica. Pero los hogares que creamos tienden a estar más enraizados en nuestras infancias. Mi generación creció viendo a nuestras madres hacer todas las tareas de cuidado de los niños y del hogar mientras que nuestros padres salían a ganar el jornal. Para nosotros resulta demasiado fácil seguir rigiéndonos por esos patrones de comportamiento. No es de extrañar que los hombres casados y que viven en pareja cuyas madres trabajaban fuera del hogar cuando ellos eran pequeños hagan más tareas del hogar que otros hombres al ser adultos.[173] Cuanto antes rompamos el ciclo, antes alcanzaremos una mayor igualdad.

Una de las razones por las que Dave es un auténtico compañero es porque creció en un hogar en el que su padre estableció un extraordinario ejemplo. Lamentablemente Mel, el padre de Dave, falleció antes de que yo pudiera conocerle, pero está claro que era un hombre adelantado a su tiempo. La madre de Mel trabajaba codo con codo con su marido dirigiendo la pequeña tienda de comestibles de la familia, de modo que Mel creció aceptando a las mujeres como a iguales, lo cual resultaba bastante poco común por aquellos tiempos. Cuando estaba soltero, se interesó por el movimiento feminista y leyó el libro *Mística de la feminidad*, de Betty Friedan. Fue él quien introdujo a su esposa, y madre de Dave, Paula, a ese despertar feminista en la década de 1960. Animó a Paula a fundar y dirigir PACER, una organización nacional sin ánimo de lucro para ayudar a niños discapacitados. Mel era profesor de derecho y con frecuencia impartía clases por la noche. Como deseaba que la familia se sentara a comer reunida una vez al día por lo menos, decidió que esa comida sería el desayuno y él mismo se encargaba de prepararlo cada día, sin que faltara el zumo de naranja recién exprimido.

Un reparto más igualitario de las tareas entre los padres contribuye a modelar un mejor comportamiento en la siguiente generación. He oído a muchísimas mujeres decir que desearían que sus parejas les ayudaran más con los niños, pero como solo quedan unos pocos años hasta que sus hijos vayan al colegio, no merece la pena luchar para cambiar la dinámica establecida. En mi opinión, siempre merece la pena luchar para cambiar una dinámica poco deseable. También me preocupa que estas mujeres se enfrenten a la misma dinámica cuando sea el momento de cuidar de los padres ancianos. Las mujeres ofrecen más del doble de cuidados no solo a sus propios padres, sino también a sus suegros.[174] Se trata de una carga adicional que debe repartirse. Y para que la siguiente generación siga el ejemplo, se necesita que los niños vean cómo se reparten las tareas.

En 2012, Gloria Steinem concedió a Oprah Winfrey una entrevista en su casa. Gloria reiteró que el progreso para las mujeres en el hogar ha seguido la huella del progreso en el lugar de trabajo, y explicó: «Ahora sabemos que las mujeres pueden hacer lo mismo que los hombres, pero queda demostrar que los hombres pueden hacer lo mismo que las mujeres».[175] Yo estoy convencida de que sí pueden y nosotras deberíamos ofrecerles más oportunidades de demostrarlo.

Esta revolución se producirá en las familias una a una. La buena noticia es que los hombres de las generaciones más jóvenes parecen más dispuestos a ser auténticos compañeros que los hombres de las generaciones anteriores. Una encuesta que pedía a los participantes que calificaran la importancia de diversas características laborales mostró que los hombres que andaban por la cuarentena seleccionaban con más frecuencia la característica «un trabajo que ofrezca desafíos» como muy importante, mientras que los hombres que andaban por la veintena y la treintena seleccionaban con mayor frecuencia como característica más importante tener un trabajo cuyo horario «me permita pasar tiempo con mi familia».[176] Si esta tendencia se mantiene, a medida que este grupo de edad vaya cumpliendo años, podría ser señal de la llegada de un cambio realmente prometedor.

Ahí afuera hay hombres maravillosos y sensibles de todas las edades. Y cuanto más valoren las mujeres la amabilidad y el apoyo en sus novios, más hombres demostrarán poseer estas características. Mi amiga Kristina Salen, la que ideó las pruebas a las que someter a sus novios, me contó que su hijo siempre dice que, cuando crezca, quiere cuidar de sus hijos «como hace papá». Ella y su marido quedaron extasiados al oírle decir aquello. Es necesario que haya más niños que cuenten con ese modelo a seguir y que conozcan que existe esa opción. Cuantas más y más mujeres avancen en sus carreras, es preciso que haya más y más hombres que avancen en sus familias. Debemos animar a los hombres a ser más ambiciosos en sus hogares.

Necesitamos más hombres que se sienten a la mesa… a la mesa de la cocina.

El mito de hacerlo todo

«Tenerlo todo.» Quizá la mayor trampa que jamás se haya tendido a las mujeres surgió cuando se acuñó esta frase. Pronunciadas en discursos e incluidas en titulares y artículos, estas dos palabras pretenden ser abanderadas de la ambición, pero en lugar de ello nos hacen sentir a todas que hemos fracasado. Jamás he conocido a una mujer ni a un hombre que afirmara enfáticamente: «Sí, yo lo tengo todo». Porque, independientemente de lo que poseamos —y de lo agradecidos que estemos por ello—, nadie lo tiene todo.

Ni podemos tenerlo todo. El concepto mismo de tenerlo todo contraviene las leyes básicas de la economía y del sentido común. Tal y como explica Sharon Poczter, profesora de economía en Cornell, «La anticuada retórica de "tenerlo todo" desbarata la base misma de toda relación económica: la idea de la compensación. Todos luchamos con la optimización restringida que es la vida, y tratamos de maximizar nuestra utilidad basándonos en parámetros como la carrera profesional, los hijos, las relaciones, etc., haciendo todo lo posible por distribuir adecuadamente ese preciado recurso que es el tiempo. Dada la escasez de ese recurso, por tanto, nadie puede "tenerlo todo" y quienes afirman tenerlo con toda probabilidad mienten».[177]

Es mejor considerar el «tenerlo todo» como un mito. Y al igual que sucede con muchos mitos, puede ofrecer un útil mensaje de precaución. Pensemos en Ícaro, que se elevó hasta grandes alturas con sus alas artificiales. Su padre le advirtió que no volara demasiado cerca del sol, pero Ícaro ignoró su consejo. Se elevó todavía más alto, sus alas se fundieron y él se precipitó contra la tierra. Tratar de obtener éxito en la vida profesional y también en la personal es una meta noble y alcanzable, hasta cierto punto. Las mujeres deberían aprender de Ícaro a apuntar hacia el cielo, pero teniendo en mente que todos tenemos límites.

En lugar de plantear la pregunta: «¿Podemos tenerlo todo?», deberíamos formular otra más práctica: «¿Podemos hacerlo todo?». Y, una vez más, la respuesta es no. Cada uno de nosotros realizamos opciones constantemente entre el trabajo y la familia, entre hacer ejercicio y relajarnos, entre sacar tiempo para los demás y sacar tiempo para nosotros mismos. Ser padre significa adaptarse, comprometerse y sacrificarse cada día. Para la mayoría de la gente, los sacrificios y las adversidades no son una elección, sino una necesidad. En alrededor del 65 por ciento de las parejas casadas con hijos en Estados Unidos ambos miembros están en el mundo laboral y casi todas ellas cuentan con ambos sueldos para mantener el hogar.[178] Si las familias cuentan con un solo progenitor puede resultar todavía más difícil. En alrededor del 30 por ciento de las familias con hijos en Estados Unidos son monoparentales y, de estas, el 85 por ciento tienen como cabeza de familia a una mujer.[179] En España, en torno al 57 por ciento de las parejas casadas con hijos ambos progenitores están en el mercado laboral[180] y alrededor del 7 por ciento de los niños viven con uno solo de sus padres, normalmente la madre.[181]

Estos problemas se recuerdan constantemente a aquellas madres que trabajan fuera de casa. Tina Fey señaló que, cuando estaba promocionando la película *Noche loca* con Steve Carell, padre de dos hijos y protagonista de su propia serie, los periodistas preguntaban constantemente a Fey cómo conseguía compaginar su vida laboral con su vida personal pero jamás hacían la misma pregunta a su compañero. Tal y como escribió en su libro *Bossypants*, «¿Cuál es la pregunta más grosera que se puede hacer a una mujer?: "¿Cuántos años tienes?", "¿Cuánto pesas?", "Cuando tu hermana gemela y tú estáis a solas con el señor Hefner, ¿tenéis que fingir que sois lesbianas?"... ¡No! La peor pregunta es "¿Cómo consigues compaginarlo todo?". La gente me hace esa pregunta constantemente, con una mirada acusadora en sus ojos. "Te va todo de pena, ¿verdad?", dicen sus ojos».[182]

Fey da en el clavo. Las madres y padres trabajadores lidian por igual con múltiples responsabilidades, pero las madres también tenemos que soportar las groseras preguntas y las miradas acusadoras que nos recuerdan que estamos aportando menos de lo que corresponde a nuestros trabajos y también a nuestros hijos. Como si necesitáramos que nos lo recuerden... Al igual que a mí, a la mayoría de las mujeres que conozco se les da de maravilla preocuparse pensando que no dan la talla. Comparamos nuestros esfuerzos en el trabajo con los de nuestros colegas, generalmente hombres, que normalmente tienen muchas menos responsabilidades dentro del hogar. Y a continuación comparamos nuestros esfuerzos en el hogar con las madres que no trabajan fuera y se dedican exclusivamente a sus familias. El hecho de que los observadores externos nos recuerden que debemos esforzarnos —y que nuestro esfuerzo no es suficiente— es como una guinda amarga en un pastel que ya de por sí no era nada dulce.

Intentar hacerlo todo y esperar que todo salga perfectamente bien es la receta ideal para la decepción. La perfección es el enemigo. Gloria Steinem lo expresó mejor que yo: «Es imposible hacerlo todo. Nadie puede tener dos empleos a tiempo completo, tener hijos perfectos, cocinar tres comidas al día y ser multiorgásmica hasta el amanecer... Superwoman es la villana del movimiento feminista».[183]

La doctora Laurie Glimcher, decana de la facultad de medicina Weill Cornell, afirmó que la clave para ella a la hora de perseguir su carrera profesional mientras criaba a sus hijos fue aprender dónde debía centrar su atención. «Tuve que decidir qué era importante y qué no y aprendí a ser perfeccionista solo en las cosas que importaban.» En su caso, llegó a la conclusión de que los datos científicos debían ser perfectos, pero en el caso de informes y otras tareas administrativas más triviales bastaba con que se dedicara a ellos en un 95 por ciento. La doctora Glimcher también afirmó que convirtió en una prioridad el hecho de volver a casa a una hora razonable, y añadió que cuando llegaba allí se negaba a preocuparse por si «la ropa limpia estaba plegada o los armarios ordenados. No puedes obsesionarte con cosas que no son importantes».[184]

Unos cuantos años antes de ser madre, hablé en un panel compuesto por mujeres para un grupo de empresas locales en Palo Alto. Alguien formuló a una de las otras panelistas, una ejecutiva con dos hijos, la (inevitable) pregunta sobre cómo conseguía compaginar su trabajo y sus hijos. Empezó su respuesta diciendo: «Probablemente no debería admitir esto en público…» y a continuación confesó que ponía a los niños a dormir con la ropa del colegio para ahorrarse quince preciosos minutos cada mañana. En aquel momento yo pensé para mis adentros: «En efecto, no debería haber admitido eso en público».

Ahora que soy madre creo que esa mujer era un genio. Todos nos enfrentamos a los límites del tiempo y de la paciencia. Todavía no he acostado a mis hijos con su ropa del colegio, pero hay mañanas en las que desearía haberlo hecho. También sé que ni toda la planificación del mundo sirve para prepararnos para el constante reto que supone la paternidad. Cuando miro hacia atrás, aprecio la franqueza de mi compañera de panel y, con ese mismo espíritu de franqueza, probablemente yo tampoco debería admitir esto en público.

El año pasado hice un viaje de negocios para asistir a una conferencia acompañada de mis hijos. Muchos otros colegas míos de Silicon Valley iban a asistir también y John Donahoe, el director general de eBay, fue tan amable de ofrecerse a llevarnos en el avión de su empresa. Cuando retrasaron el vuelo durante varias horas, mi mayor preocupación era mantener entretenidos a mis hijos para que no molestaran a los demás pasajeros adultos. Conseguí lidiar con la demora dejándoles ver la televisión y comer golosinas sin límite. Entonces, cuando el avión por fin despegó, mi hija empezó a rascarse la cabeza. «¡Mami! ¡Me pica la cabeza!», anunció a todo volumen, hablando por encima de los auriculares que llevaba puestos (porque estaba viendo todavía más televisión). No pensé que fuera nada hasta que sus picores se volvieron frenéticos y sus quejas cada vez más audibles. Le indiqué que bajara la voz, examiné su cabeza y descubrí en su pelo pequeñas cosas de color blanco. Estaba bastante segura de saber lo que eran. Era la única persona que llevaba niños en aquel avión de empresa... ¡y ahora lo más probable es que mi hija tuviera *piojos*! Pasé el resto del vuelo presa del pánico, tratando de mantenerla alejada de los demás, de mantener su tono de voz lo más bajo posible y de mantener sus manos lejos de su cabeza mientras escaneaba furiosamente la web en busca de imágenes de piojos. Cuando aterrizamos, todo el mundo se subió por grupos en coches de alquiler para dirigirse en caravana hasta el hotel donde se celebraría la conferencia, pero yo les dije a todos que se adelantaran sin mí, que necesitaba «ir a buscar una cosa». Me lancé hacia la farmacia más cercana, donde me confirmaron mi diagnóstico. Por fortuna, habíamos evitado el contacto directo con todos los demás pasajeros del avión, de modo que no había forma de que los piojos se hubieran extendido y aquello me libró del bochorno mortal de tener que pedir a los miembros del grupo que comprobaran sus cabezas. Cogimos el champú de tratamiento para ella y, al final, también para su hermano... y pasamos la noche en una sesión maratoniana de lavados de cabeza. Me perdí la cena de presentación y, cuando me preguntaron por qué, dije que mis hijos estaban muy cansados. Sinceramente, yo también estaba agotada y, aunque me las había arreglado para escapar de los piojos, no pude dejar de rascarme la cabeza durante varios días.

Es imposible controlar todas las variables cuando se trata de ser padre. En el caso de aquellas mujeres que han tenido éxito en ocasiones anteriores de su vida planificando las cosas de antemano y esforzándose al máximo, este caos puede resultar difícil de aceptar. La psicóloga Jennifer Stuart estudió a un grupo de licenciadas de Yale y llegó a la conclusión de que, para esas mujeres, «el esfuerzo que supone combinar su carrera profesional y su maternidad puede resultar especialmente insoportable. Se juegan mucho, ya que es posible que no acepten nada por debajo de la perfección, tanto en casa como en el lugar de trabajo. Cuando se les acaban las ideas sublimes, es posible que se retiren por completo, bien del trabajo al hogar o viceversa».[185]

Otro de mis pósteres favoritos de Facebook declara en grandes letras de color rojo: «Hecho es mejor que perfecto». He tratado de hacer mío este lema y olvidarme de los estándares inalcanzables. Intentar conseguir la perfección provoca frustración en el mejor de los casos y en el peor te paraliza. Estoy completamente de acuerdo con el consejo que ofreció Nora Ephron en el discurso de graduación que pronunció en Wellesley en 1996 cuando hablaba del problema que supone para las mujeres tener una carrera y una familia. Ephron insistió: «Todo resultará un poco caótico, pero abrazad el caos. Será complicado, pero disfrutad de las complicaciones. No se parecerá en nada a como creéis que será, pero las sorpresas son buenas para vosotras. Y no tengáis miedo: siempre podéis cambiar de opinión. Yo lo sé muy bien, he tenido cuatro profesiones y tres maridos».[186]

Yo tuve la inmensa suerte de que, en una etapa muy inicial de mi carrera, alguien a quien admiro profundamente me advirtiera de los peligros de intentar hacerlo todo. Larry Kanarek dirigía la oficina de McKinsey & Company en Washington D. C., donde yo trabajé como becaria en 1994. Un día, Larry nos reunió a todos para hablarnos. Nos explicó que, dado que él era el director de la oficina, los empleados acudían a él cuando querían dejar su trabajo. Con el tiempo se dio cuenta de que la gente se marchaba únicamente por un motivo: porque estaban quemados, cansados de trabajar durante horas interminables y de viajar. Larry dijo que podía entender la queja, pero lo que no podía entender era que todas las personas que habían dimitido —todas y cada una de ellas— tenían días de vacaciones todavía sin disfrutar. Hasta el día en que se iban, hacían todo lo que McKinsey les pedía antes de decidir que era demasiado.

Larry nos imploró que ejerciéramos más control sobre nuestras carreras profesionales. Dijo que McKinsey jamás dejaría de exigirnos cosas durante nuestro tiempo, de modo que dependía de nosotros decidir qué estábamos dispuestos a hacer. Era nuestra responsabilidad trazar la línea del límite. Era preciso que determináramos cuántas horas estábamos dispuestos a trabajar al día y cuántas noches estábamos dispuestos a viajar. Si más adelante el trabajo no nos satisfacía, sabríamos que al menos lo habíamos intentado según nuestras propias normas. A pesar de lo ilógico que pueda parecer, el éxito a largo plazo en el trabajo con frecuencia depende de *no* intentar satisfacer todas y cada una de las demandas que nos hacen. La mejor manera de hacer sitio tanto a la vida personal como a la carrera profesional es tomar decisiones de forma deliberada; establecer límites y ceñirnos a ellos.

Durante mis primeros cuatro años en Google, estaba en la oficina todos los días como mínimo de siete de la mañana a siete de la tarde. Dirigía los equipos de operaciones globales y pensaba que era fundamental que yo estuviera pendiente de tantos detalles como me fuera posible. Nadie me pidió jamás que trabajara tantas horas; como suele suceder en Silicon Valley, Google no era el tipo de sitio que establece horarios para sus empleados. Aun así, el ambiente de aquellos primeros tiempos fomentaba que se trabajara cuantas más horas mejor. Cuando llegó mi hijo, quise acogerme a los tres meses de baja maternal que ofrecía Google, pero me preocupaba que mi trabajo no estuviera allí cuando yo regresara. Los acontecimientos que precedieron su nacimiento no sirvieron para tranquilizarme. Google estaba creciendo a gran velocidad y no paraba de reorganizarse. Mi equipo era uno de los más grandes de la empresa y mis compañeros con frecuencia sugerían formas de reestructuración del departamento, que normalmente implicaban que ellos hicieran más cosas y yo menos. En los meses previos a mi baja maternal, varios colegas —todos ellos hombres— intensificaron sus esfuerzos ofreciéndose para «ayudar a mantener las cosas en marcha» mientras yo estaba fuera. Algunos de ellos incluso mencionaron a mi jefe que quizá yo no regresaría, de modo que tenía todo el sentido del mundo que empezara a compartir mis responsabilidades inmediatamente.

Traté de seguir el consejo de Larry Kanarek y tracé mis propios límites. Decidí que deseaba centrarme completamente en mi nuevo papel de madre. Estaba totalmente decidida a desconectar de verdad. Incluso anuncié públicamente esta decisión... un truco que puede ayudar a adherirse a un compromiso creando una mayor responsabilidad. Anuncié que iba a tomarme los tres meses enteros.

Pero nadie me creyó. Un grupo de mis compañeros hicieron una apuesta sobre cuánto tiempo aguantaría sin comprobar mis mensajes de correo electrónico después de dar a luz y no hubo ni una sola persona que apostara por la opción «más de una semana». Yo me habría sentido ofendida si no fuera porque me conocían mejor que yo misma. Estaba respondiendo mensajes de correo electrónico desde la habitación del hospital al día siguiente de dar a luz.

Durante los tres meses siguientes, fui incapaz de desconectar ni siquiera un poco. Comprobaba el correo electrónico constantemente, organizaba reuniones en mi sala de estar, durante las cuales a veces daba el pecho a mi bebé y probablemente escandalizaba a más de uno (intentaba programar aquellas reuniones a horas en las que mi hijo estaría durmiendo, pero los niños llevan su propia agenda), iba a la oficina para las reuniones más importantes, con el bebé a cuestas y, aunque compartí algunos momentos buenos con mi hijo, cuando pienso ahora en aquella baja maternal se me representa como una época de bastante infelicidad. Ser una madre primeriza era agotador y, cuando mi hijo dormía, en lugar de descansar yo me ponía a trabajar. Y lo único que resultaba peor que el hecho de que todos supieran que no me estaba ciñendo a mi compromiso original era que yo misma también lo sabía. Me estaba dejando de lado a mí misma.

Tres meses más tarde, mi no baja maternal terminó. Estaba regresando a un trabajo que me encantaba, pero tan pronto como salí de la autopista para dirigirme a la oficina el primer día de mi regreso, sentí una gran presión en el pecho y me eché a llorar desconsoladamente. Aunque había estado trabajando durante todo mi «tiempo ausente», lo había hecho casi por entero en mi casa, con mi hijo junto a mí. Regresar a la oficina significaba un cambio drástico en la cantidad de tiempo que iba a pasar con él. Si regresaba a mi antiguo horario laboral de doce horas, me iría de casa antes de que se despertara y regresaría después de que ya se hubiera dormido, de modo que, si quería pasar algo de tiempo con él, iba a tener que hacer algunos cambios... y ceñirme a ellos.

Empecé a llegar al trabajo a eso de las nueve de la mañana y a marcharme a las cinco y media de la tarde. Este horario me permitía dar el pecho a mi hijo antes de marcharme y llegar a casa a tiempo para volver a darle el pecho antes de acostarlo en su cuna. Me aterrorizaba perder credibilidad o incluso mi trabajo si alguien se enteraba de mi nuevo horario. Para compensar, empecé a mirar mi correo electrónico a las cinco de la mañana. Exacto, me levantaba antes que el recién nacido. Después, una vez que mi bebé se quedaba dormido por la noche, volvía a mi ordenador y continuaba con mi jornada laboral. Hice lo impensable para ocultar mi nuevo horario a la mayoría de la gente. A Camille, mi ingeniosa asistente ejecutiva, se le ocurrió la idea de celebrar mi primera y última reunión del día en otros edificios para que el momento en que llegaba o me iba resultara menos evidente. Cuando me marchaba a casa directamente desde mi despacho, me detenía en el pasillo y observaba el aparcamiento para aprovechar el momento ideal en que no estuviera presente ninguno de mis colegas y dirigirme como un rayo hasta el coche (dado mi nivel de torpeza, todos deberíamos sentirnos aliviados de que antes trabajara para el Departamento del Tesoro y no para la CIA).

Mirando hacia atrás, me doy cuenta de que mi preocupación por mi nuevo horario radicaba en mi propia inseguridad. Google estaba avanzando con fuerza y se había convertido en una empresa hipercompetitiva, pero también fomentaba la conciliación entre la vida laboral y la paternidad, una actitud que claramente se había iniciado en lo más alto. Larry y Sergey vinieron a la fiesta que celebré antes del nacimiento de mi bebé y cada uno de ellos me regaló un vale que me daba derecho a disfrutar de sus servicios de canguro durante una hora (nunca llegué a usar los vales, pero si consiguiera encontrarlos, apuesto a que podría ofrecerlos para una rifa benéfica, igual que un vale para ir a comer con Warren Buffett). Susan Wojcicki, que abrió camino al tener cuatro hijos siendo una de las primeras y más valiosas empleadas de Google, traía a sus hijos a la oficina cuando la niñera se ponía enferma. Tanto mi jefe, Omid, como David Fischer, el líder de más rango de mi equipo, me apoyaron incondicionalmente y no permitieron que nadie más se ocupara de ninguna parte de mi trabajo.

Poco a poco empecé a darme cuenta de que mi trabajo no requería en realidad que pasara doce horas al día en la oficina. Me volví mucho más eficiente, más consciente de que no tenía que asistir ni organizar reuniones que no fueran realmente necesarias y más decidida a maximizar mi rendimiento durante cada minuto que pasaba fuera de casa. También empecé a prestar más atención al horario laboral de las personas que me rodeaban; el hecho de reducir las reuniones innecesarias también sirvió para ahorrarles tiempo a ellos. Traté de centrarme en lo realmente importante. Mucho antes de ver el póster, empecé a adoptar el mantra: «Hecho es mejor que perfecto». Que algo llegue a estar hecho, aunque siga siendo un desafío, resulta mucho más alcanzable y con frecuencia supone un alivio. Para cuando me acogí a mi segunda baja maternal, no solo desconecté (la mayor parte del tiempo) sino que realmente disfruté del tiempo que pasé con mis dos hijos.

Mi cuñada Amy, que es médico, experimentó casi el mismo cambio de actitud: «Cuando tuve a mi primer hijo, hacía turnos de doce horas e intentaba utilizar el sacaleches en el trabajo —me dijo—. Deseaba sentirme conectada con mi bebé durante las pocas horas que pasaba en casa, de modo que muchas noches me convertí en su cuidadora exclusiva. Creía que los demás esperaban eso de mí... mis jefes en el trabajo y mi hija en casa, pero en realidad no hacía sino torturarme». Con el nacimiento de su segundo hijo, Amy cambió de comportamiento. «Me ausenté durante tres meses y organicé mi regreso de modo que me permitiera trabajar a mi manera, según mis propias reglas. Y a pesar de lo que tanto había temido la vez anterior, mi reputación y mi productividad no se resintieron ni lo más mínimo.»

Comprendo profundamente el temor que sienten muchas mujeres a dar la sensación de que anteponen sus familias a sus carreras. Las madres no desean dar la sensación de que están menos dedicadas a su trabajo que los hombres o que las mujeres que carecen de responsabilidades familiares. Trabajan más para tratar de compensar. Incluso en los lugares de trabajo que ofrecen la opción de reducir o flexibilizar el horario laboral, la gente teme que reducir sus horas de trabajo pondrá en peligro sus expectativas laborales.[187] Y no se trata solo de un problema de percepción. Los empleados que hacen uso de las políticas de flexibilidad de horarios en el trabajo a menudo son objeto de penalizaciones y se considera que están menos comprometidos que sus colegas.[188] Y dichas penalizaciones pueden ser todavía mayores para las madres que trabajan.[189]Todo esto tiene que cambiar, en especial porque recientemente se ha descubierto que trabajar desde casa podría de hecho ser más productivo en determinados casos.[190]

Resulta difícil distinguir entre los aspectos de un trabajo que son realmente necesarios y los que no lo son. En ocasiones, la situación es difícil de interpretar y resulta complicado trazar los límites. Amy me contó la historia de un almuerzo de trabajo al que asistió con un grupo de médicos, entre los que se incluía una doctora que acababa de dar a luz a su primer hijo varias semanas antes. Cuando habían transcurrido unas dos horas, la madre primeriza parecía sentirse incómoda y miraba constantemente su teléfono móvil. Dado que Amy es una madre trabajadora, se percató inmediatamente de la situación. «¿Necesitas salir para utilizar el sacaleches?», le susurró a su colega. Ella le respondió tímidamente que había traído a su bebé y a su madre a la reunión. No dejaba de mirar el teléfono porque su madre le había enviado un mensaje de texto diciéndole que el bebé tenía hambre. Amy animó a su colega a acudir a la llamada inmediatamente. Una vez que abandonó la sala, el mentor de la joven madre, un médico de más edad, admitió que no tenía ni idea de que hubiera traído a su bebé. Si lo hubiera sabido, la habría animado a salir antes de la reunión. Ella se estaba torturando innecesariamente. Esta es, por ejemplo, una ocasión en la que yo habría recomendado que *no* se sentara a la mesa.

La tecnología también está cambiando la rigidez de los horarios de oficina, dado que gran cantidad del trabajo puede llevarse a cabo en línea. Aunque existen muy pocas empresas que puedan proporcionar un nivel tan elevado de flexibilidad como Google y Facebook, otras industrias están empezando a moverse en una dirección similar. Aun así, la práctica tradicional de juzgar a los empleados por el tiempo que pasan en la oficina en lugar de por sus resultados sigue lamentablemente en boga. Por esta razón muchos empleados se fijan en las horas de permanencia en su puesto de trabajo en lugar de centrarse en conseguir sus objetivos de la forma más eficiente posible. Si se produjera un cambio según el cual se centrara más la atención en los resultados, los empleados se verían beneficiados y las empresas serían más eficientes y competitivas.[191]

En su último libro, el general Colin Powell explica que su visión del liderazgo está totalmente en contra de lo que él denomina «bastardos ocupados», jefes que pasan horas y horas en la oficina sin darse cuenta de la repercusión que esto tiene en sus subordinados. Según sus palabras, «en cada puesto de gran responsabilidad que he ocupado he tratado de crear un entorno de profesionalidad según los estándares más elevados. Cuando era necesario que una tarea se llevara a cabo, esperaba que mis subordinados trabajaran todas las horas que fuera necesario. Cuando no era necesario, quería que trabajaran ciñéndose a un horario normal, que fueran a su casa a una hora decente, jugaran con sus hijos, disfrutaran de sus familias y amigos, leyeran una novela, consiguieran desconectar, soñar despiertos y despejarse. Quería que tuvieran vida fuera de la oficina. Les pagaba por la calidad de su trabajo, no por las horas que pasaran en él. Ese tipo de ambiente laboral siempre me ha permitido obtener los mejores resultados».[192] Sigue siendo difícil trabajar para alguien tan sabio como el general Powell.

Un problema relacionado que afecta a muchos estadounidenses es la ampliación del horario laboral.[193] En 2009, las parejas casadas con hijos que obtenían un salario medio trabajaban unas ocho horas y media más a la semana que en 1979.[194] Esta tendencia ha sido especialmente pronunciada entre los profesionales y los directivos, sobre todo entre los hombres.[195] Una encuesta realizada entre profesionales con ingresos elevados pertenecientes al mundo corporativo descubrió que el 62 por ciento trabaja más de cincuenta horas a la semana y el 10 por ciento trabaja más de ochenta horas a la semana.[196] Varios países europeos no han participado en esta misma tendencia, dado que se han implementado políticas gubernamentales para limitar el horario laboral.[197]

La tecnología, aunque en ocasiones nos libera de la oficina física, también ha servido para ampliar el horario laboral. Una encuesta realizada en 2012 entre adultos trabajadores mostró que el 80 por ciento de los encuestados continuaba trabajando después de salir de la oficina, el 38 por ciento consultaba el correo electrónico en la mesa durante la cena y el 69 por ciento no podía irse a dormir sin haber consultado antes su bandeja de entrada.[198]

Mi madre está convencida de que mi generación sufre enormemente a causa de este horario laboral interminable. Durante su infancia y la mía, un trabajo a jornada completa significaba cuarenta horas semanales: de lunes a viernes, de nueve de la mañana a cinco de la tarde. Ella no para de decirme una y otra vez: «Tú y tus compañeros estáis sometidos a una presión excesiva. No es compatible con una vida normal». Pero esta es la nueva vida normal para muchos de nosotros.

Lo que se ha convertido en «normal» implica que el día no tiene horas suficientes. Durante muchos años, traté de solucionar este problema robándole horas al sueño, un método muy común pero a menudo contraproducente. Fui consciente de mi error en parte observando a mis hijos y viendo cómo un niño feliz puede de repente convertirse en un mar de lágrimas cuando le faltan un par de horas de sueño. Al fin y al cabo los adultos no son muy diferentes. Dormir cuatro o cinco horas cada noche produce un deterioro mental equivalente a un nivel de alcohol en sangre superior al establecido como límite para conducir.[199] La privación de sueño hace que la gente se sienta ansiosa, irritable y confusa (y si no preguntadle a Dave). Si pudiera dar marcha atrás y cambiar una sola cosa acerca del modo en que vivía en aquellos primeros años, me obligaría a dormir más.

Y no son solo los padres que trabajan los que necesitan que el día tenga más horas; la gente sin hijos también trabaja durante demasiadas horas, quizá en una medida todavía mayor. Cuando estaba en la facultad de ciencias empresariales, asistí a un seminario sobre las mujeres en el mundo de la consultoría que contaba con tres oradoras: dos mujeres casadas y con hijos y una mujer soltera y sin hijos. Después de que las mujeres casadas hablaran sobre lo duro que resultaba encontrar el equilibrio entre sus vidas profesionales y personales, la mujer soltera adujo que estaba cansada de que la gente no se tomara en serio su necesidad de tener vida personal. Tenía la sensación de que sus colegas siempre salían corriendo para pasar tiempo con sus familias y la dejaban a ella para que finalizara las tareas. Indicó: «Mis compañeros de trabajo deberían comprender que yo necesito asistir a fiestas alguna noche —y que eso es tan legítimo como para ellos asistir a un partido de fútbol de sus hijos— porque ir a fiestas es la única forma que tengo de conocer a alguien con quien formar una familia y así, algún día, poder tener un partido de fútbol al que ir yo también». Con frecuencia cito esta historia para asegurarme de que los empleados solteros sepan que ellos también tienen derecho a una vida completa.

Mis propias preocupaciones sobre compaginar mi carrera profesional y mi familia volvieron a ocupar un lugar muy destacado cuando empecé a considerar despedirme de Google y empezar a trabajar en Facebook. Llevaba seis años y medio trabajando en Google y había conseguido hacerme con líderes fuertes para cada uno de mis equipos. Por aquel entonces, Google contaba con más de 20.000 empleados y con procedimientos empresariales que funcionaban a la perfección y me permitían estar en casa para cenar con mis hijos casi todas las noches. Facebook, por otro lado, solo contaba con 550 empleados y era en muchos sentidos una empresa que no había hecho sino dar sus primeros pasos. Las reuniones a última hora de la tarde y los encuentros de programadores que duraban toda la noche eran una parte aceptada en el ambiente de la empresa. Me preocupaba que aceptar un nuevo trabajo acabara por minar el equilibrio por el que tan duramente había luchado. El hecho de que Dave trabajara como emprendedor residente en una firma de capital de riesgo fue de mucha ayuda, porque de ese modo tenía un control total de su propio horario. Además, me aseguró que asumiría más tareas del hogar para que mi nuevo trabajo no nos afectara como familia.

Mis primeros seis meses en Facebook fueron realmente duros. Sé que se supone que debería decir «estimulantes», pero «realmente duros» es una expresión que se acerca más a la verdad. Gran parte de la empresa seguía el ejemplo de Mark y trabajaba en ocasiones hasta altas horas de la madrugada. Cuando yo convocaba una reunión con alguien a las 9 de la mañana, esa persona no se presentaba porque suponía que me refería a las 9 de la noche. Para mí era fundamental estar presente cuando los demás también estaban, y me preocupaba que, si me marchaba demasiado pronto, daría la sensación de ser un bicho raro —y de ser demasiado vieja—. Una y otra vez, me perdía las cenas con mis hijos. Dave me decía que él estaba en casa con ellos y que los niños estaban bien… pero yo no lo estaba.

Pensé en el discurso que Larry Kanarek pronunció en McKinsey y me di cuenta de que, si no asumía el control de la situación, mi nuevo trabajo resultaría insostenible para mí. Acabaría acusando el hecho de no ver nunca a mi familia y corría el riesgo de convertirme en la empleada que dimitía sin haber disfrutado de su período de vacaciones. Empecé a obligarme a salir de la oficina a las cinco y media. Cada fibra de mi ser regida por el espíritu competitivo me gritaba que me quedara, pero, a menos que tuviera una reunión de importancia crítica, yo salía por la puerta. Y una vez que lo hice, me di cuenta de que era capaz de hacerlo. No estoy afirmando —y jamás lo he hecho— que mi horario semanal sea de cuarenta horas. Facebook está disponible en todo el mundo 24 horas al día, 7 días a la semana y, la mayor parte del tiempo, yo también. Los días en que siquiera podía considerar desconectar durante un fin de semana o unas vacaciones quedaron atrás hace tiempo y, a diferencia de mi trabajo en Google, que tenía base casi exclusivamente en California, mi puesto en Facebook me hace estar constantemente viajando. Como resultado, me he vuelto todavía más disciplinada con respecto al hecho de salir de la oficina a una hora que me permita cenar con mis hijos cuando no estoy fuera.

Sigo luchando con el equilibrio entre el trabajo y el hogar casi cada día. Todas las mujeres que conozco lo hacen y sé que soy mucho más afortunada que la mayoría. Cuento con unos recursos admirables: un marido que es un auténtico compañero, la capacidad de contratar a personas fantásticas que me ayuden tanto en la oficina como en casa y un nivel bastante aceptable de control sobre mi horario. También tengo una maravillosa hermana que vive cerca de mi casa y que siempre está dispuesta a cuidar de su sobrino y su sobrina, ocasionalmente casi sin previo aviso. Además es pediatra, de modo que mis hijos no solo están al cuidado de una persona cariñosa, sino también con formación médica (no todo el mundo tiene la suerte de vivir cerca de su familia, ya sea geográfica o emocionalmente. Por fortuna, los amigos también pueden proporcionarse este tipo de apoyo los unos a los otros).

Si existe un nuevo tipo de «comportamiento normal» para el lugar de trabajo, también existe un nuevo «comportamiento normal» para el hogar. El número de horas que se espera que trabaje la gente ha sufrido el mismo incremento drástico que el número de horas que se espera que una madre pase pendiente de sus hijos. En 1975, las madres que se quedaban en casa invertían una media de once horas a la semana ofreciendo cuidados primarios a sus hijos (se entiende por cuidados primarios aquellos cuidados rutinarios y actividades que fomentan el bienestar del niño como leer y jugar con él), mientras que las madres que trabajaban fuera del hogar pasaban seis horas realizando estas actividades. En la actualidad, las madres que se quedan en casa invierten como media unas diecisiete horas a la semana ofreciendo a sus hijos cuidados primarios, mientras que las madres que trabajan fuera del hogar invierten unas once horas. Esto significa que una madre trabajadora en la actualidad pasa la misma cantidad de tiempo ofreciendo a sus hijos cuidados primarios que una madre no trabajadora en 1975.[200]

Mi recuerdo es que, siendo niña, mi madre estaba siempre disponible pero rara vez participaba en mis actividades o las dirigía. Mi madre no organizaba encuentros con otros niños para jugar juntos. Montábamos en bicicleta por el vecindario sin supervisión de los adultos. Quizá de vez en cuando nuestros padres echaban un vistazo a nuestros deberes, pero rara vez se sentaban con nosotros mientras hacíamos nuestras tareas. Hoy día, una «buena madre» siempre está presente y siempre dedicada a las necesidades de sus hijos. Los sociólogos denominan este fenómeno relativamente nuevo «maternidad intensiva», y consideran que ha elevado culturalmente la importancia de que las mujeres pasen una gran cantidad de tiempo con sus hijos.[201] Al juzgarnos en comparación con el agotador estándar actual, las madres que trabajamos fuera de casa nos sentimos como si estuviéramos fracasando, incluso aunque pasemos con nuestros hijos la misma cantidad de horas que nuestras madres.

Cuando dejo a mis hijos en el colegio y veo a las madres que se quedan a realizar labores de voluntariado, me preocupa que mis hijos se sientan peor porque no estoy con ellos todo el tiempo. Aquí es donde mi confianza en los datos fidedignos y en la investigación me ha sido de mayor ayuda. Un estudio tras otro sugiere que la presión que ejerce la sociedad sobre las mujeres para que se queden en casa y hagan «lo que es mejor para el niño» se basa en las emociones y no en las pruebas.

En 1991, la Early Child Care Research Network (Red de investigación del cuidado infantil en los primeros años), bajo el auspicio del National Institute of Child Health and Human Development (Instituto nacional de salud infantil y desarrollo humano de Estados Unidos), puso en marcha el estudio más ambicioso y completo hasta la fecha sobre la relación entre el cuidado infantil y el desarrollo de los niños y, en particular, sobre el efecto del cuidado materno exclusivo frente al cuidado infantil. La red de investigación, que estaba formada por más de treinta expertos en desarrollo infantil de las universidades más importantes del país, pasó dieciocho meses diseñando el estudio. Siguieron el rastro de más de mil niños en el transcurso de quince años, valorando repetidamente la capacidad cognitiva, capacidad de lenguaje y comportamiento social de los niños. Se han publicado decenas de informes sobre los resultados de la investigación.[202] En 2006, los investigadores publicaron un informe que resumía sus hallazgos y concluía que «los niños que habían recibido cuidados exclusivamente por parte de sus madres no se desarrollaron de forma diferente a los que también habían sido cuidados por otras personas».[203] No se encontró diferencia alguna en su capacidad cognitiva, su habilidad lingüística, su competencia social, su capacidad para crear y mantener relaciones personales ni en la calidad del vínculo entre madre e hijo.[204] Los factores conductuales de los padres —incluidos los padres que son receptivos y positivos, las madres que favorecen los «comportamientos maduros en los niños» y los padres con intimidad emocional en sus matrimonios— influían en el desarrollo del niño entre dos y tres veces más que cualquier forma de cuidado infantil.[205] Merece la pena leer uno de los hallazgos del estudio lentamente, incluso quizá dos veces: «El cuidado materno exclusivo no estaba relacionado con resultados mejores o peores en los niños. No existe, por lo tanto, motivo alguno para que las madres tengan la sensación de estar haciendo daño a sus hijos si deciden trabajar fuera del hogar».[206]

Por supuesto que los niños necesitan la implicación, el amor, los cuidados, el tiempo y la atención de sus padres, pero los padres y las madres que trabajan a tiempo completo siguen siendo totalmente capaces de ofrecer a sus hijos una infancia llena de cariño y seguridad. Algunos datos incluso sugieren que el que ambos trabajen fuera del hogar puede resultar ventajoso para el desarrollo de los niños, especialmente en el caso de las niñas.[207]

Aunque conozco los datos y comprendo a nivel intelectual que mi carrera no daña en modo alguno a mis hijos, hay momentos en los que sigo sintiéndome incómoda con relación a las opciones que tomo. Una amiga mía se sentía igual, de modo que se lo comentó a su terapeuta y, más tarde, compartió conmigo la siguiente reflexión: «Mi terapeuta me dijo que, cuando me preocupaba por cuánto tiempo estaba dejando solas a mis hijas, la ansiedad por la separación en realidad me afectaba más a mí que a mis niñas. Hablamos de ello como si fuera un problema para los niños cuando en realidad supone más un problema para la madre».

Siempre quiero hacer más por mis hijos. Debido a mis obligaciones laborales, me he perdido consultas médicas y encuentros entre padres y profesores y hasta he tenido que salir de viaje cuando mis hijos estaban enfermos. Todavía no me he perdido ningún espectáculo de danza, pero probablemente sucederá en el futuro. También me he perdido determinado nivel de detalles de su vida. Una vez pregunté a una madre de nuestro colegio si conocía a alguno de los demás niños de la clase de primer curso, esperando que alguno de aquellos nombres me sonara. Se pasó veinte minutos recitando de memoria el nombre de cada niño, describiendo a sus padres, hermanos, a qué clase habían ido el año anterior y las cosas que les interesaban. ¿Cómo era posible que ella supiera todo aquello? ¿Era yo una mala madre por no saber nada de aquello? ¿Y por qué eso tendría que molestarme siquiera?

Yo ya sabía la respuesta a aquella última pregunta. Me molestaba porque, como muchas personas que tienen opciones, yo no me siento del todo a gusto con la mía. Más adelante, aquel mismo año, dejé a mi hijo en el colegio el día de San Patricio. Cuando salió del coche llevando su camiseta azul favorita, aquella misma madre señaló: «Se supone que hoy debería ir de verde». Yo tuve dos pensamientos simultáneos: «¿Quién demonios podría acordarse de que hoy es San Patricio?» y «Soy una madre horrible».

La gestión de la culpa puede ser tan importante como la gestión del tiempo para las madres. Cuando volví al trabajo después de dar a luz, otras madres trabajadoras me dijeron que me preparara para el día en que mi hijo llorara porque no estaba su niñera. Y así fue, cuando tenía unos once meses, iba gateando por el suelo de su habitación y apoyó la rodilla en un juguete. Miró hacia arriba en busca de ayuda, llorando, y estiró los brazos hacia ella en lugar de hacia mí. Eso me rompió el corazón, pero Dave pensó que era una buena señal. Me dijo que nosotros éramos las figuras centrales en la vida de nuestro hijo, pero desarrollar un vínculo así con una cuidadora era bueno para su desarrollo. Yo comprendía su lógica y todavía la comprendo más ahora, en retrospectiva, pero en aquel momento me dolió una barbaridad.

Incluso hoy día cuento las horas que paso lejos de mis hijos y me siento triste cuando me pierdo una cena o una velada con ellos. ¿Realmente tenía que hacer este viaje? ¿Era esta conferencia realmente tan importante para Facebook? ¿Era esta reunión realmente necesaria? Lejos de preocuparse por las noches que se ve obligado a ausentarse de casa, Dave piensa que somos héroes por poder estar en casa a la hora de la cena con la frecuencia con la que lo hacemos. Nuestros puntos de vida diferentes parecen indisolublemente unidos a nuestro género. En comparación con sus compañeros, Dave es un padre excepcionalmente devoto, pero, en comparación con mis compañeras, yo paso mucho más tiempo lejos de mis hijos. Un estudio que llevó a cabo entrevistas que trataban a fondo madres y padres de familias en las que ambos trabajaban fuera del hogar reveló reacciones similares a la nuestra. Las madres sentían una profunda culpa por lo que sus trabajos les estaban haciendo a sus familias, pero los padres no.[208] Como ha señalado Marie Wilson, fundadora del White House Project, «una mujer sin culpa es el equivalente de un hombre».[209]

Soy consciente de la cantidad de tiempo que fácilmente puedo pasar dando vueltas en mi cabeza a lo que no estoy haciendo; como muchas mujeres, se me da de perlas autoflagelarme. E incluso con mi amplio sistema de apoyo muchas veces siento que se tira de mí en demasiadas direcciones a la vez. Pero cuando me recreo menos en los conflictos y los compromisos y me centro más en dedicarme por entero a las tareas que me corresponden en ese momento, recupero el norte y me siento satisfecha. Adoro mi empleo y me encanta la gente brillante y fascinante con la que trabajo. También adoro el tiempo que paso con mis hijos. Para mí, un día perfecto es cuando llego a casa después de dejar atrás la locura de la oficina, ceno con mi familia y después me siento en la mecedora que hay en un rincón de la habitación de mi hija con mis dos niños sobre el regazo. Nos mecemos y leemos juntos, y aquel se convierte en un tranquilo (vale, no siempre tranquilo) momento de felicidad al final del día. Ellos se adentran lentamente en el sueño y yo lentamente (está bien, a toda velocidad) vuelvo a mi ordenador portátil.

También resulta divertido cuando mis dos mundos entran en colisión. Hubo una época en que Mark organizaba los lunes por la noche sesiones de organización estratégica. Dado que yo no iba a estar en casa para la hora de la cena, mis hijos venían a la oficina. Facebook es increíblemente respetuoso con las familias y mis hijos estaban encantados, fascinados por la pizza, las interminables chuches y la enorme montaña de piezas de Lego que los ingenieros amablemente comparten con los visitantes más jóvenes. Me sentía feliz de que mis hijos conocieran a mis colegas y de que mis colegas conocieran a mis hijos. Mark enseñó a mi hijo a luchar con la espada, de modo que a veces practicaban con floretes imaginarios, lo cual resultaba encantador. Mark también enseñó a mis dos hijos varias bromas de oficina, lo cual resultaba un poquito menos encantador.

Jamás afirmaría que soy capaz de encontrar serenidad o de concentrarme totalmente en todo momento. Me encuentro a años luz de conseguirlo. Pero cuando recuerdo que nadie puede hacerlo todo e identifico mis auténticas prioridades en casa y en el trabajo, me siento mejor y soy más productiva en la oficina (y probablemente también soy mejor madre). El escrito de Jennifer Aaker, profesora de Stanford, muestra que establecer metas alcanzables resulta fundamental para obtener la felicidad.[210] En lugar de la perfección, deberíamos tratar de alcanzar aquello que nos resulte sostenible y satisfactorio. La pregunta adecuada no es «¿Puedo hacerlo todo?», sino «¿Puedo hacer aquello que es más importante para mí y mi familia?». El objetivo es tener hijos que sean felices y capaces de crecer bien y desarrollarse. Llevar una camiseta verde el día de San Patricio es meramente opcional.

Si yo tuviera que elegir una definición de lo que es el éxito, sería que el éxito consiste en tomar las mejores decisiones que podemos... y aceptarlas. La periodista Mary Curtis sugirió en *The Washington Post* que el mejor consejo que alguien puede ofrecer es «que tanto hombres como mujeres dejen atrás el sentimiento de culpa sin perder ni un minuto. El secreto es que no hay secreto: simplemente hacer lo mejor que se pueda con lo que se tiene».[211]

En diciembre de 2010 me encontraba junto a Pat Mitchell esperando a salir al estrado a ofrecer mi TEDTalk. El día anterior había dejado a mi hija en su clase de preescolar y le había explicado que me iba de viaje a la Costa Este, de modo que no la vería aquella noche. Ella se aferró a mi pierna y me rogó que no me fuera. No fui capaz de librarme de aquella imagen y, en el último minuto, le pregunté a Pat si debería añadirla a mi discurso. «Por supuesto, cuenta esa historia —me dijo Pat—. Hay otras mujeres pasando por lo mismo y tú podrás ayudarlas si eres sincera y explicas lo difícil que te resulta todo esto a ti también.»

Respiré hondo y subí al estrado. Traté de ser auténtica y compartí mi verdad. Anuncié a la sala —y básicamente a todo el mundo en internet— que ni por asomo consigo hacerlo todo. Y Pat tenía razón, me sentí realmente bien no solo al admitirlo para mí misma, sino al compartirlo con los demás.

10

Empecemos a hablar de ello

A veces me pregunto cómo sería pasar por la vida sin ser etiquetada por las de mi sexo. Yo no me levanto por la mañana pensando «¿Qué voy a hacer hoy como mujer directora de operaciones de Facebook que soy?», pero a menudo así es como otras personas creen que actúo. Cuando la gente habla de una mujer que es piloto de aviación, ingeniera o corredora de fórmula 1, la palabra «mujer» implica cierto grado de sorpresa. Los hombres inmersos en el mundo laboral rara vez son contemplados a través de esta misma lente del género. Si buscas en Google «director general masculino de Facebook» obtendrás el siguiente mensaje: «No se encontraron resultados».

Como observó Gloria Steinem: «Aquel que tiene el poder se hace dueño del sustantivo —y la norma— mientras que el menos poderoso consigue un adjetivo».[212] Dado que nadie desea ser considerado como menos poderoso, muchas mujeres rechazan la identificación por géneros e insisten: «No me considero una mujer; me veo a mí misma como novelista/atleta/profesional/... rellenar espacio en blanco». Y tienen razón, nadie desea que sus logros se modifiquen. Todos queremos ser el sustantivo. Aun así, el mundo tiene una forma de recordar a las mujeres que son mujeres y a las chicas que son chicas.

Entre mi primer y mi último año de instituto, trabajé como asistente del congresista de mi ciudad, William Lehman, en Washington, D. C. El portavoz de la cámara en aquel momento era el legendario representante de Massachusetts Tip O'Neill, de modo que el congresista Lehman prometió presentármelo antes de que acabara el verano. Pero a medida que pasaban los días, aquello no sucedía. Nunca sucedía. Entones, el último día de la sesión, cumplió su promesa. En el pasillo situado en la planta de la Cámara, me llevó aparte para presentarme al portavoz O'Neill. Yo estaba muy nerviosa, pero el congresista Lehman me tranquilizó al presentármelo de la forma más amable posible, diciendo a O'Neill que yo había trabajado mucho todo el verano. El portavoz me miró y a continuación extendió su mano y me dio unos golpecitos en la cabeza. Se volvió hacia el congresista y le dijo: «Es mona». Después volvió a fijarse en mí y me hizo una sola pregunta: «¿Eres animadora?».

Me quedé destrozada. En retrospectiva, sé que dijo aquello con la intención de adularme, pero en aquel momento me sentí muy ofendida. Quería que se me reconociera por el trabajo que había hecho y reaccioné a la defensiva. «No —le respondí—. Estudio demasiado para eso.» Y a continuación me invadió una oleada de terror por haber levantado la voz al que era número tres en la sucesión a la presidencia. Pero nadie pareció percatarse de mi brusca y poco inteligente respuesta. El portavoz se limitó a darme unos golpecitos en la cabeza —¡otra vez!— y se alejó. Mi congresista sonreía complacido.

A pesar de ser solo una adolescente, a mí aquel sexismo me parecía del todo obsoleto. El portavoz había nacido en 1912, ocho años antes de que las mujeres lograran tener derecho a votar, pero para cuando yo le conocí en los pasillos del Congreso, la sociedad había evolucionado (en gran parte). Resultaba obvio que una mujer podía hacer cualquier cosa que pudiera hacer un hombre. Mi infancia estuvo plagada de mujeres que ocupaban determinados puestos por primera vez: Golda Meir se convertía en presidente de Israel, Geraldine Ferraro era elegida por Mondale para ser candidata a la vicepresidencia de Estados Unidos, Sandra Day O'Connor fue la primera mujer en el Tribunal Supremo y Sally Ride la primera mujer en ir al espacio.

Con aquellos grandes avances, yo llegué a la universidad convencida de que las feministas de los años sesenta y setenta habían hecho todo el trabajo duro de lograr la igualdad para mi generación. Pero aun así, si alguien me hubiera llamado feminista, yo le habría corregido rápidamente. Esta reacción sigue prevaleciendo incluso hoy día, de acuerdo con la socióloga Marianne Cooper (que también ha contribuido a este libro con su extraordinaria ayuda en la investigación). En su artículo de 2011 «The New F-Word», Marianne escribió acerca de la profesora Michele Elam que enseñaba inglés en la universidad y que hizo una observación ciertamente extraña durante su curso de Introducción a los Estudios Feministas. A pesar de que sus estudiantes estaban suficientemente interesadas en la igualdad de género para asistir a una clase sobre este tema, muy pocas «se sentían cómodas utilizando la palabra feminismo» y todavía «menos se identificaban a sí mismas como feministas». Tal y como indicó la profesora Elam, parecía como si «que te llamaran feminista fuera equivalente a que lanzaran un insulto horripilante».[213]

Suena como un chiste: ¿te sabes el de la mujer que asiste a una clase de estudios feministas y se enfada cuando alguien la llama feminista? Pero cuando estaba en la universidad, yo misma protagonicé la misma contradicción. Por un lado, fundé un grupo para animar a que más mujeres se especializaran en economía y estudios políticos y, por otro, habría negado categóricamente ser feminista en modo alguno. Ninguna de mis amigas de la universidad tampoco se consideraba feminista. Me entristece admitir que no vimos la repercusión negativa que aquello tenía sobre las mujeres que nos rodeaban.[214] Nos limitábamos a aceptar la caricatura negativa de una feminista que quema un sujetador, carece de todo sentido del humor y odia a los hombres. No era alguien que nosotras quisiéramos emular, en parte porque parecía imposible que ningún chico quisiera salir con ella. Es horrible, lo sé... la triste ironía de rechazar el feminismo para conseguir la atención y la aprobación de los chicos. En nuestra defensa diré que mis amigas y yo creíamos realmente —y bastante ingenuamente— que el mundo ya no necesitaba al feminismo. Creíamos, equivocadamente, que ya no quedaba nada por lo que luchar.

Y mantuve aquella actitud cuando me incorporé al mundo laboral. Me imaginaba que, si seguía existiendo el sexismo, yo sería capaz de demostrar que era injusto. Yo haría mi trabajo y lo haría bien. Lo que yo no sabía entonces es que ignorar el problema es una técnica clásica de supervivencia. Dentro de las instituciones tradicionales, el éxito con frecuencia dependía de que las mujeres no se atrevieran a hablar de ello y se amoldaran, o, dicho de forma más coloquial, fueran «uno más entre los muchachos». Las primeras mujeres que entraron en el mundo empresarial llevaban trajes masculinos con camisas abotonadas hasta arriba. Una veterana ejecutiva del mundo de la banca me contó que llevó el pelo recogido en un moño durante diez años porque no quería que nadie percibiera que era una mujer. Aunque los estilos en la forma de vestir se han relajado, las mujeres siguen preocupándose demasiado por no desentonar. Conozco a una ingeniera que trabaja en una empresa tecnológica de reciente fundación que se quita los pendientes antes de ir a trabajar para que sus colegas no recuerden que —¡chitón!— no es un hombre.

Muy al principio de mi carrera profesional, mi sexo rara vez salía a relucir (excepto cuando algún cliente ocasionalmente me quería emparejar con su hijo). Los trajes masculinos ya no estaban de moda y yo ni ocultaba ni resaltaba mi feminidad. Nunca he sido subordinada directa de una mujer, ni una sola vez en toda mi carrera. Había mujeres de alto nivel en los lugares donde yo trabajaba, pero no teníamos una relación lo bastante cercana en el plano laboral para ver cómo lidiaban con este problema en su día a día. Nunca se me invitó a asistir a una reunión en la que se hablara de los roles de género y, que yo recuerde, no había ningún programa especial para las mujeres. Todo parecía perfecto. Estábamos encajando y no había motivo alguno para llamar la atención sobre nosotras mismas.

Pero aunque las diferencias entre géneros no se percibían abiertamente, seguían acechando bajo la superficie. Empecé a ver diferencias en la actitud hacia las mujeres, empecé a ver con cuánta frecuencia se juzgaba a las empleadas no por su rendimiento objetivo sino por el subjetivo estándar que marcaba su capacidad de encajar. Dado que la salida estival de McKinsey era un viaje para pescar en alta mar y la mayoría de los almuerzos de empresa finalizaban bebiendo whisky y fumando puros, a veces me resultaba difícil aprobar el test de «adecuación». Una noche, animada por mis compañeros masculinos, me fumé un puro... me convertí en uno más de los muchachos, excepto por el hecho de que fumar me provocó náuseas y apesté a humo de puro durante varios días. Si aquello era adecuarse, prefería no hacerlo.

Otras personas también parecían percatarse de que yo no era uno de los muchachos. Cuando me designaron jefe de personal del Departamento del Tesoro en 1999, varias personas me comentaron: «El hecho de ser mujer debe de haber supuesto una ayuda». Era indignante. Quizá no tenían mala intención, pero la implicación estaba clara: no había conseguido el puesto debido a mis méritos. También me imaginé que, por cada persona que mencionaba mi «ventaja» de frente, probablemente habría una docena diciéndolo de forma menos amable a mis espaldas. Consideré mis posibles respuestas. Podía explicar que la última vez que lo había comprobado no encontré ninguna discriminación positiva hacia las mujeres en el Departamento del Tesoro. Podía mencionar que mis credenciales estaban a la misma altura que las de los hombres que habían desempeñado ese cargo antes que yo. Si tenía suficiente tiempo, podía repasar siglos de discriminación contra las mujeres. O simplemente podía propinar un buen bofetón en la cara a la persona que lo decía. Intenté todas aquellas opciones al menos una vez. Vale, lo del bofetón no, pero ninguna de las respuestas que probé funcionó.

Era una situación en la que resultaba imposible ganar. No podía negar que era una mujer, y aunque lo intentara, la gente seguiría dándose cuenta. Y el hecho de defenderme me hacía parecer... a la defensiva. Mi instinto y las señales que recibía por parte de los demás me indicaban que si comentaba el tema parecería una feminista chillona. Y sigo sin querer parecerlo. También me preocupaba que señalar las desventajas a las que se enfrentan las mujeres en el lugar de trabajo se malinterpretara y se viera como una queja por mi parte o como un deseo de recibir un tratamiento especial. De modo que ignoré los comentarios, bajé la cabeza y trabajé duro.

Después, con el transcurso de los años, empecé a ver cómo mis amigas y colegas abandonaban el mundo laboral. Algunas se iban por elección propia y otras a causa de la frustración, obligadas a tirar la toalla por empresas que no permitían la flexibilidad y recibidas en casa con los brazos abiertos por unas parejas que no hacían su parte de tareas del hogar y cuidado de los hijos que les correspondía. Otras permanecían en sus puestos, pero bajaban el listón de sus ambiciones para satisfacer unas exigencias excesivas. Fui testigo de cómo la promesa de liderazgo femenino que se había hecho a mi generación iba en descenso. Cuando ya llevaba varios años trabajando en Google, me di cuenta de que el problema no iba a desaparecer, de modo que, aunque la idea me seguía asustando, decidí que era el momento de dejar de bajar la cabeza y comenzar a decir lo que pensaba.

Por fortuna, no estaba sola. En 2005, mis compañeras Susan Wojcicki y Marissa Mayer se dieron cuenta a la vez que yo de que los oradores que aparecían por el campus de Google eran fascinantes, muy insignes y casi siempre hombres. En consecuencia, fundamos Women@Google y pusimos en marcha una nueva serie de conferencias cuyo punto de partida fue invitar a Gloria Steinem y a Jane Fonda, que estaban a punto de lanzar el Women's Media Center. Como antigua instructora de aerobic, yo estaba emocionada por conocer a Jane Fonda (y no dejé de meter la barriga en todo el tiempo que estuve con ella). Por lo que yo sabía acerca del movimiento a favor de los derechos de la mujer, esperaba que Gloria Steinem fuera formidable y brillante, y así resultó ser. Pero también era encantadora, divertida y cálida... una imagen diametralmente opuesta a la idea infantil que yo me había hecho de la feminista sin sentido del humor.

Tras el evento de Women@Google, Gloria me invitó a hablar en el Women's Media Center de Nueva York. Yo acepté sin dudar. La víspera de la charla, me dirigí al aeropuerto con Kim Malone Scott, que dirigía los equipos editoriales de Google. Kim es una escritora de gran experiencia, de modo que imaginé que me ayudaría a escribir mi discurso durante el largo vuelo. Para cuando había revisado todos mis mensajes de correo electrónico pendientes, ya casi era medianoche. Me volví hacia Kim para pedirle ayuda y vi que se había quedado dormida. Mucho antes de que Facebook popularizara esa práctica, pensé en darle un toque, pero no podía soportar la idea de despertarla. Mirando fijamente a la pantalla en blanco de mi ordenador, no tenía ni idea de por dónde empezar; nunca antes había hablado en público acerca de ser mujer. Ni una sola vez. No tenía puntos de discusión ni notas a las que recurrir, pero entonces me di cuenta de lo llamativo que era eso mismo... y de que en realidad tenía mucho que decir.

Empecé mi discurso al día siguiente explicando que, en el mundo de los negocios, se nos enseña a encajar, pero que estaba empezando a pensar que quizá ese no era el método adecuado. Dije en voz alta que existen diferencias entre los hombres y las mujeres tanto en su comportamiento como en la forma en que los demás perciben su comportamiento. Admití que yo era testigo de cómo esta dinámica era la habitual en el mundo laboral y que, a fin de solucionar los problemas, las mujeres necesitábamos ser capaces de hablar sobre las diferencias de género sin que la gente pensara que estábamos lloriqueando para pedir ayuda, solicitando un tratamiento especial o a punto de demandar a alguien. Aquel día salieron muchas cosas de mí que había estado guardando durante mucho tiempo. Después regresé al norte de California y dejé aquella conversación en espera.

Durante los cuatro años siguientes, di dos charlas sobre las mujeres en el mundo laboral, ambas realizadas a puerta cerrada y frente grupos formados exclusivamente por mujeres profesionales en la cercana Stanford. Después, cierto día, Pat Mitchell me llamó para decirme que iba a lanzar TEDWomen y me invitó a hablar de las redes sociales. Le dije que tenía otro tema en mente y empecé a redactar una charla sobre cómo pueden las mujeres lograr el éxito en el mercado laboral (una charla que más tarde TED denominó «Por qué hay tan pocas mujeres líderes»). Pronto empecé a emocionarme y, también muy pronto, me di cuenta de que nadie más compartía mi emoción. Mis amigos y compañeros —tanto hombres como mujeres— me advirtieron de que pronunciar esa conferencia dañaría mi carrera ya que de inmediato me encasillaría como una directora de operaciones mujer y no como una auténtica ejecutiva de negocios. En otras palabras, no encajaría.

Me preocupaba que tuvieran razón. Hablar en el TED iba a ser diferente a todo lo que había hecho anteriormente. Aunque me estaría dirigiendo a una audiencia comprensiva, la charla se publicaría en la web, donde cualquiera podría verla, juzgarla y criticarla.

Dentro de Facebook, muy pocas personas se fijaron en mi TED-Talk y la respuesta de quienes lo hicieron fue bastante positiva, pero fuera de Facebook las críticas empezaron a llover. Uno de mis colegas en el Departamento del Tesoro me llamó para decirme que «otras personas» —él no, por supuesto— se preguntaban por qué daba más conferencias sobre los problemas de las mujeres que sobre Facebook. Llevaba dos años y medio en la empresa, durante los cuales había dado innumerables conferencias sobre la reconstrucción del marketing en torno a las redes sociales y tan solo un discurso sobre las diferencias de género. Otra persona me preguntó: «¿Así que a esto te dedicas ahora?».

En aquel momento yo no supe qué responder, pero ahora diría que sí. Empecé a «dedicarme a esto» porque necesitamos alterar el statu quo existente. Quizá todo lo que podían hacer las primeras generaciones de mujeres que se incorporaron al mundo de los negocios era permanecer calladas y tratar de adecuarse; en algunos casos es posible que siga siendo el camino más seguro. Pero esta estrategia no comporta ningún beneficio para las mujeres como grupo. En lugar de ello, necesitamos alzar la voz, identificar las barreras que impiden el avance de las mujeres y encontrar soluciones.

La respuesta a mi TEDTalk me mostró que hablar sobre estos temas de forma abierta puede marcar la diferencia. Las mujeres compartieron el vídeo de la conferencia con sus amigas, colegas, hijas y hermanas. Empecé a recibir mensajes de correo electrónico y cartas de mujeres de todo el mundo que deseaban compartir su propia historia, de cómo habían conseguido reunir el valor para tratar de alcanzar más oportunidades, sentarse a más mesas y creer más en sí mismas.

Una de mis cartas favoritas me la envió Sabeen Virani, una consultora de Dubái que era la única mujer en una oficina en la que trabajaban más de trescientos empleados. Respondió a mi historia sobre el ejecutivo que no sabía indicarme dónde estaba el lavabo de señoras porque, tal y como ella me explicó, en su lugar de trabajo el lavabo para mujeres ni siquiera existía. Sabeen me describió cómo durante su primera semana en el proyecto el cliente invitó a cenar a todo su equipo, pero ella no pudo asistir porque el restaurante no permitía la entrada a mujeres. El problema ya no era que no pudiera sentarse a la mesa... ¡es que ni siquiera podía entrar en el restaurante! Algunos de los hombres de su entorno laboral se mostraban abiertamente hostiles hacia Sabeen, otros sencillamente la ignoraban. Pero en lugar de tirar la toalla y solicitar el traslado a una oficina más amigable, decidió que podía demostrar a todos que las mujeres son profesionales competentes. Al final terminó por ganarse a sus compañeros y el cliente convirtió uno de los baños en un lavabo para mujeres solo para ella. Me envió una foto suya de pie frente a una puerta con una señal pintada que decía de forma sencilla y potente: «Lavabos solo para mujeres».

También resultó enormemente gratificante que los hombres reaccionaran a la charla de forma positiva. El doctor John Probasco, de la facultad de medicina de la Universidad Johns Hopkins, me dijo que mi historia que narraba que las mujeres eran más reticentes a levantar la mano le pareció real como la vida misma, de modo que decidió abandonar el antiguo sistema de levantar la mano durante las visitas hospitalarias. En lugar de hacerlo así, empezó a preguntar las respuestas a hombres y mujeres por igual. Rápidamente se dio cuenta de que las mujeres conocían las respuestas igual de bien —o incluso mejor— que los hombres. En un solo día consiguió aumentar la participación de las mujeres. Efectuando un pequeño cambio en su comportamiento, cambió una dinámica mucho mayor.

Los cambios más importantes pueden ser consecuencia de este tipo de «técnicas sutiles», de pequeñas intervenciones que animan a la gente a comportarse de forma ligeramente diferente en los momentos más cruciales.[215] El simple acto de hablar abiertamente de los patrones de comportamiento hace que el subconsciente se vuelva consciente. Por ejemplo, Google cuenta con un sistema poco usual según el cual los ingenieros se autonominan para los ascensos, pero la empresa se dio cuenta de que los hombres se autonominaban con más rapidez que las mujeres. El equipo de dirección de Google compartió este dato abiertamente con las empleadas y, como consecuencia, la proporción de autonominaciones por parte de las mujeres aumentó significativamente, alcanzando el mismo índice que las de los hombres.

Todas aquellas respuestas frente a mi TED me convencieron de que debía seguir hablando y animando a los demás a hacer lo mismo. Es fundamental acabar con el bloqueo. Hablar puede transformar las mentes, que pueden transformar los comportamientos que pueden a su vez transformar las instituciones.

Sé que no es fácil. Cualquiera que saque el tema de las diferencias de género en el lugar de trabajo se adentra en aguas profundas y pantanosas. El tema en sí supone una paradoja, que nos obliga a reconocer la diferencia mientras tratamos de alcanzar el objetivo de ser tratados por igual. Las mujeres, especialmente aquellas que tienen cargos de menor responsabilidad, temen que si sacan a relucir los problemas de diferencias entre sexos parecerá que son poco profesionales o que están culpando a los demás de sus problemas. He oído a algunas mujeres descargar su frustración por ser minusvaloradas e incluso humilladas todos los días en el trabajo. Cuando les pregunto si han comentado alguna de esas quejas a sus superiores, siempre responden: «¡Ni hablar! ¡No podría hacerlo!». Existe un miedo tremendo a que hablar del tema empeore la situación o incluso dé como resultado una penalización o el despido. Parece más seguro soportar la injusticia.

Para los hombres, sacar este tema puede ser incluso más difícil. Un amigo mío que dirige una organización de gran envergadura me confió en cierta ocasión: «Resulta más fácil hablar sobre tu vida sexual en público que hablar de las diferencias de género». El hecho de que él mismo hablara confidencialmente sobre el tema demuestra que hablaba en serio. Vittorio Colao, director general de Vodafone, me contó que mostró mi TEDTalk a su equipo de dirección de mayor nivel porque comparte mi creencia de que las mujeres en ocasiones se autolimitan. También creía que es mucho más fácil oír este mensaje de boca de una mujer que de un hombre. No le falta razón: si un hombre hubiera transmitido el mismo mensaje o señalado incluso con delicadeza que quizá las mujeres estén haciendo cosas que limitan sus propias opciones, todo el mundo se le habría echado encima.

Impedir el diálogo supone una derrota personal e impide el progreso. Necesitamos hablar y escuchar y debatir y refutar y enseñar y aprender y evolucionar. Y dado que la mayoría de los ejecutivos son hombres, necesitamos que se sientan cómodos hablando de estos temas directamente con sus empleadas. Cuando una mujer se sienta en un rincón de la habitación, es necesario que haya un hombre capaz de indicarle que debe sentarse a la mesa y explicarle por qué, de modo que ella misma se siente directamente a la mesa la próxima vez.

Ken Chenault, director general de American Express, es un auténtico líder en este frente. Ken reconoce abiertamente que, en las reuniones, tanto hombres como mujeres tienden más a interrumpir a una mujer y a atribuir a un hombre el mérito de una idea que en primer lugar ha sido propuesta por una mujer. Cuando es testigo de alguno de estos comportamientos, detiene la reunión para señalarlo. Al ser una observación que procede de arriba, los empleados se lo piensan dos veces antes de volver a hacerlo. Las mujeres u hombres de rango inferior también pueden intervenir en una situación en la que se interrumpe a una compañera. Están facultados para decir al grupo de forma amable pero firme: «Antes de seguir adelante, me gustaría oír lo que [la mujer de mayor rango] tenía que decir». Esta acción no solo beneficia a la mujer de mayor rango, sino que también puede elevar el concepto que se tiene de la persona de menor rango, dado que hablar para defender a otra persona demuestra tanto seguridad como espíritu de comunidad. La persona de rango inferior se muestra como alguien competente y además agradable.

En Facebook, yo enseño a los directivos a animar a las mujeres a hablar sobre sus planes de tener niños y a ayudarlas a continuar tratando de alcanzar oportunidades. Ofrezco a los hombres la opción de citarme a mí si no les parece correcto que esas palabras salgan de boca de un hombre. Aun así, este sistema parece más bien un parche y no se traslada a otras empresas. Sería preferible que todo el mundo tuviera permiso para hablar de este tema tanto públicamente como a puerta cerrada.

El hecho de que mucha gente crea que el lugar de trabajo es en gran medida una meritocracia supone un obstáculo, ya que esto significa que piensan que consideramos a los individuos y no a los grupos, y determinamos que las diferencias en los resultados deben basarse en el mérito y no en el género. Los hombres que han llegado a lo más alto a menudo desconocen los beneficios de los que disfrutan por el mero hecho de ser hombres y esto puede hacer que ignoren por completo las desventajas que implica ser mujer. Las mujeres de rangos inferiores también creen que los hombres que ocupan los puestos de mayor rango tienen derecho a estar ahí, de modo que tratan de aceptar las reglas del juego y trabajan más duramente para avanzar en lugar de hacer preguntas o verbalizar sus preocupaciones acerca de la posibilidad de que exista cierta discriminación. Como resultado, todo el mundo se convierte en cómplice de la perpetuación de un sistema injusto.

Al mismo tiempo, debemos tener cuidado de no introducir el tema del género en cada conversación. Conozco a un hombre que es director general de una empresa y está enormemente comprometido con el hecho de contratar y proporcionar ascensos a las mujeres. En cierta ocasión, cuando una empleada inició una negociación insistiendo en que debería ocupar un puesto superior y que no lo había conseguido simplemente por ser mujer, él inmediatamente se puso a la defensiva. Ella estaba contándole su verdad, pero en este caso su verdad era una acusación con implicaciones legales. Tan pronto como ella expuso la cuestión en aquellos términos, el director general no tuvo más remedio que detener su negociación amistosa y llamar al departamento de Recursos Humanos. Quizá habría sido mejor para ella explicar cómo estaba contribuyendo al éxito de la empresa y pedir el ascenso en primer lugar.

Incluso hoy en día, mencionar las diferencias de género en situaciones laborales con frecuencia hace que la gente se sienta visiblemente incómoda. Muchas instituciones han trabajado muy duro para sensibilizar a la gente con respecto a estos problemas, especialmente con respecto al acoso sexual, y eso dice mucho en su favor. Pero aunque los seminarios de recursos humanos pueden crear conciencia y ayudar a proteger a los empleados, también han elevado el espectro de la acción legal, lo cual puede establecer auténticas barreras para este tipo de conversaciones. Las leyes federales y estatales estadounidenses que están diseñadas para proteger a los empleados frente a la discriminación especifican únicamente que un empresario no puede tomar decisiones basándose en determinadas características protegidas como son el género, el embarazo o la edad. Pero las empresas normalmente llevan estas políticas un paso más allá y enseñan a los directivos a no preguntar nada que esté relacionado con estos temas. Cualquiera que haga con toda su buena intención una pregunta del estilo de «¿Estás casado/a?» o «¿Tienes hijos?» puede más tarde ser acusado de basarse en esta información para tomar una decisión sobre el empleado. Como resultado, cualquier directivo que trate de ayudar a una empleada señalando una diferencia de estilo provocada por el género podría ser acusado de discriminación por hacerlo.

La primera vez que pregunté a una candidata en una entrevista de trabajo si estaba considerando la posibilidad de tener hijos pronto, comprendí que al hacerlo podía ponerme en riesgo de ser objeto de una demanda a mí misma y a mi empresa. A diferencia de muchas mujeres, yo me encontraba en posición de evaluar ese riesgo y decidí asumirlo. Las leyes que protegen de la discriminación a las mujeres, a las minorías y a las personas con discapacidades, entre otros, son fundamentales, y yo no estoy sugiriendo que deban ser contravenidas. Pero también he presenciado en primera persona cómo pueden tener un efecto espantoso en una conversación, a veces incluso en detrimento de las personas que se supone deberían defender. Yo no tengo la solución a este dilema y dejaré que sean las políticas públicas y los expertos en leyes quienes lo solucionen. Lo que sí creo es que merece la pena dedicarle cierta atención para encontrar un modo de lidiar con estos temas de forma que se proteja a las personas pero sin impedir del todo que se hable de ellos.

La mayoría de las personas estará de acuerdo en que existe la discriminación de género... en los demás. Nosotros, sin embargo, jamás nos dejaremos influir por esas opiniones tan superficiales y poco ilustradas. Lo malo es que así es. Nuestras nociones preconcebidas sobre la masculinidad y la feminidad influyen en el modo en que interactuamos con nuestros colegas y en cómo los evaluamos en el lugar de trabajo. Un estudio llevado a cabo en 2012 descubrió que, al evaluar dos currículos idénticos pertenecientes a un estudiante hombre y a una estudiante mujer que aspiraban a un puesto de jefe de laboratorio, científicos de ambos sexos concedieron mayores calificaciones al candidato masculino. Aunque ambos estudiantes habían obtenido las mismas notas y contaban con la misma experiencia, los científicos consideraron a la estudiante femenina menos competente y le ofrecieron un salario inicial inferior y menos orientación.[216] Otros estudios realizados con candidatos a determinados trabajos, aspirantes a determinadas becas y músicos que solicitaban un puesto en una orquesta han llegado a la misma conclusión: la discriminación de género influye en el modo en que vemos el rendimiento y habitualmente eleva nuestra valoración de los hombres mientras reduce nuestra valoración de las mujeres.[217] Incluso hoy día, las evaluaciones que se realizan sin revelar el género de la persona evaluada siguen dando mejores resultados para las mujeres.[218] Lamentablemente, la mayoría de los trabajos requieren entrevistas cara a cara.

Todos nosotros, incluida yo misma, tenemos prejuicios, tanto si lo admitimos como si no. Y pensar que somos objetivos en realidad puede empeorar el problema, creando lo que los investigadores sociales denominan un «ángulo ciego de la discriminación». Este ángulo ciego hace que las personas se sientan demasiado seguras de su propia objetividad, de modo que no consiguen corregir sus prejuicios.[219] Al evaluar a candidatos masculinos y femeninos con una descripción idéntica para el puesto de jefe de policía, los entrevistadores que afirmaron ser más imparciales son los que en realidad mostraron más prejuicios a favor de los candidatos masculinos. Esto no solo es contraproducente sino también profundamente peligroso. Los evaluadores de ese mismo estudio en realidad cambiaron los criterios de contratación para dar ventaja a los varones. Cuando un candidato masculino poseía un historial académico muy bueno, aquella cualidad se consideraba crucial para el éxito de un jefe de policía, pero cuando un candidato masculino poseía un historial académico peor, la misma cualidad se consideraba menos importante. Ese favoritismo no se mostraba hacia las candidatas femeninas. Si acaso, sucedía lo contrario. Cuando una mujer tenía una capacidad, habilidad o conocimiento particulares, aquella cualidad tendía a considerarse menos importante. La indignante conclusión que se extrae de este estudio es que el «mérito» puede manipularse para justificar la discriminación.[220]

Los investigadores sociales descubren constantemente nuevos ejemplos de discriminación. En 2012, una serie de estudios comparaba a determinados hombres cuyos matrimonios eran más «modernos» (es decir, cuyas esposas trabajaban fuera de casa a tiempo completo) con hombres cuyos matrimonios eran más «tradicionales» (es decir, cuyas esposas trabajaban en casa). Los investigadores deseaban determinar si la situación en el hogar afectaba al comportamiento profesional de los hombres. La respuesta fue sí. En comparación con los hombres cuyos matrimonios eran más modernos, los hombres cuyos matrimonios eran más tradicionales consideraban menos favorable la presencia de la mujer en el mercado laboral. También negaban ascensos a empleadas cualificadas con mayor frecuencia y tendían más a pensar que las empresas con un porcentaje mayor de empleadas funcionaban peor. Los investigadores conjeturaron que los hombres cuyos matrimonios eran tradicionales no eran abiertamente hostiles hacia las mujeres, sino que eran más bien «sexistas benevolentes», es decir, que mantenían un concepto positivo, aunque obsoleto, de las mujeres[221] (otro término que he oído para denominar lo mismo es «misóginos amables»). Este tipo de hombres puede incluso creer que las mujeres tienen capacidades superiores en determinadas áreas como el razonamiento moral, lo que las hace más aptas para criar a los hijos… y quizá menos aptas para tener éxito en los negocios.[222] Con toda probabilidad, los hombres que comparten esta actitud no se dan cuenta hasta qué punto sus creencias conscientes o inconscientes resultan dañinas para sus colegas femeninas.

Otro tipo de prejuicio surge de nuestra tendencia a desear trabajar con personas que sean como nosotros.[223] Innovisor, una firma de consultoría, llevó a cabo una investigación en veintinueve países y descubrió que, cuando hombres y mujeres seleccionan a un colega con quien colaborar, ambos tendían significativamente a elegir a alguien de su mismo sexo.[224] Sin embargo, los grupos más diversos son los que suelen funcionar mejor.[225] Con esta información en la mano, los directivos deberían desempeñar un papel más activo a la hora de mezclar a las personas cuando se designan equipos. O, como mínimo, deberían señalar la existencia de esta tendencia para ofrecer a sus empleados una motivación que les impulse a cambiar las cosas.

Mi propio intento de señalar la existencia de discriminación de género me ha hecho pasar lo mío, más que otros. En el mejor de los casos, la gente está dispuesta a hacer autocrítica y a considerar sus ángulos ciegos; en el peor, se ponen a la defensiva y se enfadan. Un ejemplo común de discriminación aparece durante las evaluaciones de rendimiento. Cuando se somete a revisión a una mujer, el evaluador con frecuencia afirmará su preocupación de que «aunque es realmente buena en su trabajo, sus compañeros no terminan de apreciarla demasiado». Cuando oigo un lenguaje como ese, saco a colación el estudio Heidi/Howard y que el éxito y la simpatía tienen un vínculo negativo en el caso de las mujeres. Pido al evaluador que considere la posibilidad de que quizá esta mujer de éxito esté pagando una sanción por su género. Normalmente la gente encuentra el estudio creíble y asiente con la cabeza para mostrar su acuerdo, pero después se pone a la defensiva ante la sugerencia de que quizá esto esté influyendo en la reacción de su equipo de dirección. Defenderán su posición yendo más allá y aduciendo que no puede ser un problema relacionado con el género porque —¡ajá!— tanto hombres como mujeres tienen problemas con esa ejecutiva en particular. Pero el precio de sacrificar la simpatía por el éxito viene impuesto tanto por los hombres como por las mujeres. Las mujeres también perpetúan este tipo de discriminación.

Por supuesto, no todas las mujeres merecen la simpatía de los demás. Algunas mujeres resultan antipáticas por mostrar comportamientos que sería mejor que cambiaran. En un mundo perfecto, recibirían una valoración constructiva y la oportunidad de hacer esos cambios; a pesar de todo, llamar la atención sobre este tipo de prejuicio obliga a pensar si realmente es un problema auténtico o un problema de percepción. El objetivo consiste en conceder a las mujeres algo que los hombres tienden a recibir de forma automática: el beneficio de la duda.

A su vez, quizá las mujeres deseen conceder también a sus jefes el beneficio de la duda. Cynthia Hogan trabajaba como consejera jefe para el Comité Judicial del Senado, a las órdenes del que entonces era senador Joe Biden, antes de abandonar su puesto en 1996 tras el nacimiento de su primer hijo. Su plan era regresar al mundo laboral unos años más tarde, pero cuando nació su segundo hijo de forma prematura, sus planes cambiaron. Nada menos que doce años más tarde, el vicepresidente electo Biden llamó a Cynthia para pedirle que se uniera a su equipo en calidad de consejera legal principal de la Casa Blanca. «¡Mi primera reacción fue pensar que ya no tenía nada que ponerme que no fueran mis pantalones de yoga!», dijo Cynthia. Pero su mayor preocupación era si sería capaz de trabajar durante largas horas en la Casa Blanca y aun así seguir viendo a su familia. Lo expresó de una manera impecable: «Sabía que la posibilidad de que esto funcionara dependía de dos hombres, de modo que en primer lugar pregunté a mi marido si sería capaz de asumir más responsabilidades con los niños. Él me respondió "por supuesto, ahora te toca a ti", así que le dije al vicepresidente electo que deseaba poder cenar con mis hijos casi todas las noches. Y su respuesta fue: "Bueno, tienes teléfono y puedo llamarte si te necesito después de la hora de la cena"».[226]

Cynthia cree que la moraleja de su historia es «No temas preguntar», incluso aunque parezca algo imposible. El hecho de que le ofrecieran un trabajo de tan alto nivel, especialmente después de haber permanecido en casa durante tanto tiempo, suponía una gran oportunidad. Muchas mujeres lo habrían aceptado sin intentar siquiera conseguir que les concedieran el tiempo que necesitaban para sus familias, otras lo habrían rechazado, suponiendo que cenar en casa casi todas las noches no era algo negociable. Pero ser franca le brindó una oportunidad.

Todos los trabajos exigen algo de sacrificio. La clave está en evitar los sacrificios *innecesarios*. Esta labor resulta especialmente difícil ya que nuestra cultura del trabajo valora la dedicación absoluta. Nos preocupa que siquiera el mero hecho de mencionar otras prioridades nos convierta en empleados menos valiosos. Yo también me he enfrentado a eso. Como ya he descrito anteriormente, una vez que tuve hijos cambié mi horario laboral para estar en casa a la hora de la cena, pero no empecé a hablar de este cambio hasta hace relativamente poco. Y aunque la repercusión de que yo saliera pronto del trabajo fue casi imperceptible, *admitir* que me iba a casa a las cinco y media a mí me resultó realmente complicado.

La primera vez que hablé de mi horario de oficina fue durante el lanzamiento de Facebook Women, un grupo de investigación interno de la empresa. La reunión inicial, organizada por Lori Goler y Mike Schroepfer, jefe de ingeniería de Facebook, estaba abierta a todos los empleados, incluidos los hombres. Durante la ronda de preguntas, alguien me planteó la (inevitable) cuestión de cómo conseguía conciliar mi vida laboral y familiar. Entonces expliqué que salía del trabajo a una hora que me permitía cenar con mis hijos y luego volvía a conectarme en línea después de que los niños se fueran a la cama, y dije además que compartía esta información con todos porque deseaba animar a otras personas a que personalizaran su horario también. Aunque había planeado de antemano hablar de este tema, me sentía muy nerviosa. Años y años de condicionamiento me habían enseñado que nunca debía sugerir que estuviera haciendo nada que no fuera entregarme al cien por cien a mi trabajo. Me daba miedo pensar que alguien, aunque fueran personas que trabajaban para mí, pudiera dudar de mi diligencia o mi dedicación. Por fortuna, no fue así. Algunas personas de Facebook me agradecieron que lo hubiera mencionado, pero eso fue todo.

Algunos años más tarde, la productora Dyllan McGee me entrevistó para su serie de vídeos llamada *Makers*. Hablamos de una amplia variedad de temas, mi horario laboral incluido. El vídeo se publicó en la web y se convirtió al instante en objeto de un caldeado debate. Gracias a las redes sociales (lo cual me parece perfecto), todo el mundo tenía una opinión sobre el hecho de que yo saliera de la oficina a las cinco y media. Recibí flores con una nota anónima de agradecimiento. Mike Callahan, consejero general de Yahoo por aquel entonces, me dijo que varias de las mujeres de mayor rango de su departamento legal dijeron que mis declaraciones les habían llegado al alma y que iban a seguir mi ejemplo. El escritor Ken Auletta dijo que yo no podría haber conseguido más titulares aunque hubiera asesinado a alguien con un hacha. Me alegraba de haber sacado el tema a colación, sin embargo, toda la atención que acaparé me produjo la extraña sensación de que a alguien le iba a parecer fatal y me iba a despedir. Tenía que convencerme a mí misma de que aquello era absurdo. Aun así, aquel clamor me hizo darme cuenta de lo increíblemente difícil que habría sido para una persona que ocupara un puesto de menor rango solicitar ese horario o admitir que lo hacía. Todavía queda un largo camino hasta que la flexibilidad de horarios sea algo aceptado en la mayoría de los lugares de trabajo y eso solo sucederá si seguimos sacando el tema.

Puede que las conversaciones sean difíciles, pero los beneficios serán muchos. No podemos cambiar aquello de lo que no somos conscientes y, una vez que lo somos, no podemos evitar cambiarlo.

Incluso una institución ya muy establecida como la facultad de ciencias empresariales de Harvard (HBS, por sus siglas en inglés) puede evolucionar muy deprisa cuando los problemas se plantean de forma directa. Tradicionalmente, los estudiantes varones estadounidenses de la HBS han obtenido resultados académicos superiores a los de las mujeres y a los de los estudiantes de otros países. Cuando Nitin Nohria fue nombrado decano en 2010, se planteó como principal objetivo acabar con esa diferencia. Empezó nombrando a Youngme Moon vicedecana primera del programa del máster en administración de empresas, lo que la convirtió en la primera mujer que desempeñó aquel cargo en los más de cien años de historia de la institución. También creó un nuevo puesto para Robin Ely, una experta en género y diversidad.

La vicedecana Moon, a las órdenes de la profesora Frances Frei, pasó el primer año examinando rigurosamente el espíritu que imperaba en la escuela. Visitaron cada aula y hablaron con los alumnos acerca de los retos a los que se enfrentaban las mujeres y los estudiantes internacionales. Después utilizaron ese conocimiento para crear lo que el decano Nohria denomina «cierto nivel de conciencia». Sin realizar una reestructuración demasiado importante, emprendieron cambios menores, es decir, pequeños ajustes que los estudiantes podían llevar a cabo inmediatamente, como prestar más atención al lenguaje que utilizaban en clase. Establecieron una nueva definición comunitaria de liderazgo: «El liderazgo consiste en hacer que los demás sean mejores como resultado de tu presencia y asegurarse de que ese impacto perdura en tu ausencia». Hicieron responsables a los estudiantes de la repercusión que su comportamiento tenía en los demás. Quienes contravenían aquel principio o incluso quienes organizaban un evento en el que se obviaba aquel principio debían rendir cuentas. Durante el segundo año, la HBS introdujo proyectos por grupos para fomentar la colaboración entre compañeros de clase que de forma natural no habrían trabajado juntos. También añadieron un curso de un año de duración dirigido a fomentar los puntos fuertes de aquellos estudiantes que se sienten menos cómodos al participar en clases demasiado numerosas.

Para empezar, la diferencia entre los resultados había desaparecido prácticamente por completo. Hubo una representación proporcional de hombres, mujeres y estudiantes de otros países en los cuadros de honor. Y también se produjo otro beneficio adicional: aunque muchos lo consideraron sorprendente, la satisfacción general de los estudiantes aumentó, no solo en el caso de las mujeres y de los estudiantes de otros países, sino también en el caso de los estudiantes varones de origen estadounidense. Al crear un entorno más igualitario, todo el mundo estaba más contento. Y todo esto se consiguió en tan solo dos años.[227]

Los beneficios sociales nunca se ofrecen en bandeja; hay que luchar por ellos. Las líderes del movimiento feminista —desde Susan B. Anthony hasta Jane Addams pasando por Alice Paul, Bella Abzug, Flo Kennedy y tantas otras— elevaron la voz con valentía para reclamar los derechos que tenemos ahora. Su coraje cambió nuestra cultura y nuestras leyes para beneficio de todos. Cuando miro atrás, me doy cuenta de que no tenía sentido que mis amigas de la universidad y yo nos distanciáramos tanto de los logros que tanto sufrimiento costó a las primeras feministas. Deberíamos haber celebrado sus esfuerzos pero, en lugar de hacerlo, bajamos la voz pensando que la batalla había terminado y con aquella reticencia acabamos perjudicándonos a nosotras mismas.

Ahora puedo llamarme a mí misma feminista con orgullo. Si Tip O'Neill siguiera vivo, quizá incluso le diría que soy una animadora... pero del feminismo. Espero que haya más mujeres y hombres que se unan a mí y acepten esta distinguida etiqueta. Actualmente, solo el 24 por ciento de las mujeres estadounidenses afirman considerarse feministas. Sin embargo, cuando se les ofrece una definición más específica que lo que es el feminismo —«Una feminista es una persona que cree en la igualdad social, política y económica entre sexos»—, el número de mujeres que están de acuerdo asciende hasta el 65 por ciento.[228] Eso supone un enorme paso en la dirección adecuada.

La semántica puede ser importante, pero no creo que el progreso active nuestra buena disposición para aplicarnos una etiqueta a nosotros mismos; lo que creo es que el progreso activa nuestra buena disposición para hablar en público sobre la repercusión que tiene el género en cada uno de nosotros. Ya no podemos fingir que no existe la discriminación, ni podemos evitar sacarla a colación en la conversación. Y, tal y como ha demostrado la facultad de ciencias empresariales de Harvard, el hecho de crear un ambiente más igualitario no solo traerá como resultado un mejor rendimiento de nuestras organizaciones, sino con toda probabilidad también una mayor felicidad para todos.

11

Trabajar juntos hacia la igualdad

Empecé este libro reconociendo que las mujeres del mundo desarrollado están mejor que nunca, pero el objetivo de la auténtica igualdad sigue sin alcanzarse. Así pues, ¿cómo podemos seguir avanzando? En primer lugar, debemos admitir que la auténtica igualdad debería haberse alcanzado hace mucho tiempo y decidir que solo la lograremos cuando haya más mujeres que ocupen los puestos más destacados de todos los gobiernos y de todos los sectores de la industria. Y después, hacer el duro trabajo de llegar hasta dicho objetivo. Todos nosotros —hombres y mujeres por igual— debemos comprender y reconocer el modo en que los estereotipos y los prejuicios nublan nuestras creencias y perpetúan el statu quo existente. En lugar de ignorar nuestras diferencias, necesitamos aceptarlas y superarlas.

Durante décadas nos hemos centrado en ofrecer a las mujeres la opción de trabajar dentro o fuera de casa. Hemos celebrado el hecho de que las mujeres tengan derecho a tomar esta decisión, y con toda la razón del mundo, pero debemos preguntarnos a nosotros mismos si al centrarnos tanto en apoyar las opciones personales no estamos descuidando a las mujeres a aspirar al liderazgo. Es el momento de animar a las muchachas y a las mujeres que desean sentarse a la mesa, buscar retos e ir adelante en sus carreras profesionales.

Hoy día, a pesar de todos los avances que hemos hecho, ni los hombres ni las mujeres contamos con una verdadera posibilidad de elegir. Hasta que las mujeres no trabajen con empresarios y colegas que las apoyen y no convivan con compañeros que compartan las responsabilidades familiares, no tendrán una verdadera posibilidad de elegir. Y hasta que los hombre no sean del todo respetados por contribuir dentro del hogar, tampoco tendrán una verdadera opción de elegir. La igualdad de oportunidades no será equitativa hasta que todo el mundo reciba el apoyo necesario para poder aprovechar las oportunidades que se presenten. Solo entonces hombres y mujeres podrán alcanzar todo su potencial.[229]

Nada de esto será alcanzable a menos que persigamos juntos los mismos objetivos. Es necesario que los hombres brinden su apoyo a las mujeres y, ojalá no hiciera falta decirlo, es preciso que las mujeres también brinden su apoyo a otras mujeres. La profesora de Stanford Deborah Gruenfeld lo explica en estos términos: «Necesitamos cuidar las unas de las otras, trabajar juntas y actuar más como un colectivo. Como individuos, contamos con un nivel relativamente bajo de poder, pero si trabajamos conjuntamente, somos el cincuenta por ciento de la población y, por lo tanto, tenemos auténtico poder».[230] Por muy obvio que esto pueda sonar, las mujeres no siempre han trabajado juntas en el pasado. De hecho, existen numerosos ejemplos bastante descorazonadores en los que las mujeres han hecho exactamente lo contrario.

Nosotras somos una nueva generación y necesitamos un enfoque diferente.

Durante el verano de 2012, mi antigua compañera de Google Marissa Mayer fue nombrada directora general de Yahoo. Al igual que muchas de sus amigas y también la junta directiva de Yahoo, yo sabía que se encontraba casi en su tercer trimestre de embarazo. Por supuesto, muchos hombres aceptan puestos de gran relevancia cuando sus mujeres se encuentran a pocas semanas de dar a luz y nadie considera que eso sea un problema, pero el estado de Marissa no tardó en acaparar los titulares de las noticias. Fue bautizada como la primera embarazada directora general de una empresa que figuraba en la lista Fortune 500. Las feministas la vitorearon. Y entonces Marissa hizo público lo siguiente: «Mi baja maternal durará unas cuantas semanas y durante todo ese tiempo seguiré trabajando».[231] Muchas feministas dejaron de vitorearla. Dado que acogerse a una baja maternal no resulta factible o deseable para todo el mundo, afirmaron que Marissa estaba perjudicando a la causa al establecer unas expectativas tan poco razonables.

De modo que, ¿suponía aquello un gran salto adelante para el colectivo de las mujeres y un pequeño pasito hacia atrás? Por supuesto que no. Marissa se convirtió en la más joven directora general de una empresa que figuraba en la lista Fortune 500... estando embarazada. Decidió cómo deseaba gestionar su carrera profesional y su vida familiar y nunca afirmó que sus elecciones debieran aplicarse a ninguna otra persona. Si hubiera reducido a dos semanas la baja maternal en Yahoo para todas las empleadas, entonces la preocupación habría sido justificada. No lo hizo, pero aun así se la criticó desde todos los frentes. Incluso un miembro del Consejo Europeo ofreció su opinión.[232] Como cualquier persona, Marissa sabe mejor que nadie de qué es capaz dadas sus circunstancias particulares. Y tal y como lo expresó la periodista Kara Swisher, Marissa «tiene un marido que puede cuidar del niño, y nadie parece recordarlo».[233] Las mujeres que desean acogerse a una baja de dos semanas... o de dos días... o de dos años... o de veinte años merecen el apoyo de todos.

Como demuestra la experiencia de Marissa, las mujeres que están en posiciones de poder a menudo son sometidas a un escrutinio mayor. Dado que la inmensa mayoría de los líderes son hombres, no es posible generalizar a partir de ningún ejemplo en particular, pero el escaso número de líderes femeninas hace que una sola mujer sea considerada como la representante de todos los miembros de su género.[234] Y debido a que la gente suele restar importancia a las mujeres líderes y siente antipatía hacia ellas, con frecuencia estas generalizaciones son bastante negativas. Esto no solo resulta injusto para los individuos sino que refuerza el estigma de que las mujeres de éxito no despiertan simpatía en los demás. Un ejemplo perfecto y muy personal sucedió en mayo de 2012, cuando un bloguero de *Forbes* publicó un artículo titulado «Sheryl Sandberg es la chica del momento de Silicon Valley, tal y como lo fue en su día Kim Polese». Comenzó su comparación describiendo a Kim, una emprendedora del mundo de la tecnología que había iniciado su andadura mucho tiempo atrás, como una «lumbrera» de mediados de los noventa que jamás llegó a ganarse su éxito, sino que se limitó a «estar en el lugar adecuado en el momento adecuado [y era] joven, bonita y sabía hablar bien». Entonces el bloguero afirmaba: «Creo que Polese es un buen ejemplo aleccionador para... Sheryl Sandberg».[235] ¡Ay!

Kim y yo no nos conocíamos ni habíamos hablado antes de este incidente, pero ella nos defendió a ambas. En la respuesta que publicó, describía el momento en que leyó la publicación en el blog y cómo su «primera reacción fue pensar "qué triste"». Qué triste que, como sector de la industria y como sociedad no hayamos avanzado en las dos últimas décadas en lo que respecta a la opinión sobre las mujeres y el liderazgo. Al igual que muchos otros artículos, escritos sin ganas y basados en estereotipos, este tampoco recoge la verdad de los hechos». Tras corregir los errores y aportar los datos correctos, continuaba: «Las opiniones como esta son demasiado comunes y forman parte de un patrón dominante de comportamiento que menosprecia, degrada y margina a las mujeres como líderes».[236] Hubo tantos lectores que se unieron a ella y acusaron a la publicación de sexista que el bloguero publicó una disculpa y se retractó de lo dicho.[237]

Yo agradecí enormemente el apoyo de Kim. Cuantas más mujeres haya que se defiendan entre sí, mejor. Por desgracia, esto no siempre sucede así. Y parece suceder todavía menos cuando las mujeres expresan su posición sobre un tema relacionado con la discriminación sexual. Los ataques que sufrió Marissa por su baja maternal procedieron casi en su totalidad de otras mujeres. Y puedo asegurar que esta también ha sido mi experiencia. A todo el mundo le gustan las peleas... pero la gente realmente adora las peleas entre mujeres. Los medios de comunicación informan sin parar acerca de mujeres que atacan a otras mujeres y eso consigue desviar nuestra atención de los problemas reales. Cuando la línea de razonamiento se convierte en «ella dijo/ella dijo», todos salimos perdiendo.

Todos los movimientos sociales se ven obligados a luchar contra las desavenencias dentro de sus filas, en parte porque quienes defienden sus valores son muy apasionados y no suelen estar de acuerdo en todas las opiniones y soluciones. Tristemente famoso es el caso de Betty Friedan, que se negó a trabajar con Gloria Steinem, o incluso a estrechar su mano. Ambas hicieron muchísimo para avanzar en los derechos de las mujeres, pero ¿qué habría sucedido si hubieran sido capaces de trabajar juntas? ¿No habrían conseguido muchos más avances para la causa?

Existe un gran número de personas preocupadas profundamente por estos temas. Deberíamos ser capaces de resolver nuestras diferencias cuanto antes y, cuando no estemos de acuerdo, mantener la vista fija en los objetivos comunes. No estoy sugiriendo que haya menos debate, sino que el debate sea más constructivo. En el caso de Marissa, habría sido fantástico si la gente hubiera podido mantener en mente sus destacados logros: gracias a su nombramiento en un puesto de tanta relevancia, otras empresas quizá consideren contratar a mujeres embarazadas para ocupar puestos de responsabilidad y quizá las mujeres embarazadas se inclinen más a presentarse a ese tipo de puestos. Al desvalorizar los logros de Marissa, los ataques vertidos sobre ella nos desvalorizan a todas.

Resulta doloroso que uno de los obstáculos más importantes para que haya más mujeres en puestos de poder hayan sido precisamente las mujeres que ya están ocupando cargos de poder. Las mujeres de generaciones anteriores a la mía creían, en gran medida con razón, que ascender a los puestos más destacados de las empresas solo le estaba permitido a una única mujer. En la época de las falsas políticas de integración, las mujeres miraban a su alrededor en la sala de espera y, en lugar de unirse contra un sistema que era totalmente injusto, con frecuencia se veían como competidoras las unas a las otras. La ambición fomentaba la hostilidad y las mujeres terminaban siendo ignoradas, minusvaloradas y, en algunos casos, incluso saboteadas por otras mujeres.

En la década de 1970, este fenómeno era tan común que se empleaba el término «abeja reina» para describir a las mujeres que obtenían un puesto de liderazgo, especialmente en sectores de la industria dominados por hombres, y que empleaban su puesto para mantener a las demás «abejas obreras» (es decir, mujeres que también trabajaban en esa industria) en puestos de poca relevancia. Para algunas, se trataba meramente de instinto de autoprotección. Para otras, reflejaba alcanzar la mayoría de edad en una sociedad que creía que los hombres eran superiores a las mujeres. En este sentido, el comportamiento de la abeja reina no era solo un motivo de discriminación de género, sino también una consecuencia de dicha discriminación. Las abejas reinas tenían interiorizado el bajo estatus de las mujeres y, a fin de sentirse ellas mismas valiosas, únicamente deseaban asociarse con hombres. Con frecuencia, aquellas abejas reina eran recompensadas por mantener el statu quo y por no promover el ascenso de otras mujeres.[238]

Lamentablemente, esta actitud de «solo puede haber una» sigue vigente hoy día. Ya no tiene sentido que las mujeres pensemos que debemos competir entre nosotras, pero algunas lo siguen haciendo. En algunos casos, las mujeres cuestionan el nivel de compromiso con el trabajo, la audacia y la capacidad de liderazgo de sus colegas femeninas.[239] Un estudio descubrió que las profesoras creían que los estudiantes varones de doctorado estaban más comprometidos con su carrera laboral que las estudiantes, a pesar de que una encuesta realizada entre todos ellos reveló que no existía diferencia alguna entre géneros en el nivel de compromiso que afirmaban tener.[240] Otra investigación sugiere que, una vez que una mujer alcanza el éxito, especialmente en un contexto en el que existen prejuicios de género, su capacidad de ver la discriminación se reduce.[241]

Resulta desalentador pensar en una mujer impidiendo el avance de otra. Tal y como dijo en cierta ocasión la secretaria de Estado Madeleine Albright, «hay un lugar especial en el infierno para las mujeres que no ayudan a otras mujeres».[242] Y las consecuencias se extienden más allá del dolor individual. La visión negativa que tienen las mujeres de sus compañeras de trabajo a menudo se considera como una valoración objetiva, mucho más creíble que las opiniones de los hombres.[243] Cuando las mujeres verbalizan los prejuicios de género, los legitiman. Obviamente, una actitud negativa no puede estar basada en el género si procede de otra mujer, ¿verdad? Mentira. A menudo sin darse cuenta, las mujeres interiorizan actitudes culturales despreciativas y después las repiten. Como resultado, las mujeres no solo son víctimas del sexismo, sino que también pueden perpetrarlo.

Existe la esperanza de que esta actitud está a punto de cambiar. Una encuesta reciente reveló que «las mujeres con un elevado potencial» que trabajan en el mundo de los negocios desean «seguir adelante con la cadena de favores» y en un 73 por ciento han ofrecido su ayuda a otra mujer para que esta desarrollara sus talentos...[244] Casi todas las mujeres que he conocido profesionalmente se han saltado el guión para poder ayudar a otras personas. Cuando yo no era más que una humilde becaria que trabajaba durante un verano en McKinsey, conocí a Diana Farrell, una consultora del más elevado nivel, durante una conferencia para toda la empresa en Colorado. Diana acababa de dar una conferencia en un seminario al que yo había asistido y coincidimos más tarde —¿dónde si no?— en el aseo de señoras. Acabamos teniendo una charla que continuó más allá de los lavabos y ella llegó a ser una gran amiga y una excelente consejera para mí. Años más tarde, ella fue una de las pocas personas que me animaron a entrar en Google.

Cuantas más mujeres se ayuden entre sí, más nos ayudaremos a nosotras mismas. Actuar como una coalición realmente da resultado. En 2004, cuatro ejecutivas de Merrill Lynch comenzaron a comer juntas una vez al mes. Compartían sus logros y sus frustraciones, y ponían en común sus ideas sobre negocios. Después del almuerzo, todas ellas volvían a sus despachos y pregonaban los logros de las demás. No les estaba permitido alardear de ellas mismas, pero podían fácilmente hacerlo por sus colegas. Sus carreras prosperaron y todas y cada una de ellas alcanzaron puestos de directora ejecutiva.[245] La abeja reina fue desterrada y la colmena se hizo más fuerte.

Ya sé que no todas las mujeres consiguen encontrar este tipo de apoyo femenino tan positivo, pero aun así, aunque parezca extraño, con frecuencia lo esperamos. La mayoría de mujeres no supone que los hombres vayan a ofrecerles su ayuda, pero con las de nuestro propio género, suponemos que habrá una conexión. Imaginamos que las mujeres van a actuar como una comunidad y quizá lo hacemos partiendo de la base de nuestros propios prejuicios. Una vez en mi carrera profesional sentí que una mujer de rango superior me trataba mal. Se quejaba de mí y de mi equipo a mis espaldas pero nunca me habló de lo que le preocupaba en relación conmigo, ni siquiera cuando le pedí abiertamente que lo hiciera. Tras conocerla, tenía la esperanza de que se convirtiera en una aliada, pero resultó que no solo no quería ayudarme sino que además era rencorosa. Me sentí entonces decepcionada, pero también traicionada.

Sharon Meers me explicó que este sentimiento de traición era predecible. Tanto hombres como mujeres exigen, de hecho, más tiempo y más calidez a las mujeres en el lugar de trabajo. Esperamos que las mujeres sean más amables y nos enfadamos cuando no se ajustan a esta expectativa. «Creo que ahí radica gran parte de la queja que existe acerca de que las mujeres son "malvadas" con otras mujeres —me dijo Sharon—. Creo que todo se basa en el doble rasero con el que juzgamos a las mujeres en comparación con los hombres.»

Ahora reconozco que, si aquella mujer de alto rango hubiera sido un hombre y hubiera actuado del mismo modo, me habría sentido igualmente frustrada, pero no me lo habría tomado de un modo tan personal. Es hora de dejar de medir con el doble rasero. El género no debería ni aumentar ni excusar el trato grosero y humillante. Deberíamos esperar que todos, sin distinción de género, se comportaran de forma profesional e incluso con amabilidad.

Cualquier coalición de apoyo debe incluir también a los hombres, ya que a muchos de ellos les preocupa la desigualdad de géneros tanto como a las mujeres. En 2012, Kunal Modi, un estudiante de la Escuela Kennedy de Harvard, escribió un artículo en el que imploraba a los hombres que «masculinizaran los problemas que existen en la familia y el lugar de trabajo». Afirmaba que «por el buen funcionamiento de las corporaciones norteamericanas y por el bien del bolsillo de los accionistas, los hombres deben desempeñar un papel más activo a la hora de garantizar que se anima a los jóvenes trabajadores de más talento (con frecuencia mujeres...) a luchar por el avance de sus carreras. Así que me dirijo a los hombres: impliquémonos ya, y no de una forma paternalista que haga de esto un acto altruista marginal en nombre de nuestras madres, esposas e hijas, sino en nuestro propio nombre, en nombre de nuestras empresas y en nombre del futuro de nuestro país».[246]

Yo aplaudo el mensaje de Kunal, especialmente la parte en la que habla de adoptar un compromiso activo. Los hombres de todas las edades deben comprometerse a cambiar los índices de liderazgo. Pueden empezar buscando activamente candidatas cualificadas a quienes contratar y ascender. Y si no encuentran candidatas cualificadas, entonces necesitan invertir en más contratación, orientación y patrocinio de las mujeres para que estas puedan adquirir la experiencia necesaria.

Una cruzada del tipo «nosotras contra ellos» no nos llevará a la igualdad auténtica. Y tampoco una cruzada del tipo «nosotras contra nosotras mismas», lo que la profesora de derecho de la Universidad de Hastings, Joan Williams, denomina «guerra de sexos». Esta guerra se libra en muchos frentes, pero la guerra de las mamás, que enfrenta a las madres que trabajan fuera de casa con las que trabajan dentro de casa, es la que más atención suscita. Tal y como explica la profesora Williams, «esta guerra de las mamás es realmente encarnizada porque están en juego las identidades de ambos grupos a causa de otro choque de ideales sociales: la trabajadora perfecta se define como alguien que está siempre disponible para trabajar y la "buena madre" se define como la que siempre está disponible para sus hijos. De modo que las mujeres trabajadoras ideales deben demostrar que, aunque no hayan estado siempre ahí, sus hijos están perfectamente bien... Las mujeres que han rechazado la norma que las llevaría a ser trabajadoras ideales y se han decantado por una carrera profesional más modesta (o por no desarrollar ninguna) deben demostrar que su compromiso era necesario para el bien de sus familias. Así que, como vemos, cada grupo de mujeres juzga al otro porque ninguno de ellos ha sido capaz de estar a la altura de unos ideales nada coherentes».[247]

La profesora Williams tiene toda la razón. Uno de los conflictos inherentes a tener capacidad de elección es que cada persona elige una cosa diferente. Siempre debe pagarse un precio por disfrutar de oportunidades y, personalmente, yo no conozco a ninguna mujer que se sienta cómoda con todas las decisiones que ha tomado. Como resultado, sin darnos cuenta esgrimimos nuestro malestar contra quienes nos recuerdan el camino que hemos decidido no tomar. La culpa y la inseguridad nos obligan a cuestionarnos a nosotras mismas y, al mismo tiempo, a desconfiar las unas de las otras.

En una carta escrita a *The Atlantic* en junio de 2012, Debora Spar, presidenta de Barnard, describía este sentimiento confuso y complejo examinando por qué ella y tantas otras mujeres de éxito se sienten tan culpables. Llegó a la conclusión de que es debido a que las mujeres «hemos estado toda la vida esforzándonos sutilmente por demostrar que hemos recogido la antorcha que nos brindó el feminismo, que no hemos fallado a las madres y abuelas que hicieron que nuestras ambiciones sean posibles. Y aun así, de un modo verdaderamente profundo, les estamos fallando. Porque se suponía que el feminismo no debía hacernos sentir culpables ni lanzarnos a constantes competiciones sobre quién cría mejor a sus hijos, quién ha organizado su matrimonio de forma más colaborativa o quién duerme menos horas. Se suponía que nos haría libres, que nos brindaría no solo la oportunidad de elegir sino también la capacidad de elegir sin sentir todo el tiempo que algo no hemos hecho del todo bien».[248]

Las madres que no trabajan fuera de casa son capaces de hacerme sentir culpable y, en ocasiones, intimidarme. Hay momentos en los que tengo la sensación de que me están juzgando e imagino que hay momentos en los que ellas tienen la sensación de que yo las estoy juzgando a ellas. Pero cuando dejo a un lado mis propios sentimientos de culpa e inseguridad, me siento agradecida. Estos padres —sobre todo madres— constituyen una gran parte del talento que ayuda a sostener nuestras escuelas, entidades sin ánimo de lucro y comunidades. ¿Recordáis a aquella madre que me indicó que mi hijo debería llevar una camiseta verde el día de San Patricio?

Es una voluntaria incansable tanto en la escuela como en la comunidad. Mucha gente se beneficia de su trabajo.

La sociedad ha minusvalorado durante mucho tiempo la contribución de quienes trabajan sin percibir un salario. Mi madre lo experimentó muy profundamente. Durante diecisiete años trabajó más que a jornada completa como madre y también a favor de los judíos de la Unión Soviética. Ella comprendía que la compensación por su esfuerzo era marcar la diferencia en las vidas de aquellas personas que habían sido perseguidas por medio mundo, pero mucha gente incluso de su propio vecindario no consideraba que su trabajo fuera tan importante como un «trabajo de verdad». Se la seguía considerando «solo un ama de casa», menoscabando el auténtico pero no remunerado trabajo de cuidar a los niños y de luchar por los derechos humanos.

Todos deseamos lo mismo: sentirnos cómodos con nuestras opciones y sentirnos valorados por las personas que nos rodean, así que empecemos a valorarnos los unos a los otros. Las madres que trabajan fuera de casa deberían considerar a las mujeres que trabajan dentro del hogar como auténticas trabajadoras y las madres que trabajan dentro del hogar deberían mostrar el mismo respeto hacia las que han elegido otra opción.

Hace algunos años, durante una visita a la Academia Naval de Estados Unidos, conocí a una extraordinaria mujer que estaba a punto de entrar en la fuerza de submarinos de Estados Unidos como una de sus primeras oficiales femeninas. Estaba nerviosa por su nuevo cargo y era consciente de que ser oficial y no ser caballero entrañaba ciertos riesgos. Le pedí que me contara cómo le iba, de modo que un año más tarde me envió un sentido mensaje de correo electrónico. «Lo cierto es que estaba preparada para enfrentarme al rechazo y a la posibilidad de que me menospreciaran —escribió—. Pero aquello no sucedió. Se me respetó desde el mismo instante en que subí a bordo y puedo decir con total sinceridad que soy un miembro valorado de la tripulación.» Por desgracia, me contó que halló cierto resentimiento desde otro frente: las esposas de los marines. Durante una cena de «bienvenida» celebrada en tierra, las esposas de sus colegas estallaron y la acusaron de ser una «feminista quema-sujetadores que solo deseaba probarse algo a sí misma». La obligaron a defender su opción profesional, su reputación y su vida personal. «¡Estaba horrorizada! ¡Me hicieron sentir totalmente incómoda! —escribió—. Me esforcé al máximo por responder a sus preguntas y mantenerme firme. ¡Hasta que finalmente me dejaron a mí un poco en paz y empezaron a tomarla con mi marido!»

Debemos esforzarnos todavía más por dejar atrás cosas como esta. La guerra de sexos debe alcanzar la paz de forma inmediata y duradera. La verdadera igualdad solo se alcanzará cuando todos luchemos contra los estereotipos que no nos permiten avanzar. Sentirse amenazado por las opciones de los demás no hace sino impedir nuestro desarrollo. En lugar de ello, deberíamos focalizar toda nuestra energía en romper ese círculo vicioso.

Sharon Meers cuenta la historia de una reunión de padres a la que asistió en el colegio de sus hijos, en la que los niños presentaban a sus padres. Sammy, la hija de Sharon, señaló a su padre y dijo: «Este es Steve, hace edificios, es algo así como un arquitecto y le gusta mucho cantar». A continuación Sammy señaló a Sharon y dijo: «Esta es Sharon, ha escrito un libro, trabaja todo el tiempo y nunca me viene a buscar al colegio». Debe decirse a favor de Sharon que cuando oyó aquella presentación no se sintió culpable. En lugar de ello, dijo: «Me sentía furiosa contra las normas sociales que hacen que mi hija se sienta rara porque su madre no se ajusta a esas normas».

El objetivo consiste en trabajar para conseguir un mundo en el que esas normas sociales sean cosa del pasado. Cuantos más padres recojan a sus hijos a la puerta del colegio y más madres estén ocupadas trabajando, más opciones para sí mismos verán los niños y las niñas. Las expectativas no se fijarán según el género de cada uno sino según sus pasiones, su talento y sus intereses personales.

Soy totalmente consciente de que la mayoría de las mujeres no están centradas en cambiar las normas sociales para la generación siguiente, sino que simplemente tratan de sobrevivir cada día.[249] Pero también soy consciente de que muchas mujeres de talento se esfuerzan al máximo para alcanzar lo más alto y derribar las barreras creadas por el sistema y de que muchas otras tiran la toalla porque creen que no tienen opción. Todo esto me lleva de nuevo a la idea de Leymah Gbowee de que se necesita que haya más mujeres en los puestos de poder. Y cuando esas líderes insistan en que cambien las políticas actuales, así será. Google estableció plazas de aparcamiento para embarazadas cuando yo lo pedí y ahí siguen, mucho tiempo después de que yo me marchara. Debemos elevar nuestras metas tanto por arriba como por abajo.

Mi madre tuvo menos opciones que yo, pero con el apoyo de mi padre siempre ha trabajado mucho. Durante mi infancia, eligió ser una madre devota y realizar labores de voluntariado. Cuando yo me fui a la universidad, ella volvió a la facultad y estudió para poder enseñar inglés como segunda lengua. Dio clases a tiempo completo durante quince años y sintió que la enseñanza era su verdadera vocación. «Llegado cierto momento, me pidieron que aceptara el puesto de administradora de todo el colegio —me contó mi madre—. Yo dije que no, porque prefería estar en el aula y trabajar con mis estudiantes. Aquello era exactamente lo que deseaba hacer.»

En 2003, mi madre abandonó el mundo laboral para cuidar de sus padres enfermos. Sintió mucho dejar su carrera como profesora, pero la familia siempre ha sido su principal prioridad. Después de que mis abuelos fallecieran, volvió a trabajar. Fundó Ear Peace: Save Your Hearing, una organización sin ánimo de lucro para evitar la pérdida de audición causada por el ruido entre los jóvenes. Con sesenta y cinco años, ha vuelto a su antiguo amor por la enseñanza y organiza talleres y da charlas a estudiantes de primaria y secundaria.

Mi madre ha avanzado hacia delante durante toda su vida. Crió a sus hijos, ayudó a sus padres a pasar sus últimos años con dignidad y comodidad y continúa siendo una esposa, madre y abuela dedicada y cariñosa. Siempre ha aportado su contribución a la sociedad y al mundo. Ella es mi inspiración.

Mi madre desea ver cómo la sociedad alcanza la auténtica igualdad. Es capaz de ver las barreras a las que todavía se enfrentan las mujeres, pero también ve nuevas oportunidades. Ella cree que todo lo que yo he conseguido y mucho más está al alcance de muchas otras mujeres. Yo estoy de acuerdo. Y lo que es más importante, muchas mujeres que he conocido en mi vida están de acuerdo también. Llenas de energía, optimismo y confianza en sí mismas, luchan por escalar puestos en el «trepador infantil» que es el mundo laboral y por alcanzar su sueño a largo plazo.

Depende de todos nosotros acabar con la creencia condenada a cumplirse de que «las mujeres no pueden hacer esto» o «las mujeres no pueden hacer lo otro». El hecho de tirar la toalla y decir «No puede hacerse» garantiza que nunca se hará.

He escrito este libro para animar a las mujeres a tener sueños ambiciosos, a forjarse un camino atravesando los obstáculos y a conseguir alcanzar todo su potencial. Espero que cada mujer establezca sus propias metas y se dedique a alcanzarlas disfrutando en el proceso. Y espero que cada hombre cumpla con su parte y apoye a las mujeres en el trabajo y en el hogar, también disfrutando con ello. A medida que empecemos a hacer uso del talento de la totalidad de la población, nuestras instituciones serán más productivas, nuestros hogares serán más felices y los niños que crezcan en esos hogares ya no se verán constreñidos por sofocantes estereotipos.

Ya sé que, para muchas mujeres, llegar a lo más alto de sus organizaciones está muy lejos de ser su principal objetivo. Mi intención no es en absoluto excluirlas ni ignorar sus válidas preocupaciones. Creo firmemente que, cuantas más mujeres avancen en sus carreras, más capaces seremos de cambiar la estructura de poder de nuestro mundo y ampliar las oportunidades disponibles para todos. El hecho de que haya más mujeres ocupando puestos de liderazgo conducirá a un trato más justo para todas las mujeres. Compartir la experiencia es la base de la empatía y, a la vez, puede encender la llama de los cambios institucionales que necesitamos.

Determinadas personas se han burlado de mí por confiar en que, una vez que las mujeres estén en el poder, se ayudarán las unas a las otras, dado que no siempre ha sido ese el caso.[250] Bueno, yo estoy dispuesta a apostar por ello. La primera tanda de mujeres que ascendieron a los puestos de liderazgo eran muy pocas y estaban muy separadas unas de otras, de modo que, para sobrevivir, muchas de ellas se centraron más en luchar que en ayudar a las demás. La oleada actual de líderes femeninas, en cambio, está cada vez más dispuesta a alzar la voz. Cuantas más mujeres alcancen puestos de poder, menos presión habrá para amoldarse y más harán por otras mujeres. Diversas investigaciones ya sugieren que las empresas con más mujeres en puestos de liderazgo cuentan con mejores políticas de conciliación entre vida y trabajo, con menos diferencias entre géneros en lo que respecta a la retribución económica de los ejecutivos y con más mujeres que ocupan puestos de dirección intermedios.[251]

El duro trabajo de las generaciones que nos precedieron significa que la igualdad está a nuestro alcance. Podemos acabar con las diferencias de género en lo que respecta a los puestos de liderazgo ahora mismo. El éxito de cada individuo puede hacer que alcanzar el éxito resulte un poco más fácil para el siguiente. Podemos hacerlo. Por nosotras, por los demás, por nuestras hijas y por nuestros hijos. Si nos esforzamos al máximo ahora, esta siguiente generación podría ser la última. En el futuro ya no habrá mujeres líderes: habrá simplemente líderes.

Cuando Gloria Steinem se manifestó por las calles para luchar por las oportunidades que tantas de nosotras actualmente damos por sentadas, citó las palabras de Susan B. Anthony, que se había manifestado por las calles antes que ella, y afirmó: «Nuestra labor no consiste en que las mujeres jóvenes se sientan agradecidas, sino en hacer que sientan todo lo contrario, para que sigan adelante».[252] Ese sentimiento sigue vigente hoy en día. Debemos sentirnos agradecidas por lo que tenemos pero insatisfechas con el statu quo imperante. Esta insatisfacción es la que espolea el cambio. Debemos seguir adelante.

La marcha hacia la igualdad verdadera continúa. Continúa por los pasillos de los gobiernos, las corporaciones, las academias, los hospitales, los bufetes de abogados, las ONG, los laboratorios de investigación y todas y cada una de las organizaciones del mundo, ya sean grandes o pequeñas. Debemos seguir luchando; se lo debemos a las generaciones que nos precedieron y a las que vendrán.

Tengo la firme convicción de que las mujeres pueden asumir roles de mayor responsabilidad en el lugar de trabajo, tengo la firme convicción de que los hombres pueden contribuir más en el hogar y también tengo la firme convicción de que todo esto creará un mundo mejor, en el que la mitad de las instituciones estén dirigidas por mujeres y la mitad de los hogares estén organizados por hombres.

Estoy deseando que llegue el mundo que yo deseo para mis hijos... y para mí misma. Mi mayor esperanza es que mi hijo y mi hija sean capaces de elegir lo que desean hacer con sus vidas sin que haya obstáculos internos o externos que les ralenticen o les hagan cuestionarse sus elecciones. Si mi hijo desea realizar la importante labor de criar a sus hijos a tiempo completo, espero que se le respete y que reciba el apoyo que merece. Y si mi hija desea trabajar a tiempo completo fuera de su hogar, espero no solo que reciba respeto y apoyo, sino también que despierte simpatía por sus logros.

Espero que ambos acaben exactamente en el lugar en que deseen estar. Y cuando descubran qué es lo que realmente les apasiona, espero que ambos avancen hacia ello... hasta el final.

Sigamos hablando...

Mi objetivo es que este libro no sea el final de la conversación, sino el principio.

Te invito a que continúes hablando conmigo uniéndote a la Comunidad Lean In en *www.facebook.com/leaninorg*. Sigamos hablando de nuestros problemas y brindándonos apoyo los unos a los otros. Mujeres y hombres de todas las edades son bienvenidos.

También os animo a que visitéis *www.leanin.org*, donde podréis encontrar información práctica y experiencias personales que podrán ayudaros a alcanzar vuestras metas. Ahí podréis explorar temas fundamentales para vuestro éxito, desde negociar de forma efectiva a comprender cuáles son vuestros puntos fuertes. También podréis crear y uniros a los Círculos de Lean In, pequeños grupos de colegas que se reúnen para darse ánimos y compartir sus avances.

Agradecimientos

Quiero dar las gracias a las muchas personas que creyeron en estas ideas y aportaron una gran parte de sí mismos para hacer posible la publicación de *Vayamos adelante*.

Mi más profundo agradecimiento va para mi compañera de escritura Nell Scovell. Nell y yo hemos trabajado juntas en diversas conferencias, empezando por la Conferencia Forrestal de 2011 en la Academia Naval, donde utilicé por primera vez la expresión *lean in* (título original del libro que significa «avanzar hacia delante»). Cuando estaba considerando la posibilidad de escribir este libro, me di cuenta de que solo estaba dispuesta a hacerlo si Nell colaboraba conmigo. Nell respondió que «no solo quería colaborar, sino que quería meterse de lleno», lo cual lo dice todo acerca de su nivel de compromiso. Se tomó un descanso de su trabajo como guionista y productora de televisión y como periodista para convertir este libro en su prioridad. Invirtió en él noches, madrugadas, fines de semana y vacaciones para ajustarse a mi limitado horario disponible. Sobre todo, insistió enormemente en que siguiéramos investigando hasta encontrar la forma adecuada de hablar acerca de estos temas tan complicados y emocionales. El talento que Nell tiene con las palabras solo puede compararse a su sentido del humor y a su firme creencia de que contar con un número mayor de mujeres en puestos de liderazgo dará como resultado un mundo más justo y mejor para todos. Le estoy agradecida no solo por sus profundos conocimientos y su completa dedicación, sino también por su amistad, que conservo como un tesoro. Su corazón resuena con verdad y claridad en cada página de este libro.

Marianne Cooper también ha vivido y respirado este libro durante el último año y medio. Como socióloga de investigación de género en el Instituto Clayman de la Universidad de Stanford y experta en desigualdad de género y social, Marianne aportó su vasto conocimiento para convertirse en la investigadora principal de esta obra. Es profundamente meticulosa y cuenta con un talento incomparable para sintetizar sus investigaciones de modo que resulten concisas, comprensibles y convincentes. He aprendido muchísimo de su claridad de ideas, de su profundo conocimiento y de su rigor analítico.

Este libro no habría podido escribirse si no fuera por Jennifer Walsh. Mediante la profundidad de sus convicciones, la fuerza impecable de su voluntad y su absoluto rechazo a admitir un no por respuesta, Jennifer me convenció para que lo escribiera. Me dijo que este proceso supondría un importante viaje personal para mí y tenía toda la razón. Permaneció a mi lado de principio a fin, ofreciéndome sus consejos, brindándome su apoyo y recordándome en los momentos clave por qué estaba haciendo esto.

Mi editora Jordan Pavlin creyó tanto en este proyecto que invirtió muchas horas a lo largo de muchos meses antes de que yo me comprometiera por completo. Fue fundamental a la hora de materializar las ideas iniciales y convertir dichas ideas en titulares que finalmente se convirtieron en capítulos. Jordan nunca leía una anécdota que no considerara que podía ampliarse y constantemente me animaba a que compartiera más experiencias y emociones. También le debo mi más profunda gratitud a Sonny Mehta, editor jefe de Knopf, cuyo inquebrantable apoyo mantuvo este proyecto en el buen camino.

David Dreyer y Eric London fueron indispensables para la escritura del libro. Como asesores de confianza y brillantes artesanos, absorbieron todos y cada uno de los borradores, del primero al último. Aplicaron su impecable juicio y experiencia en comunicaciones a todos los temas, llevando a cabo tareas que iban desde sugerir arrolladores cambios estructurales hasta pulir pequeños detalles. Siempre (siempre) permanecieron al pie del cañón, fueron capaces de observar los temas desde muy diversos ángulos y ofrecieron sus consejos con rapidez y con un gran sentido del humor. Elliot Schrage, Brandee Barker, Sarah Feinberg, Debbie Frost y especialmente Ashley Zandy me ofrecieron su apoyo y sus consejos de incalculable valor. Fue todo un placer trabajar codo con codo con Ellen Feldman y con Amy Ryan, y llegué a depender de su precisión con las palabras, su cuidadosa atención al detalle y su paciencia sin límite. Gina Bianchini, Rachel Thomas y Debi Hemmeter canalizaron la pasión que sentían por este libro y su compromiso con él creando la Comunidad Lean In.

El equipo de WME há estado pendiente de cada uno de los aspectos de este libro. Ari Emanuel fue el motor de todo esto al presentarme a Jennifer y me siento muy agradecida por su amistad, así como por sus siempre divertidas y alentadoras llamadas para ver cómo iba todo. Tracy Fisher se ocupó de todo el trabajo internacional en relación con el libro, y su dedicación para gestionar todos y cada uno de los aspectos de la publicación y el lanzamiento resultó de un valor incalculable. Confié plenamente tanto en su experiencia y conocimientos como en sus consejos. También estoy en deuda con Theresa Brown, Margaret Riley, Kathleen Nishimoto, Caitlin Moore, Raffaella De Angelis, Laura Bonner, Annemarie Blumenhagen, Eric Zohn, Michelle Feehan, Rachel McGhee, Covey Crolius, Olivia Shean, Caitlin Mahony, Janine Kamouh y David Young.

Para esta edición, deseo expresar tanto mi gratitud como mi gran emoción por estar trabajando con todo el equipo de Random House Mondadori y con su formidable directora general, Núria Cabutí. El editor Carlos Martínez también ha sido fundamental y aprecio todo su esfuerzo.

Si lees este libro, sabrás cuánta importancia concedo a las opiniones y aportaciones de los demás, por lo que estoy especialmente agradecida a todas aquellas personas que me las ofrecieron. Desde el momento en que decidí escribirlo, mi cuñada Amy Schefler se prestó a ayudarme. Cuando me encontraba trabajando en el primer borrador, me envió sus pensamientos detallados sobre los temas que pensaba que debía tratar, entrevistó a todas sus amigas, compartió conmigo sus propias historias y leyó cada borrador de cada capítulo múltiples veces. Su entusiasmo y pasión por este proyecto —así como su amor y su apoyo— fueron auténticamente inspiradores.

Gloria Steinem ha compartido su sabiduría conmigo, ya que tuve la suerte de conocerla hace seis años. Mi comprensión de los desafíos a los que se enfrentan las mujeres es en gran medida consecuencia de todo el tiempo que generosamente ha tenido a bien pasar conmigo. Y trata cada tema con humildad, humor y con el profundo deseo de construir un mundo justo. Como activista, su esfuerzo continúa haciéndonos avanzar hacia el objetivo de la auténtica igualdad; como escritora, sus palabras con frecuencia ofrecen el mejor resumen en una sola frase sobre cualquier tema, por eso la cito con tanta frecuencia en este libro. La frase «interiorizar la revolución» procede de ella y refleja lo que escribió en su libro *Revolución desde dentro*. Cuando cito sus palabras en estas páginas, lo hago con gran amor y gratitud.

Arianna Huffington ha sido una fuente constante de apoyo en todos los aspectos de mi vida desde hace muchos años. Me envió comentarios a mis borradores desde todos los lugares del mundo, añadiendo sus conocimientos y su profunda comprensión de las tendencias culturales. Oprah Winfrey me animó a centrarme en escribir este libro. Cuando dudaba si compartir alguna cosa de carácter personal, escuchaba su voz dentro de mi cabeza —o en los mensajes de texto que me enviaba— recordándome el poder de ser auténtica. Gene Sperling es una de las personas más ocupadas que conozco y, aun así, encontró tiempo para escribir página tras página de sugerencias realmente fundamentales. Su capacidad para ir al grano en asuntos que atañen a las políticas públicas y a los problemas que afectan a personas de toda condición no tiene parangón.

Mindy Levy, mi amiga de la infancia, estaba de visita con su familia cuando le pedí que echara un vistazo a uno de los capítulos. Resultó ser una experta en estructura y organización, lo que fue de gran ayuda para futuros borradores. Mellody Hobson me animó a hablar desde el corazón, con convicción y confianza. Ella es el ejemplo mismo de lo que significa ser una mujer, sin reservas. Karen Kehela Sherwood me ayudó a cristalizar varias ideas clave, incluido el momento «ajá» en que me di cuenta de que el modo en que se percibe a las mujeres a la hora de negociar puede utilizarse como herramienta de negociación. Y al igual que había hecho con tantos de mis trabajos durante años y años, mi compañera de habitación en la universidad, Carrie Weber, se quedó hasta tarde muchas noches revisando y corrigiendo cada frase. Me ayudó de una forma que solo puede hacer alguien que es a la vez una buena amiga y autora de renombre.

Muchas otras personas fueron tan generosas para leer mis borradores y ofrecerme sus pensamientos, en ocasiones con un plazo bastante ajustado. Mi más profundo agradecimiento a Stephanie Flanders, Molly Graham, Larry Summers, Bill McKibben, Tina Bennett, Scott y Clia Tierney, Amanda McCall, Jami Passer, Michelle Ebersman, Stephen Paul, Diana Farrell, Adam Freed, Phil Deutch, Marne Levine, Joel Kaplan, Eric Antonow, Lorna Borenstein, Marcus Buckingham, Michael Grimes, Anna Fieler, Kim Scott, Kim Jabal, Carole Geithner, Don Graham, Zander Lurie y Michael Balaoing.

Muchas personas contribuyeron a la investigación que subyace en este libro. Shelley Correll y Lori Mackenzie, del Instituto Clayman para la Investigación de Género de Stanford, me pusieron en contacto con Marianne y después le brindaron todo su apoyo para que ella pudiera dedicar tanto tiempo a este proyecto. Mana Nakagawa, una estudiante de doctorado del programa internacional de Educación Comparada de la Universidad de Stanford, llevó a cabo la investigación internacional necesaria para que el libro fuera adecuado para públicos de todo el mundo. La profesora Deborah Gruenfeld, de la Escuela Universitaria de Negocios de Stanford, empezó a hablarme acerca de los problemas de discriminación de género hace más de cinco años, y sigue haciéndolo desde entonces. Kathleen McCartney, decana de la Escuela Universitaria de Educación de Harvard, me explicó el estudio NICHD sobre cuidado de los niños en edad temprana y desarrollo infantil. La profesora

Jennifer Aaker, de la Escuela Universitaria de Negocios de Stanford, compartió conmigo su investigación sobre la importancia de establecer objetivos para alcanzar la felicidad. Hannah Riley Bowles, profesora de Harvard, interrumpió sus vacaciones para pasar horas al teléfono hablando de su obra sobre la negociación. El profesor Francis Flynn, de la Escuela Universitaria de Negocios de Stanford, me enseñó paso a paso los hallazgos de su estudio pionero Heidi/Howard. Sharon Meers compartió generosamente conmigo todas las investigaciones que realizó durante años para su libro *Getting to 50/50*. Christine Silva, directora jefe de investigación en Catalyst, me ofreció importantes datos sobre diversos estudios. Kim Parker, investigadora jefe dentro del proyecto sobre Tendencias Sociales y Demográficas Pew, me explicó el informe de investigación de Pew sobre género y aspiraciones laborales. Y un agradecimiento especial para Phil Garland, vicepresidente de metodología en SurveyMonkey, por sus penetrantes comentarios sobre muchos borradores, así como por su ayuda con el análisis estadístico.

Quiero dar las gracias a Divesh Makan, de Iconiq, por su ayuda organizativa y estructural y a Gary Stiffelman, de Ziffren Brittenham, por su cuidadosa atención al detalle. También deseo dar las gracias a Jill Gillett y a Chris Sanagustin por el apoyo que brindaron al trabajo de Nell en este proyecto.

Un agradecimiento especial para todas las mujeres y los hombres que se dirigieron a mí después de mi TEDTalk y de otras conferencias que he dado por compartir conmigo sus historias, sus luchas y sus triunfos. No habría seguido hablando de este tema ni habría escrito este libro si no hubiera sido por sus comentarios y pensamientos. Cuando necesitaba inspiración, leía y releía sus mensajes de correo electrónico y sus cartas.

También me siento en deuda con las muchas personas que me han brindado oportunidades y me han ofrecido orientación a lo largo de toda mi carrera profesional. Larry Summers se ofreció a supervisar mi tesis, me ofreció mi primer trabajo fuera de la universidad y ha sido una parte importante de mi vida desde entonces. Lant Pritchett, mi primer jefe, me enseñó a observar cuidadosamente los datos y a decir la verdad sin adornos. Eric Schmidt, Larry Page, Sergey Brin y Omid Kordestani me contrataron en Google a pesar de mi completa falta de la experiencia necesaria y me apoyaron a lo largo de los muchos años que trabajé para ellos. Richard Skolnik, Salim Habayeb y Maria Clark me invitaron a unirme a su equipo del Banco Mundial en la India. Doug Elmendorf me ayudó a crear un grupo para mujeres que estudiaban economía cuando estaba en la universidad y me enseñó muchísimas cosas a lo largo de muchos años. Don Graham, Pat Mitchell y John Doerr, Dan Rosenweig, Michael Lynton, Bob Iger, Howard Schultz y Bob Rubin, todos ellos me han ofrecido valiosísimos consejos en puntos críticos de mi carrera. Fred Kofman compartió conmigo sus conocimientos sobre liderazgo, autenticidad y responsabilidad.

Tengo la gran suerte de trabajar cada día con personas extraordinarias en Facebook. Camille Hart ha trabajado a mi lado durante más de diez años, así que gran parte de lo que soy capaz de hacer es gracias a sus conocimientos y experiencia, a su excelente juicio y a su incansable búsqueda de la eficiencia. Mis colegas Chris Cox, Mike Schroepfer, Elliot Schrage, David Ebersman, Ted Ullyot, Libby Leffler, Charlton Gholson, Kelly Hoffman, Anikka Fragodt, Eric Antonow, David Fischer, Lori Goler y Dan Rose me estimulan para estar a la altura de sus elevados estándares y me ofrecen la amistad y el apoyo que hace que merezca la pena ir a trabajar cada día. Mark Zuckerberg me ofreció la oportunidad de mi vida y ha seguido sirviéndome de inspiración y apoyo desde entonces. Me ha enseñado, a través de su ejemplo, a seguir mi propio camino y me ha animado a hacer lo que yo misma haría si no tuviera miedo.

He tenido la gran suerte de estar rodeada de amigos que me quieren a lo largo de todo este proyecto y de todo lo demás. Estoy profundamente agradecida de poder contar con mis amigos de la infancia Eve Greenbarg, Mindy Levy, Jami Passer, Beth Redlich, Elise Scheck, Pam Srebrenik, Brook Rose, Merle Saferstein, y Amy Trachter; y mis más íntimos amigos ahora que soy adulta Carrie Weber, Marne Levine, Phil Deutch, Katie y Scott Mitic, Craig y Kirsten Nevill-Manning, Adam Freed, Joel Kaplan, Clia y Scott Tierney, Kim Jabal, Lorna Borenstein, David Lawee, Chamath Palihapitiya,

Zander Lurie, Kim Keating, Diana Farrell, Scott Pearson, Lori Talingting y Larry Brilliant.

El apoyo infinito de mi familia ha sido lo más importante de mi vida. Mi más profunda gratitud y amor a mis padres Adele y Joel Sandberg, a mi hermano David Sandberg, a mi hermana Michelle Sandberg, a mi suegra Paula Goldberg, a mis cuñados Amy Schefler, Marc Bodnick y Rob y Leslye Goldberg y a mi ahijada Elise Geithner.

Este libro no solo recomienda la auténtica colaboración entre la pareja, sino que es producto de varias auténticas colaboraciones de pareja. Colin Summers, el marido de Nell, echó el freno a su carrera como arquitecto para convertirse en el principal cuidador de sus hijos. En veinte años, su apoyo incondicional a la carrera de ella jamás ha flaqueado. Su contribución a esta misión incluyó leer muchos borradores de este libro, comentar conmigo su contenido a lo largo de innumerables almuerzos y asistir solo a varios eventos escolares. Siempre que alguien sugiere que las madres están más capacitadas para criar a los niños, Nell sabe del modo más profundo posible que los padres pueden hacerlo con el mismo amor, la misma devoción y la misma felicidad.

Scott Saywell, el marido de Marianne, la animó a unirse a este proyecto a pesar de la reticencia inicial de ella. Cuando llegó mi oferta, ella tenía su propio libro por escribir y un segundo bebé con alergias a los alimentos que no dormía demasiado bien. Scott insistió en que ya se les ocurriría el modo de hacer que todo funcionara y a continuación organizó su horario laboral y su horario de sueño para que así fuera. Fue mucho más que simplemente alentador: estaba emocionado por Marianne.

Y finalmente, deseo dar las gracias a mi auténticamente increíble marido, Dave Goldberg. Dave es mi mejor amigo, mi consejero más leal, un padre dedicado y el amor de mi vida. Ambos sabíamos que el hecho de que yo escribiera este libro supondría pasar menos tiempo juntos, por lo tanto escribir *Vayamos adelante* fue tanto decisión suya como mía. Me brindó su apoyo en cada paso del proceso, como siempre, con paciencia, gran sabiduría, humor y amor.

Notas e índice

Notas

Introducción. Interiorizar la revolución

1. International Labour Organization, *ILO Global Estimates of Forced Labour, Results and Methodology*, Ginebra, ILO Publications, 2012, pp. 13-14, <http://www.ilo.org/wcmsp5/groups/public/---ed_norm/---declaration/documents/publication/wcms_182004.pdf>.

2. Wyatt, Caroline, «What Future for Afghan Woman Jailed for Being Raped?», BBC News, South Asia, 14 de enero de 2012, <http://www.bbc.co.uk/news/world-south-asia-16543036>.

3. Según el departamento de Estado de Estados Unidos, existen 195 Estados independientes en el mundo. Véase Departamento de Estado de Estados Unidos, *Independent States in the World*, Fact Sheet (enero de 2012), <http://www.state.gov/s/inr/rls/4250.htm#note3>. El cálculo del número de Estados independientes dirigidos por mujeres, definidas como mujeres que trabajan como presidente o como primer ministro u otro cargo de carácter ejecutivo se deriva de la más reciente información hecha pública por la CIA antes de su publicación. Véase Agencia Central de Inteligencia, *Chiefs of State & Cabinet Members of Foreign Governments* (diciembre de 2012), <https://www.cia.gov/library/publications/world-leaders-1/pdf-version/December2012ChiefsDirectory.pdf>. No obstante, este cálculo también incluye dos cambios electorales no reflejados en la información de la CIA: la elección de Park Geun-hye, que será la primera presidente mujer de Corea del Sur en 2013 y el final de la legislatura de la presidenta suiza Eveline Widmer-Schlumpf en diciembre de 2012. Debe advertirse que Suiza está gobernada por un Consejo Federal compuesto por siete miembros. Cada año, la Asamblea Federal Suiza elige un presidente y un vicepresidente entre los siete miembros del Consejo Federal. En 2013 el presidente de Suiza será Ueli Maurer. No obstante, tres de los siete miembros del Consejo Federal son mujeres (Eveline Widmer-Schlumph, Simonetta Sommaruga y Doris Leuthard). Las elecciones varían de un país a otro en cuanto al lugar

y la frecuencia con que se celebran. Por tanto, el número de mujeres que son jefes de Estado o jefes de gobierno cambiará en la medida en que los países vayan celebrando elecciones.

4. Unión Interparlamentaria, *Women in National Parliaments* (2012), < http://www.ipu.org/wmn-e/world.htm>.

5. Center for American Women and Politics, «Women Who Will Be Serving in 2013», <http://www.cawp.rutgers.edu/fast_facts/elections/2013_womenserving.php>; y Center for American Women and Politics, «Record Number of Women Will Serve in Congress; New Hampshire Elects Women to All Top Posts», *Election Watch*, 7 de noviembre de 2012, <http://www.cawp.rutgers.edu/press_room/news/documents/PressRelease_11-07-12.pdf>.

6. Unión Interparlamentaria, *Women in National Parliaments* (2012), <http://www.ipu.org/wmn-e/arc/classif151200.htm>.

7. Sellers, Patricia, «Fortune 500 Women CEOs Hits a Milestone», CNNMoney, 12 de noviembre de 2012, <http://postcards.blogs.fortune.cnn.com/2012/11/12/fortune-500-women-ceos-3/>.

8. Catalyst, *2012 Catalyst Census: Fortune 500 Women Executive Officers and Top Earners*, (diciembre de 2012), <http://www.catalyst.org/knowledge/2012-catalyst-census-fortune-500-women-executive-officers-and-top-earners>. La definición de Catalyst como «director ejecutivo» es la persona que es «designada y elegida por el consejo de dirección», incluido el «director general y personas de hasta dos niveles inferiores» e individuos que están «incluidos como directores ejecutivos en las presentaciones de la SEC»; véase apéndice 1, Sección sobre Metodología, *2009 Catalyst Census: Fortune 500*, <http://www.catalyst.org/etc/Census_app/09US/2009_Fortune_500_Census_Appendix_1.pdf>; Catalyst, *2012 Catalyst Census: Fortune 500 Women Board Directors* (diciembre de 2012), <http://www.catalyst.org/knowledge/2012-catalyst-census-fortune-500-women-board-directors>; y Catalyst, *Targeting Inequity: The Gender Gap in U. S. Corporate Leadership* (septiembre de 2010), <http://www.jec.senate.gov/public/index.cfm?a=Files.Serve&File_id=90f0aade-d9f5-43e7-8501-46bbd1c69bb8>.

9. Comisión para la Igualdad de Oportunidades Laborales en Estados Unidos (EEOC, por sus siglas en inglés), «2011 Job Patterns for Minorities and Women in Private Industry», *2011 EEO-1 National Aggregate Report* (2011), <http://www1.eeoc.gov/eeoc/statistics/employment/jobpat-eeo1/index.cfm> (la definición que ofrece la EEOC de puestos corporativos de alto nivel incluye a los directores ejecutivos y superiores así como a los miembros de la directiva); Catalyst, *2012 Catalyst Census: Fortune 500 Women Board Directors;* y Center for American Women and Politics, «Record Number of Women Will Serve in Congress». Véase también Catalyst, *Women of Color Executives: Their Voices, Their Journeys* (junio de 2001), <http://www.catalyst.org/publication/54/women-of-color-executives-their-voices-their-journeys>.

10. Comisión Europea, *National Factsheet: Gender Balance in Boards* (octubre de 2012), <www.google.com/url?sa=t&rct=j&q=&esrc=s&source=web&c

d=6&cad=rja&ved=0CFkQFjAF&url=http://ec.europa.eu/justice/gen-der-equality/files/womenonboards/womenonboards-factsheet-de_en.pdf&ei=AO-yUOyvBYS7igKoooHABg&usg=AFQjCNGx1TMiB2mfY8pcGwTAV-Ao-dV7xA&sig2=W_rwUkNhOfAhpiRawWh70Q>.

11. Hegewisch, Ariane, Williams, Claudia y Zhang, Anlan, *The Gender Wage Gap: 2011*, Fact Sheet (marzo de 2012), <http://www.iwpr.org/publications/pubs/the-gender-wage-gap-2011>; y DeNavas-Walt, Carmen, Proctor, Bernadette D. y Smith, Jessica C., *Income, Poverty, and Health Insurance Coverage in the United States: 2010,* Wahington D.C., U.S. Government Printing Office, 2011, Oficina del Censo de Estados Unidos, Informes sobre población actual, pp. 60-239, <http://www.census.gov/prod/2011pubs/pp. 60-239.pdf>. Las estadísticas que se citan han sido extraídas de cálculos de la diferencia de salarios por géneros basados en ingresos anuales medios. Según la doctora Pamela Coukos, asesora jefe de los Programas de Cumplimiento de los contratos federales en la Oficina del Departamento de Trabajo, la estimación más comúnmente citada de diferencia entre salarios por géneros se basa en la diferencia entre los ingresos medios anuales de los hombres y las mujeres. Otro cálculo ampliamente utilizado de la diferencia de salarios entre sexos se basa en la diferencia entre los ingresos semanales medios de hombres y mujeres. Algunos expertos creen que los ingresos semanales son más precisos ya que pueden reflejar las diferencias en el número total de horas trabajadas y, puesto que con frecuencia los hombres trabajan más horas que las mujeres, esta diferencia puede ser la causante de parte de la diferencia entre salarios. Otros expertos afirman que es preferible la cifra correspondiente a los ingresos medios anuales, porque incluye más tipos de compensación (como bonificaciones, pensiones, etc.). Lo que resulta importante es que ambos métodos dan como resultado que las mujeres ganan menos que los hombres. Según una media de ingresos anuales reciente, las mujeres perciben 77 centavos por cada dólar que perciben los hombres. Según una reciente media de ingresos semanales, las mujeres perciben 82 centavos por cada dólar que perciben los hombres.

12. Thomas, Marlo, «Another Equal Pay Day? Really?», *The Huffington Post*, 12 de abril de 2011, <http://www.huffingtonpost.com/marlo-thomas/equal-pay-day_b_847021.html>.

13. Los datos aquí incluidos son de 2010. Véase Comisión Europea, *Progress on Equality Between Women and Men in 2011: A Europe 2020 Initiative*, Luxemburgo, Oficina de Publicaciones de la Unión Europea, 2012, <http://ec.europa.eu/justice/gender-equality/files/progress_on_equality_between_women_and_men_in_2011.pdf>.

14. Los datos sobre 2010 se han obtenido a partir de un informe realizado en 2012, el más reciente disponible. La medición de la diferencia de sueldos entre géneros varía de un país a otro, en función de las fuentes y del método de medición empleado en las encuestas de cada país. Los datos aquí incluidos están basados en la media no ajustada del salario bruto de trabajadores a jornada completa. Véase OECD, «Panel B. The Pay Gap is Higher For Incomes at the Top of the Earnings Distribution: Gender Pay Gap in Ear-

nings for Full-Time Employees, Across the Earnings Distribution, 2010», *Closing the Gender Gap: Act Now*, OECD Publishing, 2012, <http://dx.doi.org/10.1787/9789264179370-en>.

15. La socióloga Arlie Russell Hochschild acuñó la frase «the stalled revolution» (la revolución estancada) en su libro *The Second Shift*, Nueva York, Avon Books, 1989, p. 12.

16. Debe señalarse que no todas las mujeres líderes apoyan los intereses de las mujeres. Véase Kristof, Nicholas D., «Women Hurting Women», *New York Times*, 29 de septiembre de 2012, <http://www.nytimes.com/2012/09/30/opinion/sunday/kristof-women-hurting-women.html?hp>. Para ver investigaciones y comentarios acerca de cómo todas las mujeres podrán beneficiarse cuando haya más mujeres en cargos de poder, véase capítulo 11.

17. Barsh, Joanna y Yee, Lareina, *Special Report: Unlocking the Full Potential of Women in the U.S. Economy*, McKinsey & Company, abril de 2011, p. 6, <http://www.mckinsey.com/Client_Service/Organization/Latest_thinking/Unlocking_the_full_potential.aspx>.

Capítulo 1. El vacío en la ambición por el liderazgo: ¿qué harías si no tuvieras miedo?

18. Entre 1981 y 2005 el índice de mujeres blancas con estudios universitarios, casadas y con hijos, que decidían no incorporarse al mercado laboral descendió desde un 25,2 por ciento hasta un 21,3 por ciento y alcanzó su punto más bajo en 1993 (16,5 por ciento). Desde mediados de la década de 1990 ha habido un moderado aumento en este grupo de personas que decidían abandonar el mundo laboral. Aun así, el índice parece estar estabilizándose y no ha vuelto a alcanzar las cifras que se veían hace treinta o cuarenta años (Stone y Hernandez 2012). Este patrón de comportamiento es el que ha trazado la tendencia de lo índices de empleo femenino desde la década de 1960. Entre los años sesenta y los noventa se produjo un espectacular aumento de la participación de las mujeres en el mundo laboral, que alcanzó su punto álgido en 1999, cuando un 60 por ciento de las mujeres estaban trabajando. Desde 1999 hasta ahora se ha producido un lento descenso de los índices de empleo femenino (Oficina de Estadística Laboral 2007 y 2011). Como reflejo de estos patrones laborales históricos entre las mujeres, la opción de quedarse fuera del mundo laboral alcanzó su punto más bajo en 1993, la década que registró las tasas más elevadas de participación femenina en el empleo y vio su aumento más significativo entre 1999 y 2002, los mismos años que marcaron el comienzo del descenso de las tasas generales de empleo femenino (Stone y Hernandez 2012). Así pues, el reciente descenso en el índice de empleo de las madres con un alto nivel de estudios debe relacionarse con el descenso laboral entre otros grupos, incluido el descenso de mujeres sin hijos y hombres. Todos ellos están vinculados por igual, en parte, a un mercado laboral débil (Boushey 2008). A pesar de este descenso en el mercado de empleo, las mujeres con estudios

universitarios cuentan con las tasas de participación laboral más elevadas entre todas las madres (Stone y Hernandez 2012). Según una investigación reciente realizada por la Oficina del Censo de Estados Unidos, las mujeres jóvenes, con menor nivel de estudios, y las de origen hispano tienen más probabilidades de ser madres que no trabajan fuera de casa (Kreider y Elliott 2010). Para conocer estudios sobre la opción por la no incorporación al ámbito laboral y sobre los índices de participación laboral de las mujeres, véase Stone, Pamela y Ackerly Hernandez, Lisa, «The Rhetoric and Reality of "Opting Out"», en Bernie D. Jones, ed., *Women Who Opt Out: The Debate over Working Mothers and Work-Family Balance*, Nueva York, New York University Press, 2012, pp. 33-56; Boushey, Heather «"Opting Out?" The Effect of Children on Women's Employment in the United States», *Feminist Economics* 14, n.º 1, 2008, pp. 1-36; Kreider, Rose M. y Elliot, Diana B., «Historical Changes in Stay-at-Home Mothers: 1969-2009», informe presentado en la Reunión Anual de la Asociación Sociológica Norteamericana, Atlanta, GA, agosto de 2010, <http://www.census. gov/population/www/socdemo/ASA2010_Kreider_Elliott.pdf>; Oficina de Estadística Laboral, «Changes in Men's and Women's Labor Force Participation Rates», The Editor's Desk, 10 de enero de 2007, <http://www.bls. gov/opub/ted/2007/jan/wk2/art03.htm>; y Oficina de Estadística Laboral, *Women in the Labor Force: A Datebook*, report 1034, diciembre de 2011, <http://www.bls.gov/cps/wlf-databook-2011.pdf>.

Aunque la inmensa mayoría de las mujeres y madres está trabajando, cuando se las compara con sus compañeros varones surge una gran diferencia entre el índice de empleo de unas y otros. Diversas encuestas realizadas entre hombres y mujeres con un elevado nivel de estudios han demostrado que los índices de empleo y las horas trabajadas es superior entre los hombres que entre las mujeres después de graduarse, especialmente entre los que tienen hijos. Una encuesta realizada entre tres grupos de estudiantes de Harvard entre 1969 y 1972, entre 1979 y 1982 y entre 1989 y 1992 reveló que quince años después de licenciarse, entre un 90 y un 94 por ciento de los hombres estaban empleados a jornada completa durante todo el año, en comparación con entre un 60 y un 63,5 por ciento de las mujeres. La tasa de empleo a jornada completa durante todo el año entre las mujeres licenciadas con dos niños era todavía inferior, oscilando entre el 41 y el 47 por ciento (Goldin y Katz 2008). Una encuesta realizada entre las clases de último curso de la facultad de ciencias empresariales Booth de la Universidad de Chicago entre 1990 y 2006 reveló que, en el año que sigue a la licenciatura, entre un 92 y un 94 por ciento de los hombres estaban empleados a jornada completa durante todo el año. En cambio, el 89 por ciento de las mujeres estaban empleadas tras la licenciatura a jornada completa durante todo el año. Sin embargo, con el tiempo este porcentaje disminuye, de tal modo que transcurridos seis años desde la titulación, el 78 por ciento de las mujeres están empleadas a jornada completa durante todo el año. Al cabo de nueve años, el porcentaje desciende hasta el 69 por ciento. Al cabo de diez años o más, tan solo el 62 por ciento de las mujeres están empleadas a jornada completa durante todo el año. El porcentaje es incluso inferior en el caso de las mujeres con hijos. Transcurridos diez años o más desde su licenciatura, tan solo alrededor de la mitad de las mujeres con uno o más hijos están empleadas a jornada completa durante todo el año. En cualquier año tras su titulación, no más del 1 por ciento de los hombres está sin trabajar y solo entre un 2 y un 4 por ciento de los hombres trabajan a tiempo parcial. En contraste, el índice de mujeres que no trabajan o que trabajan a tiempo parcial aumenta transcurridos diez años desde su titulación, de tal modo que el 17 por ciento de las mujeres no están trabajando y el 22 por ciento están trabajando a tiempo parcial. Los pequeños porcentajes restantes de hombres y mujeres trabajaban menos de cincuenta y dos semanas al año. La encuesta también reveló que las mujeres con hijos trabajaban un 24 por ciento menos de horas a la semana que la media de los hombres, y que las mujeres sin hijos trabajaban un 3,3 por ciento menos. (Bertand, Goldin y Katz 2010).

Otra encuesta publicada en 2000 realizada entre personas que se habían titulado en uno de los principales doce másteres universitarios entre 1981 y 1995 reveló que el 95 por ciento de los hombres pero tan solo el 71 por ciento de las mujeres trabajaban a jornada completa. Cuanto más tiempo había transcurrido desde la obtención de su título, más bajo era el índice de empleo de las mujeres (Catalyst, Centro para la Educación de Mujeres de la Universidad de Michigan, facultad de ciencias empresariales de Michigan, 2000). Para saber más sobre estas encuestas, véase Goldin, Claudia y Katz, Lawrence F., «Transitions: Career and Family Life Cycles of the Educational Elite», *American Economic Review: Papers & Proceedings* 98, n.º 2 (2008), pp. 363-69; Bertrand, Marianne, Goldin, Claudia y Katz, Lawrence F. «Dynamics of the Gender Gap for Young Professionals in the Financial and Corporate Sectors», *American Economic Journal: Applied Economics* 2, n.º 3 (2010), pp. 228-55; y Catalyst, Centro para la Educación de Mujeres de la Universidad de Michigan, facultad de ciencias empresariales de la Universidad de Michigan, *Women and the MBA: Gateway to Opportunity*, 2000.

19. Judith Rodin, durante una conversación con la autora, 19 de mayo de 2011.

20. Centro nacional estadounidense de estadísticas educativas, «Table 283: Degrees Conferred by Degree-Granting Institutions, by Level of Degree and Sex of Student: Selected Years, 1869-70 through 2021-22», *Digest of Education Statistics,* 2012, <http://nces.ed.gov/programs/digest/d12/tables/dt12_283.asp>.

21. Los datos sobre 2010 se han obtenido a partir de un estudio realizado en 2012, el más reciente disponible. Los niveles educativos universitarios o superiores se basan en la Clasificación Internacional Normalizada de la Educación. Los números aquí incluidos se refieren a educación superior de tipo A, definida como en su mayor parte programas teóricos ideados para preparar a los estudiantes para su incorporación en programas de investigación avanzada y profesiones con requerimientos de alta cualificación. Este tipo de programas se ofrecen con frecuencia, aunque no exclusivamente en las universidades, y duran de tres a cuatro años o más. Véase Organización

para la Cooperación y el Desarrollo Económicos (OECD, por sus siglas en inglés), *Education at a Glance 2012: OECD Indicators*, OECD Publishing, <http://dx.doi.org/10.1787/eag-2012-en>.

22. Eurostat, «Persons of the Age 20 to 24 Having Completed at Least Upper Secondary Education by Sex», 2012, <http://epp.eurostat.ec.europa.eu/tgm/refreshTableAction.do?tab=table&plugin=1&pcode=tps00186&language=en>.

23. Rosen, Hanna, *The End of Men: And the Rise of Women*, Nueva York, Riverhead Books, 2012.

24. Myhill, Debra, «Bad Boys and Good Girls? Patterns of Interaction and Response in Whole Class Teaching», *British Educational Research Journal* 28, n.º 3 (2002), p. 350.

25. Los cuatro mil encuestados eran empleados de catorce empresas diferentes, que habían figurado casi todas ellas en la lista Fortune 500 o empresas de similar magnitud. Véase Barsh, Joanna y Yee, Lareina, *Unlocking the Full Potential of Women at Work,* McKinsey & Company, abril de 2012, p. 7, <http://www.mckinsey.com/careers/women/~/media/Reports/Women/2012%20WSJ%20Women%20in%20the%20Economy%20white%20paper%20FINAL.ashx>.

La mayoría de las encuestas sobre la aspiración a alcanzar puestos de gran responsabilidad encuentran una diferencia entre hombres y mujeres, con más hombres que mujeres que aspiran a esos puestos de alta dirección. Una encuesta realizada en 2003 por el Instituto de Familia y Trabajo, Catalyst y el Centro para el Trabajo y la Familia en la facultad de ejecutivos de gran nivel de Boston descubrió que el 19 por ciento de los hombres, en comparación con tan solo el 9 por ciento de las mujeres, tenían sus miras en convertirse en director general o en socio director. La misma encuesta reveló que el 54 por ciento de los hombres y tan solo el 43 por ciento de las mujeres esperaban llegar a puestos de alta dirección. Igualmente, entre los ejecutivos que afirmaron haber reducido sus aspiraciones (25 por ciento), las mujeres lo hicieron más que los hombres (34 por ciento de las mujeres en comparación con un 21 por ciento de los hombres). La razón citada con más frecuencia para reducir las aspiraciones era la misma para hombres y para mujeres: el 67 por ciento afirmó que un motivo muy importante era «los sacrificios que tendría que hacer en mi vida personal y familiar». También es importante señalar que las mujeres que creen que se han producido muy pocos avances en lo que respecta a acabar con el techo de cristal tienden más a reducir sus aspiraciones que las mujeres que creen que sí se han producido avances. Véase Instituto para las Familias y el Trabajo, Catalyst, Centro para el Trabajo y la Familia de la Universidad de Boston, *Leaders in a Global Economy: A Study of Executive Women and Men*, enero de 2003, p. 4, <http://www.catalyst.org/publication/80/leaders-in-a-global-economy-a-study-of-executive-women-and-men>.

Un estudio realizado en 2003 que examinaba las aspiraciones laborales de los estudiantes de empresariales descubrió que el 81 por ciento de los hombres pero solo el 67 por ciento de las mujeres aspiran a desempeñar cargos de alta dirección. Véase Powell, Gary N. y Butterfield, D. Anthony, «Gender, Gender Identity, and Aspirations to Top Management», *Women in Management Review* 18, n.º 1 (2003), pp. 88-96.

Un estudio realizado en 2007 entre directivos y profesionales en activo que hacían un máster también reveló que las mujeres tenían aspiraciones relativamente más débiles a ocupar cargos de alta dirección. Véase Litzsky, Barrie y Greenhaus, Jeffrey, «The Relationship Between Gender and Aspirations to Senior Management», *Career Development International* 12, n.º 7 (2007), pp. 637-659. Una encuesta realizada entre personas que se habían titulado en uno de los principales doce másteres universitarios entre 1981 y 1995 mostró que solo un 44 por ciento de las mujeres estaba total o moderadamente de acuerdo en que tenían un «deseo de avanzar hasta llegar a un cargo de gran responsabilidad» en comparación con un 60 por ciento de los hombres que estaban total o moderadamente de acuerdo con dicha afirmación. Véase Catalyst, Centro para la Educación de las Mujeres de la Universidad de Michigan y facultad de ciencias empresariales de la Universidad de Michigan, *Women and the MBA*. Un informe de McKinsey & Company reveló que, a medida que cumplen años, el deseo de las mujeres de avanzar disminuye con mayor rapidez que el de los hombres. El informe concluía que, en todas las edades, «hay más hombres que desean asumir más responsabilidad en sus organizaciones y tener más control sobre los resultados». Véase Barsh, Joanna y Yee, Lareina, *Special Report: Unlocking the Full Potential of Women in the U.S. Economy*, McKinsey & Company, abril de 2011, p. 6, <http://www.mckinsey.com/Client_Service/Organization/Latest_thinking/Unlocking_the_full_potential.aspx>.

Aunque la mayoría de las encuestas llegan a la conclusión de que hay más hombres que mujeres que aspiran a tener los puestos más destacados, una notable excepción es una encuesta realizada en 2004 por Catalyst entre unas 700 líderes femeninas y 250 líderes masculinos que trabajaban en empresas que figuraban en las lista Fortune 1000. Dicha encuesta encontró aspiraciones comparables de llegar a desempeñar el cargo de director general entre hombres y mujeres (55 por ciento de las mujeres y 57 por ciento de los hombres). Dicha encuesta también mostró que entre las personas que ocupaban puestos ejecutivos o relacionados con la gestión de personal había más mujeres que hombres que aspiraran a alcanzar el puesto de director general. Véase Catalyst, *Women and Men in U.S. Corporate Leadership: Same Workplace, Different Realities?* 2004, pp. 14-16, <http://www.catalyst.org/publication/145/women-and-men-in-us-corporate-leadership-same-workplace-different-realities>.

Existen varias explicaciones en cuanto a por qué las mujeres tienen aspiraciones inferiores a las de los hombres, incluida la de que las mujeres tienen las sensación de que sus características personales no encajan con un puesto de alta dirección, que con frecuencia se presentan en términos principalmente masculinos; que las mujeres tienen la sensación de que hay demasiados obstáculos que superar; que las mujeres no desean anteponer su carrera profesional a su familia; que las mujeres dan menos importancia que los hombres a las características profesionales propias de puestos de gran responsabilidad como un salario elevado, poder y prestigio; que la socialización de las funciones de género influye en la actitud y en las elecciones de niñas y mujeres acerca de los logros profesionales; y que las mujeres ocupan con mayor frecuencia puestos que no ofrecen oportunidades de avance y por ello reducen sus aspiraciones como respuesta a esta posición estructural de desventaja. Para obtener una revisión de estas explicaciones, véase Litzsky y Greenhaus, «The Relationship Between Gender and Aspirations to Senior Management», pp. 637-659. Para obtener un análisis de las opciones educativas y laborales de las mujeres, véase Eccles, Jacquelynne S., «Understanding Women's Educational and Occupational Choices: Applying the Eccles *et al.* Model of Achievement-Related Choices», *Psychology of Women Quarterly* 18, n.º 4 (1994), pp. 585-609. Para conocer un análisis de cómo la posición estructural condiciona las aspiraciones, véase Casserir, Naomi y Reskin, Barbara, «High Hopes: Organizational Position, Employment Experiences, and Women's and Men's Promotion Aspirations», *Work and Occupations* 27, n.º 4 (2000), pp. 438-463; y Moss Kanter, Rosabeth, *Men and Women of the Corporation*, 2ª ed., Nueva York, Basic Books, 1993.

26. Konrád, Alison M. *et al.*, «Sex Differences and Similarities in Job Attribute Preferences: A Meta-Analysis», *Psychological Bulletin* 126, n.º 4 (2000), pp. 593-641; y Eccles, «Understanding Women's Educational and Occupational Choices», pp. 585-609. Una encuesta realizada entre mujeres con un elevado nivel de cualificación llegó a la conclusión de que únicamente el 15 por ciento de ellas elegía «una posición de poder» como objetivo importante en su carrera. Véase Hewlett, Sylvia Ann y Buck Luce, Carolyn, «Off-Ramps and On-Ramps: Keeping Talented Women on the Road to Success», *Harvard Business Review* 83, n.º 3 (2005), p. 48. Diversos estudios realizados sobre preferencias de atributos laborales descubrieron que más hombres que mujeres prefieren empleos caracterizados por un trabajo que implique un desafío, poder e influencia sobre los demás, altos niveles de responsabilidad, asunción de riesgos, oportunidades de logro y avance y un gran prestigio. Las mujeres tienden a preferir trabajos en los que puedan ayudar a los demás, que les permitan desarrollar sus conocimientos y habilidades y que den la posibilidad de pasar tiempo con sus familias. Para obtener una revisión reciente de las investigaciones sobre este tema, véase Weisgram, Erica S., Dinella, Lisa M. y Fulcher, Megan, «The Role of Masculinity/Femininity, Values, and Occupational Value Affordances in Shaping Young Men's and Women's Occupational Choices» *Sex Roles* 65, n.º 3-4 (2011), pp. 243-258.

27. Schweitzer, Linda *et al.*, «Exploring the Career Pipeline: Gender Differences in Pre-Career Expectations», *Relations Industrielles* 66, n.º 3 (2011), pp. 422-444. Esta encuesta realizada entre 23.413 estudiantes canadienses de tercer grado reveló que alcanzar un puesto de dirección no más tarde de los tres años siguientes a la licenciatura era una prioridad fundamental para el

10 por ciento de los hombres pero solo para el 5 por ciento de las mujeres.

28. Hewlett y Luce, «Off-Ramps and On-Ramps», p. 48. Este estudio llevado a cabo entre mujeres y hombres con un alto nivel de cualificación mostró que casi la mitad de los hombres se describían a sí mismos como «sumamente ambiciosos» o «muy ambiciosos» en comparación con alrededor de un tercio de las mujeres. Cabe destacar que la proporción de mujeres que se describían a sí mismas como «muy ambiciosas» era más elevado entre las mujeres del área de los negocios (43 por ciento), del derecho y de la medicina (51 por ciento).

29. Patten, Eileen y Parker, Kim, *A Gender Reversal on Career Aspirations*, Pew Research Center, abril de 2012, <http://www.pewsocialtrends. org/2012/04/19/a-gender-reversal-on-career-aspirations/>. El descubrimiento de que las mujeres jóvenes ponen más énfasis en el éxito de sus carreras profesionales que los hombres jóvenes no se mantiene cuando se controla la educación. Entre los licenciados universitarios menores de cuarenta años, no hay ninguna diferencia significativa entre cuántos hombres y cuántas mujeres ponen un gran énfasis en el éxito de sus carreras profesionales. Existe una significativa diferencia por géneros entre los graduados no universitarios de menos de cuarenta años. Estos resultados se basan en muestras de poca amplitud y deben interpretarse con precaución.

30. La Generación Y se define normalmente como las personas nacidas entre el año 1980 y el año 2000.

31. Esta encuesta realizada entre adultos de la Generación Y descubrió que el 36 por ciento de los hombres, frente a solo el 25 por ciento de las mujeres, afirmaron que la frase «Aspiro a estar en un puesto de liderazgo sea cual sea el campo en el que termine desarrollando mi carrera profesional» se correspondía «muy bien» con su forma de pensar. Véase Goux, Darshan, *Millennials in the Workplace*, Centro Universitario Bentley para Mujeres en el Mundo Empresarial, 2012, pp. 17-25, <http://www.bentley. edu/centers/sites/www.bentley.edu.centers/files/centers/cwb/millennials-report.pdf>.

Otra encuesta, llevada a cabo en 2008 por las Girl Scouts, no encontró diferencia alguna entre las niñas y los niños en términos de su tendencia a tener aspiraciones de liderazgo y a pensar en sí mismos como líderes. La encuesta mostró que las niñas están más preocupadas para la reacción negativa de la sociedad. Un tercio de las niñas que afirmaron que no deseaban ser líderes atribuyó su falta de ese deseo al «miedo a que se rían de mí, a que la gente se enfade conmigo, a parecer mandona o a no despertar la simpatía de los demás». Véase Insituto de investigación de las Girl Scouts, *Change It Up: What Girls Say About Redefining Leadership* (2008), p. 19, <http://www.girlscouts.org/research/pdf/change_it_up_executive_summary_english.pdf>.

32. Ettus, Samantha, «Does the Wage Gap Start in Kindergarten?», *Forbes*, 13 de junio de 2012, <http://www.forbes.com/sites/samanthaettus/2012/06/13/kindergarten-wage-gap/>.

33. Un estudio realizado entre hombres y mujeres cualificados que poseían las credenciales necesarias para presentarse a un cargo político mostró que el

62 por ciento de los hombres frente al 46 por ciento de las mujeres habían considerado la posibilidad de presentarse a dicho puesto. El mismo estudio descubrió que el 22 por ciento de los hombres frente al 14 por ciento de las mujeres estaban interesados en presentarse al cargo en un futuro. Los hombres también tenían un 60 por ciento más de probabilidades que las mujeres de pensar que estaban «muy cualificados» para presentarse al cargo. Véase Lawless, Jennifer L. y Fox, Richard L., *Men Rule: The Continued Under-Representation of Women in U.S. Politics*, Washington D.C., Women & Politics Institute. American University, School of Public Affairs, enero de 2012, <http://www.american.edu/spa/wpi/upload/2012-Men-Rule-Report-final-web.pdf>.

34. Una encuesta realizada entre más de cuatrocientos estudiantes de estudios medios y superiores mostró que únicamente el 22 por ciento de las chicas frente a un 37 por ciento de los chicos afirmó que «ser responsable de otras personas» era «sumamente importante» o «muy importante» para ellos en un futuro puesto de trabajo. La encuesta también reveló que el 37 por ciento de las niñas, en comparación con el 51 por ciento de los niños, afirmó que «ser mi propio jefe» era «sumamente importante» o «muy importante» para ellas en un futuro empleo. Véase Marlino, Deborah y Wilson, Fiona, *Teen Girls on Business: Are They Being Empowered?*, The Committee of 200, Simmons College School of Management, abril de 2003, p. 21, <http://www.simmons.edu/som/docs/centers/TGOB_report_full.pdf>.

35. Johnson, Jenna, «On College Campuses, a Gender Gap in Student Government», *Washington Post,* 16 de marzo de 2011, <http://www.washington-post.com/local/education/on-college-campuses-a-gender-gap-in-student-government/2011/03/10/ABim1Bf_story.html>.

36. Para obtener más información sobre cómo las mujeres audaces contravienen las normas sociales, véase Heilman, Madeline E. y Okimoto, Tyler G., «Why Are Women Penalized for Success at Male Tasks? The Implied Communality Deficit», *Journal of Applied Psychology* 92, n.º 1 (2007), pp. 81-92; Heilman, Madeline E. *et al.*, «Penalties for Success: Reactions to Women Who Succeed at Male Gender-Typed Tasks», *Journal of Applied Psychology* 89, n.º 3 (2004), pp. 416-427; Eagly, Alice H. y Karau, Steven J., «Role Congruity Theory of Prejudice Toward Female Leaders», *Psychological Review* 109, n.º 3 (2002), pp. 573-598; y Heilman, Madeline E., «Description and Prescription: How Gender Stereotypes Prevent Women's Ascent up the Organizational Ladder», *Journal of Social Issues* 57, n.º 4 (2001), pp. 657-674.

37. Tzemach Lemmon, Gayle, «We Need to Tell Girls They Can Have It All (Even If They Can't)», *The Atlantic*, 29 de junio de 2012, <http://www.theatlantic.com/business/archive/2012/06/we-need-to-tell-girls-they-can-have-it-all-even-if-they-cant/259165/>.

38. Para ver reseñas sobre la investigación, véase Ling Halim, May y Ruble, Diane, «Gender Identity and Stereotyping in Early and Middle Childhood», *Handbook of Gender Research in Psychology: Gender Research in General and Experimental Psychology*, vol. 1, Joan C. Chrisler y Donald R. McReary, eds., Nueva York, Springer, 2010, pp. 495-525; Michael S. Kimmel y Amy Aron-

son, eds., *The Gendered Society Reader*, 3ª ed., Oxford, Oxford University Press, 2008; y Leaper, Campbell y Kay Friedman, Carly, «The Socialization of Gender», *Handbook of Socialization: Theory and Research*, Joan E. Grusec y Paul D. Hastings, eds., Nueva York, Guilford Press, 2007, pp. 561-587.

39. Clearfield, Melissa W. y Nelson, Naree M., «Sex Differences in Mother's Speech and Play Behavior with 6, 9, and 14-Month-Old Infants», *Sex Roles* 54, n.º 1-2 (2006), pp. 127-137. Diversos estudios han demostrado que los padres tienden a hablar más con sus hijas que con sus hijos. Además, las madres mantienen conversaciones emocionalmente más complejas y utilizan un estilo más familiar y alentador de comunicación con sus hijas que con sus hijos. Para consultar revisiones de la investigación, véase Clearfield y Nelson, «Sex Differences in Mother's Speech and Play Behavior», pp. 127-137; y Lovas, Gretchen S., «Gender and Patterns of Language Development in Mother-Toddler and Father-Toddler Dyads», *First Language* 31, n.º 1 (2011), pp. 83-108.

40. Mondschein, Emily R., Adolph, Karen E. y Tamis-Le Monda, Catherine S., «Gender Bias in Mothers' Expectations About Infant Crawling», *Journal of Experimental Child Psychology* 77, n.º 4 (2000), pp. 304-316.

41. Clearfield y Nelson, «Sex Differences in Mother's Speech and Play Behavior», pp. 127-137. Otro estudio que observó a cerca de ochocientas familias en cuatro lugares públicos diferentes descubrió que, en tres de los cuatro lugares, se permitía caminar por sí solos a un porcentaje mayor de niños pequeños que de niñas. Véase Mitchell, G. *et al.,* «Reproducing Gender in Public Places: Adults' Attention to Toddlers in Three Public Places», *Sex Roles* 26, n.º 7-8 (1992), pp. 323-330.

42. Gray, Emma, «Gymboree Onesies: "Smart Like Dad" for Boys, "Pretty Like Mommy" for Girls», *The Huffington Post*, 16 de noviembre de 2011, <http://www.huffingtonpost.com/2011/11/16/gymboree-onesies_n_1098435.html>.

43. Chang, Andrea, «JC Penney Pulls "I'm Too Pretty to Do Homework" Shirt», blog de *Los Angeles Times*, 31 de agosto de 2011, <http://latimes-blogs.latimes.com/money_co/2011/08/jcpenney-pulls-im-too-pretty-to-do-homework-shirt.html>.

44. A lo largo de los últimos cuarenta años, la discriminación sexual y las diferencias entre géneros en el aula han sido ampliamente estudiadas. En resumen, los estudios han revelado que los profesores prestan más atención a los niños que a las niñas. Los niños también tienden a tener una presencia más dominante en el aula. Aun así, en función de la metodología empleada (como la edad de los estudiantes, la materia que se imparte o el nivel de los alumnos), algunos estudios han demostrado pocas diferencias entre la interacción con el profesor y el comportamiento en el aula de niños y niñas. Cabe destacar que muy pocos estudios han documentado casos en los que las niñas reciban más atención de los profesores que los niños. Para consultar revisiones de la investigación, véase Beaman, Robyn, Wheldall, Kevin y Kemp, Carol, «Differential Teacher Attention to Boys and Girls in the Classroom», *Educational Review* 58, n.º 3 (2006), pp. 339-366; Jones, Susanne M. y Dindia, Kathryn, «A Meta-Analytic Perspective on Sex Equity in the

Classroom», *Review of Educational Research* 74, n.º 4 (2004), pp. 443-471; Rydell Altermatt, Ellen, Javanovic, Jasna y Perry, Michelle, «Bias or Responsivity? Sex and Achievement-Level Effects on Teachers' Classroom Questioning Practices», *Journal of Educational Psychology* 90, n.º 3 (1998), pp. 516-527; Sadker, Myra, Sadker, David y Klein, Susan, «The Issue of Gender in Elementary and Secondary Education», *Review of Research in Education* 17, 1991, pp. 269-334; y Hall, Roberta M. y Sandler, Bernice R., *The Classroom Climate: A Chilly One for Women?*, Washington D.C., Association of American Colleges, 1982.

45. Maida, Riley, «4 Year Old Girl Questions Marketing Strategies», vídeo de YouTube, 1.12 minutos, publicado por Neuroticy 2, 28 de diciembre de 2011, <http://www.youtube.com/watch?v=P3mTTIoB_oc>.

46. Danaher, Kelly y Crandall, Christian S., «Stereotype Threat in Applied Settings Re-Examined», *Journal of Applied Social Psychology* 38, n.º 6 (2008), pp. 1639-1655. Basándose en su análisis del género, la amenaza de los estereotipos y el resultado en la prueba de cálculo avanzado, Danaher y Crandall calculan que si la pregunta demográfica de género se trasladara al final de la prueba, 4.763 mujeres jóvenes más la aprobarían. Para conocer más investigaciones sobre cómo la amenaza del estereotipo disminuye el rendimiento de las mujeres, véase Good, Catherine, Aronson, Joshua y Harder, Jayne Ann, «Problems in the Pipeline: Stereotype Threat and Women's Achievement in High-Level Math Courses», *Journal of Applied and Developmental Psychology* 29, n.º 1 (2008), pp. 17-28.

Los estereotipos de toda clase, desde «los hombres blancos no saben jugar al baloncesto» hasta «los asiáticos son mejores en matemáticas», han demostrado que influyen tanto en el rendimiento como en la valoración de dicho rendimiento. Véase Stone, Jeff, Perry, Zachary W. y Darley, John M., «"White Men Can't Jump": Evidence for the Perceptual Confirmation of Racial Stereotypes Following a Basketball Game», *Basic and Applied Social Psychology* 19, n.º 3 (1997), pp. 291-306; Stone, Jeff *et al.,* «Stereotype Threat Effects on Black and White Athletic Performance», *Journal of Personality and Social Psychology* 77, n.º 6 (1999), pp. 1213-1227; y Shih, Margaret, Pittinsky, Todd L. y Ambady, Nalini, «Stereotype Susceptibility: Identity Salience and Shifts in Quantitative Performance», *Psychological Science* 10, n.º 1 (1999), pp. 80-83.

47. Shapiro, Jenessa R. y Williams, Amy M., «The Role of Stereotype Threats in Undermining Girls' and Women's Performance and Interest in STEM Fields», *Sex Roles* 66, n.º 3-4 (2011), pp. 175-183.

48. Goux, Darshan, *Millennials in the Workplace*, p. 32.

49. Glynn, Sarah Jane, *The New Breadwinners: 2010 Update*, Center for American Progress, abril de 2012, p. 2, <http://www.americanprogress.org/issues/labor/report/2012/04/16/11377/the-new-breadwinners-2010-update/>. En 2009, el 41,4 por ciento de las madres eran el sostén económico de sus familias y otro 22,5 por ciento aportaban ingresos al hogar junto a sus cónyuges.

50. Boushey, Heather, «The New Breadwinners», *The Shriver Report: A Woman Nation Changes Everything,* en Heather Boushey y Ann O'Leary, eds.,

informe elaborado por Maria Shriver y el Center of American Progress, octubre de 2009, p. 34, <http://www.americanprogress.org/issues/women/report/2009/10/16/6789/the-shriver-report/>.

51. Mather, Mark, *U.S. Children in Single-Mother Families*, Population Reference Bureau, informe de datos, mayo de 2012.

52. Gornick, Janet C. y Meyers, Marcia K., «Supporting a Dual-Earner/Dual-Career Society: Policy Lessons from Abroad», *A Democracy that Works: The Public Dimensions of the Work and Family Debate*, en Jody Hemann y Christopher Beem, eds., Nueva York, The New Press, próxima publicación.

53. Observatorio de Derechos Humanos, *Failing Its Families: Lack of Paid Leave and Work-Family Supports in the US*, febrero de 2011, <http://www.hrw.org/sites/default/files/reports/us0211webwcover.pdf>.

54. Bravo, Ellen, «"Having It All?"—The Wrong Question for Most Women», *Women's Media Center*, 26 de junio de 2012, <http://www.womensmediacenter.com/feature/entry/having-it-allthe-wrong-question-for-most-women>.

55. Meers, Sharon y Strober, Joanna, *Getting to 50/50: How Working Couples Can Have It All by Sharing It All*, Nueva York, Bantam Books, 2009.

56. Chait Barnett, Rosalind, «Women and Multiple Roles: Myths and Reality», *Harvard Review of Psychology* 12, n.º 3 (2004), pp. 158-164; Chait Barnett, Rosalind y Shibley Hyde, Janet, «Women, Men, Work, and Family: An Expansionist Theory», *American Psychologist* 56, n.º 10 (2001), pp. 781-796; y Chait Barnett, Rosalind y Rivers, Caryl, *She Works/He Works: How Two-Income Families are Happy, Healthy, and Thriving*, Cambridge, MA, Harvard University Press, 1998.

57. Buehler, Cheryl y O'Brian, Marion, «Mothers' Part-Time Employment: Associations with Mother and Family Well-Being», *Journal of Family Psychology* 25, n.º 6 (2011), pp. 895-906; Coley, Rebekah *et al.*, «Maternal Functioning, Time, Money: The World of Work and Welfare», *Children and Youth Services Review* 29, n.º 6 (2007), pp. 721-741; Bennetts, Leslie, *The Feminine Mistake: Are We Giving Up Too Much?*, Nueva York, Hyperion, 2007; Cook, Lynne P., «"Doing" Gender in Context: Household Bargaining and the Risk of Divorce in Germany and the United States», *American Journal of Sociology* 112, n.º 2 (2006), pp. 442-472; y Chait Barnett, Rosalind, «Women and Multiple Roles», pp. 158-164.

58. Esta expresión fue empleada por primera vez por Spencer Johnson en su libro de 1998, *¿Quién se ha llevado mi queso?*. Véase Johnson, Spencer, *¿Quién se ha llevado mi queso? Una manera sorprendente de afrontar el cambio en el trabajo y en la vida privada*, Nueva York, Putnam, 1998, p. 48.

Capítulo 2. Sentarse a la mesa

59. McIntosh, Peggy, «Feeling Like a Fraud», documento de trabajo de los Centros Wellesley a favor de las mujeres, n.º 18, Wellesley, MA, Stone Center Publications, 1985.

60. Una investigación sobre el síndrome del impostor realizada a finales de la

década de 1970 sugirió que era más preeminente entre mujeres cuyos logros habían sido grandes. Estudios posteriores, realizados en las décadas de 1980 y 1990, resultaron más ambiguos, ya que algunos estaban de acuerdo y otros revelaron que los hombres, en ocasiones, también eran vulnerables a este tipo de miedos, a niveles comparables. Más recientemente, diversos estudios centrados en estudiantes universitarios, estudiantes de doctorado y residentes de medicina familiar han vuelto a mostrar que este síndrome es más común entre las mujeres que entre los hombres. La mayoría de las investigaciones y trabajos sobre el síndrome del impostor afirman que las mujeres se ven más limitadas por él, ya que lo experimentan con mayor frecuencia e intensidad que los hombres. Para ver una disertación sobre el tema, véase Gibson-Beverly, Gina y Schwartz, Jonathan P., «Attachment, Entitlement, and the Imposter Phenomenon in Female Graduate Students», *Journal of College Counseling* 11, n.º 2 (2008), pp. 120-121; y Kumar, Shamala y Jagacinski, Carolyn M., «Imposters Have Goals Too: The Imposter Phenomenon and Its Relationship to Achievement Goal Theory», *Personality and Individual Differences* 40, n.º 1 (2006), 149. Para consultar otros estudios recientes, véase Jöstl, Gregor *et al.*, «When Will They Blow My Cover? The Imposter Phenomenon Among Austrian Doctoral Students», *Zeitschrift für Psychologie* 220, n.º 2 (2012), pp. 109-120; Neal McGregor, Loretta, Gee, Damon E. y Posey, K. Elizabeth, «I Feel Like a Fraud and It Depresses Me: The Relation Between the Imposter Phenomenon and Depression», *Social Behavior and Personality* 36, n.º 1, (2008), pp. 43-48; y Oriel, Kathy, Plane, Mary Beth, y Mundt, Marlon, «Family Medicine Residents and the Imposter Phenomenon», *Family Medicine* 36, n.º 4 (2004), pp. 248-252. Para consultar el estudio original, véase Clance, Pauline Rose y Ament Imes, Suzanne, «The Imposter Phenomenon in High Achieving Women: Dynamics and Therapeutic Intervention», *Psychotherapy: Theory, Research and Practice* 15, n.º 3 (1978), pp. 241-247.

61. «Tina Fey—From Spoofer to Movie Stardom», *The Independent*, 19 de marzo de 2010, <http://www.independent.co.uk/arts-entertainment/films/features/tina-fey—from-spoofer-to-movie-stardom-1923552.html>.

62. Lind, S. Scott *et al.*, «Competency-Based Student Self-Assessment on a Surgery Rotation», *Journal of Surgical Research* 105, n.º 1 (2002), pp. 31-34.

63. Lawless, Jennifer L. y Fox, Richard L., *Men Rule: The Continued Under-Representation of Women in U.S. Politics*, Washington D.C., Women & Politics Institute, School of Public Affairs de la American University, enero de 2012, <http://www.american.edu/spa/wpi/upload/2012-Men-Rule-Report-final-web.pdf>.

64. Grupo de trabajo sobre experiencias de estudiantes, *Study on Women's Experiences at Harvard Law School*, Cambridge, MA, Working Group on Student Experiencies, febrero de 2004, <http://www.law.harvard.edu/students/experiences/FullReport.pdf>. Un porcentaje superior de estudiantes de derecho varones se ubicaron a sí mismo en el quintil superior de su clase en las siguientes categorías: razonamiento legal (33% frente a un 15%), razonamiento cuantitativo (40% frente a un 11%), rapidez de reacción

(28% frente a un 17%), redacción de sumarios (23% frente a un 18%), argumentación oral (24% frente a un 13%), investigación (20% frente a un 11%), creación de consenso (27% frente a un 21%) y poder de persuasión (20% frente a un 12%). Solo en una de las cualidades, gestión de problemas éticos, hubo un porcentaje ligeramente superior de estudiantes mujeres (26%) que de estudiantes varones (25%) que se ubicaron a sí mismas en el quintil superior de su clase.

65. Para consultar estudios sobre cómo las mujeres consideran sus habilidades frente a los demás, véase Daubman, Kimberly A., Heatherington, Laurie y Ahn, Alicia, «Gender and the Self-Presentation of Academic Achievement», *Sex Roles* 27, n.º 3-4, (1992), pp. 187-204; Heatherington, Laurie *et al.*, «Two Investigations of "Female Modesty" in Achievement Situations», *Sex Roles* 29, n.º 11-12 (1993), pp. 739-754; y Heatherington, Laurie, Townsend, Laura S. y Burroughs, David P., «"How'd You Do on That Test?" The Effects of Gender on Self-Presentation of Achievement to Vulnerable Men», *Sex Roles* 45, n.º 3-4 (2001), pp. 161-177. Para una revisión y análisis del modo en que las mujeres se juzgan a sí mismas a la hora de realizar tareas masculinas, véase Beyer, Sylvia, «The Effects of Gender, Dysphoria, and Performance Feedback on the Accuracy of Self-Evaluations», *Sex Roles* 47, n.º 9-10 (2002), pp. 453-464.

66. Beyer, Sylvia, «Gender Differences in Causal Attributions by College Students of Performance on Course Examinations», *Current Psychology* 17, n.º 4 (1998), pp. 346-358. Diversas investigaciones han documentado la tendencia que tienen las niñas y mujeres a subestimar sus capacidades, habilidades y rendimiento en relación con los niños y los hombres, especialmente en lo que respecta a tareas masculinas. Sin embargo, en función de la metodología empleada, algunos estudios han demostrado que las mujeres ofrecen una valoración más precisa de su propio rendimiento, mientras que los hombres tienden a valorarlo de forma excesivamente positiva. Se han aventurado varias explicaciones para hallar la razón de por qué las mujeres tienden a autovalorarse a la baja, entre ellas: un bajo nivel de seguridad en sí mismas; la denominada «modestia femenina», que sostiene que, a fin de actuar según se espera del papel o estereotipo sexual y/o para evitar las consecuencias negativas de la falta de modestia femenina, las niñas y las mujeres deben presentarse de forma más humilde; y la preocupación por no dañar la autoestima de los demás. Desde este punto de vista relacional, las mujeres desean preservar un sentido de la igualdad y la compatibilidad dentro de sus relaciones personales, por lo que reducen sus autovaloraciones con el fin de evitar que los demás consideren que alardean o para evitar que otras personas, que quizá hayan obtenido resultados peores, se sientan mal. El sexo de la persona frente a la que las mujeres realizan una autoevaluación también puede afectar en ocasiones al grado en que ellas mismas se infravaloran, y se han hallado pruebas de que las mujeres reducen los resultados de sus autoevaluaciones en presencia de compañeros masculinos vulnerables, por ejemplo, reduciendo la estimación de su promedio de calificaciones frente a un compañero que esté preocupado por sus notas. Sin embargo, los estudios realizados sobre este tema en particular han ofrecido

resultados poco consistentes. Para consultar una revisión de estas explicaciones, véase Heatherington, Laurie, Townsend, Laura S. y Burroughs, David P., «"How'd You Do on That Test?"», pp. 161-177; y Heatherington, Laurie, Burns, Andrea B. y Gustafson, Timothy B., «When Another Stumbles: Gender and Self-Presentation to Vulnerable Others», *Sex Roles* 38, n.º 11-12 (1998), pp. 889-913.

67. Roberts, Tomi-Ann y Nolan-Hoeksema, Susan, «Sex Differences in Reactions to Evaluative Feedback», *Sex Roles* 21, n.º 11-12 (diciembre de 1989), pp. 725-747; y Johnson, Maria y Helgeson, Vicki S., «Sex Differences in Response to Evaluative Feedback: A Field Study», *Psychology of Women Quarterly* 26, n. º 3 (2002), pp. 242-251.

68. Beyer, Sylvia, «Gender Differences in Causal Attributions by College Students of Performance on Course Examinations», *Current Psychology* 17, n.º 4 (1998), p. 354. Para consultar un estudio sobre las consecuencias de la autoevaluación negativa, incluyendo la depresión y la reducción de las propias aspiraciones, véase Beyer, Sylvia y Bowden, Edward M., «Gender Differences in Self-Perception: Convergent Evidence from Three Measures of Accuracy and Bias», *Personality and Social Psychology Bulletin* 23, n.º 2 (1997), p.169.

69. Perlroth, Nicole y Cain Miller, Claire, «The $1.6 Billion Woman, Staying on Message», *New York Times*, 4 de febrero de 2012, <http://www.nytimes.com/2012/02/05/business/sheryl-sandberg-of-facebook-staying-on-message.html?pagewanted=all>.

70. Carney, Dana R., Cuddy, Amy J. C. y Yap, Andy J., «Power Posing: Brief Nonverbal Displays Affect Neuroendocrine Levels and Risk Tolerance», *Psychological Science* 21, n.º 10 (2010), pp. 1363-1368.

71. Bosker, Bianca, «Cisco Tech Chief Outlines the Advantages of Being a Woman in Tech», *The Huffington Post*, 27 de octubre de 2011, <http://www.huffingtonpost.com/2011/10/27/cisco-chief-technology-officer-woman-in-tech_n_1035880.html>.

72. Cain Miller, Claire, «For Incoming I.B. M. Chief, Self-Confidence Is Rewarded», *New York Times*, 27 de octubre de 2011, <http://www.nytimes.com/2011/10/28/business/for-incoming-ibm-chief-self-confidence-rewarded.html>.

Capítulo 3. Éxito y simpatía

73. Howard, Caroline, «The World's 100 Most Powerful Women: This Year It's All About Reach», *Forbes*, 24 de agosto de 2011, <http://www.forbes.com/sites/carolinehoward/2011/08/24/the-worlds-100-most-powerful-women-this-year-its-all-about-reach/>.

74. El profesor Frank J. Flynn ofreció una descripción y un análisis del estudio durante una conversación con la autora, el 22 de junio de 2011.

75. Para leer el estudio de este caso práctico, véase McGinn, Kathleen y Tempest, Nicole, *Heidi Roizen*, estudio de caso práctico n.º 9-800-228 de la facultad de

228 | VAYAMOS ADELANTE

ciencias empresariales de Harvard, Boston, Harvard Business School Publishing, 2009.

76. Heilman, Madeline E. y Okimoto, Tyler G., «Why Are Women Penalized for Success at Male Tasks?: The Implied Communality Deficit», *Journal of Applied Psychology* 92, n.° 1 (2007), pp. 81-92; Heilman, Madeline E. *et al.*, «Penalties for Success: Reactions to Women Who Succeed at Male Gender-Typed Tasks», *Journal of Applied Psychology* 89, n.° 3 (2004), pp. 416-427; y Heilman, Madeline E., Block, Caryn J. y Martell, Richard F., «Sex Stereotypes: Do They Influence Perceptions of Managers?», *Journal of Social Behavior and Personality* 10, n.° 6 (1995), 237-252. Para consultar útiles informes sobre temas relevantes, véase Eagly, Alice H. y Karau, Steven J., «Role Congruity Theory of Prejudice Toward Female Leaders», *Psychological Review* 109, n.° 3 (2002), pp. 573-598; Heilman, Madeline E., «Description and Prescription: How Gender Stereotypes Prevent Women's Ascent up the Organizational Ladder», *Journal of Social Issues* 57, n.° 4 (2001), pp. 657-674; y Ridgeway, Cecilia L., «Gender, Status, and Leadership», *Journal of Social Issues* 57, n.° 4 (2001), pp. 637-655. Cabe destacar que las mujeres de éxito deben sacrificar la simpatía de los demás especialmente en aquellos ámbitos que se consideran masculinos.

77. Kernahan, Cyndi, Bartholow, Bruce D. y Bettencourt, B. Ann, «Effects of Category-Based Expectancy Violation on Affect-Related Evaluations: Toward a Comprehensive Model», *Basic and Applied Social Psychology* 22, n.° 2 (2000), pp. 85-100; y Bettencourt, B. Ann *et al.*, «Evaluations of Ingroup and Outgroup Members: The Role of Category-Based Expectancy Violation», *Journal of Experimental Social Psychology* 33, n.° 3 (1997), pp. 244-275. Diversas investigaciones sobre este tema, conocido como «teoría de la expectativa», han descubierto que tendemos a evaluar a las personas basándonos en estereotipos sobre los grupos a los que pertenecen. Cuando una persona actúa de un modo que contraviene nuestras expectativas preconcebidas, nos llama la atención y la evaluamos de un modo más extremo e intenso de lo que lo haríamos si no fuera así.

78. Vendantam, Shankar, «"Nicer Sex" Image at Play in Politics», *Chicago Tribune*, 13 de noviembre de 2007, <http://articles.chicagotribune.com/2007-11-13/news/0711120690_1_female-leaders-women-and-leadership-social-psychologist>.

79. Auletta, Ken, «A Woman's Place: Can Sheryl Sandberg Upend Silicon Valley's Male-Dominated Culture?», *The New Yorker*, 11 de julio de 2012, <http://www.newyorker.com/reporting/2011/07/11/110711fa_fact_auletta?currentPage=all>.

80. Profesora Deborah H. Gruenfeld, conversación con la autora, 22 de junio de 2012.

81. Un estudio realizado por Heilman, Madeline E. *et al.* (2004) mostró que, entre empleados competentes, aquellos que despertaban menos simpatías recibían menos recomendaciones para recompensas por parte de la organización (como por ejemplo ascensos, aumentos salariales, etc.) que los empleados que despertaban más simpatías. Véase Heilman, Madeline E. *et al.*, «Penalties for Success», pp. 416-427.

82. Rudman, Laurie A., «Self-Promotion as a Risk Factor for Women: The Costs and Benefits of Counterstereotypical Impression Management», *Journal of Personality and Social Psychology* 74, n.° 3 (1998), pp. 629-645; Rudman, Laurie A. y Glick, Peter, «Feminized Management and Backlash Toward Agentic Women: The Hidden Costs to Women of a Kinder, Gentler Image of Middle-Managers», *Journal of Personality and Social Psychology* 77, n.° 5 (1999), pp. 1004-1010; y Rudman, Laurie A. y Glick, Peter, «Prescriptive Gender Stereotypes and Backlash Toward Agentic Women», *Journal of Social Issues* 57, n.° 4 (2001), pp. 743-762.

83. Profesor Francis J. Flynn, durante una conversación con la autora, 22 de junio de 2011.

84. Heilman, Madeline E. y Chen, Julie J., «Same Behavior, Different Consequences: Reactions to Men's and Women's Altruistic Citizenship Behaviors», *Journal of Applied Psychology* 90, n.° 3 (2005), pp. 431-441.

85. Catalyst, *The Double-Bind Dilemma for Women in Leadership: Damned if You Do, Doomed if You Don't,* julio de 2007, p. 1, <http://www.catalyst.org/file/45/the%20double-bind%20dilemma%20for%20women%20in%20leadership%20damned%20if%20you%20do,%20doomed%20if%20you%20don%E2%80%99t.pdf>.

86. Babcock, Linda y Laschever, Sara, *Women Don't Ask,* Nueva York, Bantam Books, 2007, pp. 1-4; Babcock, Linda *et al.*, «Gender Differences in the Propensity to Initiate Negotiations», *Social Psychology and Economics*, en David De Cremer, Marcel Zeelenberg y J. Keith Murnighan, eds., Mahwah, NJ, Lawrence Erlbaum, 2006, pp. 239-259; y Greig, Fiona, «Propensity to Negotiate and Career Advancement: Evidence from an Investment Bank that Women Are on a "Slow Elevator"», *Negotiation Journal* 24, n.° 4 (2008), pp. 495-508. En general, los estudios demuestran que los hombres negocian más que las mujeres y tienden a cosechar más recompensas a partir de sus esfuerzos. Sin embargo, estas tendencias dependen del contexto en que se produzca la negociación. Small *et al.* (2007) descubrió que las diferencias de género a la hora de iniciar una negociación desaparecen si la situación se define como una oportunidad de «pedir» en contraposición a una oportunidad de «negociar». Y Bowles *et al.* (2005) mostró que los resultados de las mujeres mejoran enormemente si negocian para otras personas y no para sí mismas. Véase Small, Deborah A. *et al.*, «Who Goes to the Bargaining Table? The Influence of Gender and Framing on the Initiation of Negotiation», *Journal of Personality and Social Psychology* 93, n.° 4 (2007), pp. 600-613; y Riley Bowles, Hannah *et al.*, «Constraints and Triggers: Situational Mechanics of Gender in Negotiation», *Journal of Personality and Social Psychology* 89, n.° 6 (2005), pp. 951-965.

87. Babcock y Laschever, *Women Don't Ask*, pp. 1-2.

88. Amanatullah, Emily T. y Tinsley, Catherine H., «Punishing Female Negotiators for Asserting Too Much ... Or Not Enough: Exploring Why Advocacy Moderates Backlash Against Assertive Female Negotiators», *Organizational Behavior and Human Decision Processes* 120, n.° 1 (2013), pp. 110-122; y Riley Bowles, Hannah, Babcock, Linda y Lai, Lei, «Social Incentives for Gender Differences in the Propensity to Initiate Negotiations: Sometimes It

Does Hurt to Ask», *Organizational Behavior and Human Decision Processes* 103, n.° 1 (2007), pp. 84-103.

89. Amanatullah, Emily T. y Morris, Michael W., «Negotiating Gender Roles: Gender Differences in Assertive Negotiating Are Mediated by Women's Fear of Backlash and Attenuated When Negotiating on Behalf of Others», *Journal of Personality and Social Psychology* 98, n.° 2 (2010), pp. 256-267; y Bowles *et al.*, «Constraints and Triggers», pp. 951-965.

90. Riley Bowles, Hannah, Babcock, Linda y Lai, Lei, «Social Incentives for Gender Differences», pp. 84-103.

91. Riley Bowles, Hannah y Babcock, Linda, «How Can Women Escape the Compensation Negotiation Dilemma? Relational Accounts Are One Answer», *Psychology of Women Quarterly*, artículo de prensa, 2012, p. 2, <http://dx.doi.org/10.1177/0361684312455524.>

92. Ibídem, pp. 1-17.

93. Ridgeway, Cecilia L., «Status in Groups: The Importance of Motivation», *American Sociological Review* 47, n.° 1 (1982), pp. 76-88. En el contexto de grupos masculinos, se descubrió que las mujeres eran más influyentes cuando hacían afirmaciones orientadas hacia el grupo (por ejemplo, «Creo que es importante que todos colaboremos»).

94. Riley Bowles, Hannah y Babcock, Linda, «How Can Women Escape the Compensation Negotiation Dilemma?», pp. 1-17.

95. Babcock, Linda y Laschever, Sara, *Ask for It: How Women Can Use the Power of Negotiation to Get What They Really Want*, Nueva York, Bantam Dell, 2008, p. 253.

96. Para obtener más información y orientación sobre cómo ser «implacablemente complaciente», véase Babcock, Linda y Laschever, Sara, *Ask for It*, pp. 251-266.

97. Boyd, E. B., «Where Is the Female Mark Zuckerberg?», *San Francisco*, diciembre de 2011, <http://www.modernluxury.com/san-francisco/story/where-the-female-mark-zuckerberg>.

Capítulo 4. Es un trepador infantil, no una escalera

98. Valenti, Jessica, «Sad White Babies with Mean Feminist Mommies», blog de Jessica Valenti, 19 de junio de 2012, <http://jessicavalenti.tumblr.com/post/25465502300/sad-white-babies-with-mean-feminist-mommies-the>.

99. Bureau of Labor Statistics, *Number of Jobs Held, Labor Market Activity, and Earnings Growth Among the Youngest Baby Boomers: Results from a Longitudinal Study* (julio de 2012), <http://www.bls.gov/news.release/pdf/nlsoy.pdf>. Este informe puso de manifiesto que la persona promedio nacida entre 1957 y 1964 había tenido 11,3 empleos entre los dieciocho y los cuarenta y seis años, casi la mitad de ellos entre los dieciocho y los veinticuatro.

100. Para consultar revisiones de investigaciones sobre el hecho de que las mujeres tienden a ser más reticentes a asumir riesgos que los hombres, véase

Bertrand, Marianne, «New Perspectives on Gender», *Handbook of Labor Economics*, vol. 4B, en Orley Ashenfelter y David Card, eds., Ámsterdam, North Holland, 2010, pp. 1544-90; Croson, Rachel y Gneezy, Uri, «Gender Differences in Preferences», *Journal of Economic Literature* 47, n.º 2 (2009), pp. 448-474; y Eckel, Catherine C. y Grossman, Phillip J., «Men, Women, and Risk Aversion: Experimental Evidence», *Handbook of Experimental Economics Results*, vol. 1, en Charles R. Plott y Vernon L. Smith, Ámsterdam, North Holland, 2008, pp. 1061-1073.

101. Centers for Disease Control and Prevention, *Drowning Risks in Natural Water Settings*, <http://www.cdc.gov/Features/dsDrowningRisks/>.

102. Lyness, Karen S. y Schrader, Christine A., «Moving Ahead or Just Moving? An Examination of Gender Differences in Senior Corporate Management Appointments», *Gender & Organization Management* 31, n.º 6 (2006), 651-676. Este estudio examinó 952 anuncios en *The Wall Street Journal* sobre la designación de puestos de alta dirección. El análisis de los anuncios demostró que, en comparación con sus compañeros varones, los nuevos puestos de las mujeres eran más similares a los que ocupaban anteriormente y que las mujeres tendían menos a cambiar de empresa. Entre quienes ocupaban puestos de dirección de personal, las mujeres tendían menos que los hombres a cambiar a un puesto ejecutivo o a una nueva área funcional. Estas diferencias sugieren que los cambios en el empleo de las mujeres quizá ofrecen menos beneficios laborales que los beneficios que reciben los hombres por cambiar de puesto.

103. Schiebinger, Londa, Davies, Andrea y Gilmartin, Shannon K., *Dual-Career Academic Couples: What Universities Need to Know*, Clayman Institute for Gender Researches, Universidad de Stanford, 2008, <http://gender.stanford.edu/sites/default/files/DualCareerFinal_0.pdf>; Shauman, Kimberlee A. y Noonan, Mary C., «Family Migration and Labor Force Outcomes: Sex Differences in Occupational Context», *Social Forces* 85, n.º 4 (2007), pp. 1735-1764; y Stone, Pam, *Opting Out? Why Women Really Quit Careers and Head Home*, Berkeley, University of California Press, 2007.

104. De Pater, Irene E. *et al.*, «Challenging Experiences: Gender Differences in Task Choice», *Journal of Managerial Psychology* 24, n.º 1 (2009), pp. 4-28. En este estudio los autores encuestaron a casi cien estudiantes de escuelas de negocios sobre su experiencia como becarios. La encuesta descubrió que, en condiciones de «mayor libertad de decisión», en el que los becarios tenían más control sobre las cosas que hacían durante su período como tales, las mujeres indicaron que habían vivido menos experiencias estimulantes. En De Pater, Irene E. *et al.*, «"Individual Task Choice and the Division of Challenging Tasks Between Men and Women», *Group & Organization Management* 34, n.º 5 (2009), pp. 563-589, los investigadores descubrieron que, cuando parejas de hombres y mujeres negociaban acerca de la asignación de tareas, los hombres terminaban asumiendo las más estimulantes. Para consultar hallazgos que sugieren que las creencias influidas por el género, como que «las mujeres necesitan protección» (sexismo benévolo) impiden el acceso de las mujeres a tareas estimulantes, véase King, Eden B. *et al.*, «Benevolent Sexism at Work: Gender Differences in the Distribution of

Challenging Developmental Experiences», *Journal of Management* 38, n.º 6 (2012), pp.1835-1866.

105. Desvaux, Georges, Devillard-Hoellinger, Sandrine y Meaney, Mary C., «A Business Case for Women», *The McKinsey Quarterly*, septiembre de 2008, p. 4, <http://www.rctaylor.com/Images/A_Business_Case_for_Women.pdf>.

106. Lloyds TSB descubrió que sus empleadas tendían a no proponerse a sí mismas para un ascenso a pesar de tener un 8 por ciento más de posibilidades de cumplir con los estándares de rendimiento o superarlos que sus colegas masculinos. Véase Desvaux, Georges, Devillard-Hoellinger, Sandrine y Meaney, Mary C., «A Business Case for Women», p. 4. Diversos estudios sobre género y ascensos laborales realizados mayoritariamente a nivel universitario en Inglaterra y Australia también descubrieron que las mujeres dudan a la hora de proponerse a sí mismas para un ascenso con frecuencia debido a que subestiman sus propias capacidades, habilidades y experiencia laboral. Véase Ross-Smith, Anne y Chesterman, Colleen, «"Girl Disease": Women Managers' Reticence and Ambivalence Towards Organizational Advancement», *Journal of Management & Organization* 15, n.º 5 (2009), pp. 582-595; Doherty, Liz y Manfredi, Simonetta, «Women's Progression to Senior Positions in English Universities», *Employee Relations* 28, n.º 6 (2006), pp. 553-572; y Probert, Belinda, «"I Just Couldn't Fit It In": Gender and Unequal Outcomes in Academic Careers», *Gender, Work and Organization* 12, n.º 1 (2005), pp. 50-72.

Capítulo 5. ¿Es usted mi mentor?

107. Seligson, Hannah, «Ladies, Take off Your Tiara!», *The Huffington Post*, 20 de febrero de 2007, <http://www.huffingtonpost.com/hannah-seligson/ladies-take-off-your-tiar_b_41649.html>.

108. Los mentores ofrecen asesoramiento, apoyo y consejos a sus tutelados. Los patrocinadores están en puestos de alta responsabilidad y emplean su influencia y su poder para abogar a favor de su tutelado, por ejemplo haciendo presión para que se le otorgue un proyecto de larga duración o un ascenso. Para consultar una disertación sobre las diferencias entre mentores y patrocinadores, véase Ibarra, Herminia, Carter, Nancy M. y Silva, Christine, «Why Men Still Get More Promotions than Women», *Harvard Business Review* 88, n.º 9 (2010), pp. 80-85; y Hewlett, Sylvia Ann *et al.*, *The Sponsor Effect: Breaking Through the Last Glass Ceiling*, a *Harvard Business Review*, informe de investigación, diciembre de 2010, pp. 5-7.

109. Varios estudios han demostrado que las personas que poseen un mentor y un patrocinador afirman tener más éxito en sus carreras laborales (por ejemplo una compensación más elevada, un mayor número de ascensos, mayor satisfacción con sus carreras profesionales y con el puesto que ocupan y más compromiso con sus carreras). Véase Allen, Tammy D. *et al.*, «Career Benefits Associated with Mentoring for Protégés: A Meta-Analysis», *Journal of Applied Psychology* 89, n.º 1 (2004), pp. 127-136. Un estudio llevado a cabo entre varios miles de trabajadores de oficina con al menos

una licenciatura universitaria reveló que el patrocinio parecía animar tanto a hombres como a mujeres a solicitar asignaciones de proyectos prolongados y aumentos de sueldo. Entre los hombres encuestados que tenían un patrocinador, el 56 por ciento probablemente solicitarían un proyecto prolongado y el 49 por ciento probablemente solicitarían un aumento de sueldo. Por contraste, entre los hombres encuestados que no tenían un patrocinador, tan solo el 43 por ciento probablemente solicitaría un proyecto prolongado y el 37 por ciento probablemente solicitaría un aumento de sueldo. Entre las mujeres encuestadas que tenían un patrocinador, el 44 por ciento solicitarían un proyecto prolongado y el 38 por ciento probablemente solicitarían un aumento de sueldo. Por contraste, entre las mujeres encuestadas que no tenían un patrocinador, tan solo el 36 por ciento probablemente solicitaría un proyecto prolongado y solo el 30 por ciento solicitaría un aumento de sueldo. Véase Hewlett, Sylvia Ann *et al.*, *The Sponsor Effect,* pp. 9-11.

110. Para consultar una disertación sobre las dificultades que las mujeres pueden encontrar con el patrocinio, véase O'Brien, Kimberly E. *et al.*, «A Meta-Analytic Investigation of Gender Differences in Mentoring», *Journal of Management* 36, n.º 2 (2010), pp. 539-540. En general, los hombres y las mujeres cuentan con mentores en proporciones similares, sin embargo no todos los mentores ofrecen el mismo tipo de beneficios y recompensas. Por ejemplo, los mentores que poseen más poder e influencia en sus organizaciones (normalmente hombres blancos) pueden ofrecer mejores oportunidades laborales a sus protegidos que los mentores que poseen menos poder (normalmente mujeres y minorías). Las investigaciones indican que los hombres, especialmente los de raza blanca, tienden a tener mentores más influyentes que las mujeres (o que los hombres pertenecientes a minorías). Un estudio llevado a cabo por Catalyst descubrió que, mientras que el 78 por ciento de los profesionales varones tenían como mentor a un director general u otro ejecutivo de alto nivel, tan solo el 69 por ciento de las profesionales tenían como mentores a personas que tuvieran cargos de tan elevado nivel. Esta diferencia pone a las mujeres en desventaja, ya que los tutelados con mentores de mayor rango indicaron que su carrera avanzó a una velocidad mayor. Véase Ibarra, Herminia, Carter, Nancy M. y Silva, Christine, «Why Men Still Get More Promotions than Women», pp. 80-85. Véase también Dreher, George F. y Cox, Taylor H. Jr., «Race, Gender, and Opportunity: A Study of Compensation Attainment and the Establishing of Mentoring Relationships», *Journal of Applied Psychology* 81, n.º 3 (1996), pp. 297-308.

111. La encuesta llevada a cabo por Hewlett, Sylvia Ann *et al.* entre empleados de oficina con un nivel elevado de estudios descubrió que el 19 por ciento de los hombres afirmó tener patrocinadores en comparación con el 13 por ciento de las mujeres. Véase Hewlett, Sylvia Ann *et al.*, *The Sponsor Effect*, 8-11. Un estudio realizado en 2010 entre hombres y mujeres de gran potencial reveló que, en comparación con sus compañeros varones, las mujeres tenían «un exceso de mentores y muy pocos patrocinadores». Véase Ibarra, Herminia, Carter, Nancy M. y Silva, Christine, «Why Men Still Get More Promotions than Women», pp. 80-85.

112. Singh, Romila, Ragins, Belle Rose y Tharenou, Phyllis, «Who Gets a Mentor? A Longitudinal Assessment of the Rising Star Hypothesis», *Journal of Vocational Behavior* 74, n.º 1 (2009), pp. 11-17; y Allen, Tammy D., Poteet, Mark L. y Russell, Joyce E. A., «Protégé Selection by Mentors: What Makes the Difference?», *Journal of Organizational Behavior* 21, n.º 3 (2000), pp. 271-272.

113. Gouldner, Alvin W., «The Norm of Reciprocity: A Preliminary Statement», *American Sociological Review* 25, n.º 2 (1960), pp. 161-168.

114. Allen, Tammy D., Poteet, Mark L. y Burroughs, Susan M., «The Mentor's Perspective: A Qualitative Inquiry and Future Research Agenda», *Journal of Vocational Behavior* 51, n.º 1 (1997), p. 86.

115. Hewlett, Sylvia Ann *et al.*, *The Sponsor Effect*, p. 35.

Capítulo 6. Buscar y decir tu verdad

116. Ibarra Herminia, Carter, Nancy M. y Silva, Christine, «Why Men Still Get More Promotions than Women», pp. 80-85.

117. Lloyd, Denise L. *et al.*, «Expertise in Your Midst: How Congruence Between Status and Speech Style Affects Reactions to Unique Knowledge», *Group Processes & Intergroup Relations* 13, n.º 3 (2010), pp. 379-395; y Hosman, Lawrence A., «The Evaluative Consequences of Hedges, Hesitations, and Intensifiers: Powerful and Powerless Speech Styles», *Human Communication Research* 15, n.º 3 (1989), pp. 383-406. Para consultar una disertación sobre cómo el poder da forma a nuestro comportamiento, véase Keltner, Dacher, Gruenfeld, Deborah H. y Anderson, Cameron, «Power, Approach, Inhibition», *Psychological Review* 110, n.º 2 (2003), pp. 265-284. Para consultar una disertación sobre género y formas de hablar, véase Ridgeway, Cecilia L. y Smith-Lovin, Lynn, «The Gender System and Interaction», *Annual Review of Sociology* 25, n.º 1 (1999), pp. 202-203.

118. Bell Leadership Institute, *Humor Gives Leaders the Edge,* 2012, <http://www.bellleadership.com/pressreleases/press_template.php?id=15>.

119. Una investigación llevada a cabo por Kimberly D. Elsbach (profesora de dirección en la Universidad de California en Davis) y por sus colegas reveló que la mayoría de las veces en que las mujeres lloran en el trabajo reciben reacciones negativas por parte de sus compañeros, a menos que lloren por un problema personal grave como una muerte en la familia o un divorcio. Llorar durante una reunión o a causa de la presión profesional o por un desacuerdo se considera «poco profesional», «perjudicial», «un signo de debilidad» e incluso una «manipulación». Para consultar una descripción más detallada de los hallazgos de la profesora Elsbach, ver Goudreau, Jenna, «Crying at Work, a Woman's Burden», *Forbes,* 11 de enero de 2011, <http://www.forbes.com/sites/jennagoudreau/2011/01/11/crying-at-work-a-womans-burden-study-men-sex-testosterone-tears-arousal/>.

Capítulo 7: No te vayas antes de irte

120. Buckingham, Marcus, «Leadership Development in the Age of the Algorithm», *Harvard Business Review* 90, n.º 6 (2012), pp. 86-94; y George, Bill *et al.,* «Discovering Your Authentic Leadership», *Harvard Business Review* 85, n.º 2 (2007), pp. 129-138.

121. En general, las investigaciones sobre este tema han revelado que, aunque las mujeres jóvenes con frecuencia afirman tener un compromiso fuerte tanto con su futura carrera profesional como con su futura familia, anticipan que la combinación de ambas será difícil y conllevará algunas renuncias. Fetterolf, Janelle C. y Eagly, Alice H., «Do Young Women Expect Gender Equality in Their Future Lives? An Answer from a Possible Selves Experiment», *Sex Roles* 65, n.º 1–2 (2011), pp. 83–93; Brown, Elizabeth R. y Diekman, Amanda B., «What Will I Be? Exploring Gender Differences in Near and Distant Possible Selves», *Sex Roles* 63, n.º 7–8 (2010), pp. 568–579; y Stone, Linda y McKee, Nancy P., «Gendered Futures: Student Visions of Career and Family on a College Campus», *Anthropology & Education Quarterly* 31, n.º 1 (2000), pp. 67–89.

122. Lazin Novack, Lesley y Novack, David R., «Being Female in the Eighties and Nineties: Conflicts between New Opportunities and Traditional Expectations Among White, Middle Class, Heterosexual College Women», *Sex Roles* 35, n.º 1–2 (1996), p. 67. Novack y Novack descubrieron que, si se les obligaba a escoger entre casarse o tener una carrera profesional, el 18 por ciento de los estudiantes y el 38 por ciento de las estudiantes que participaron en su estudio elegiría casarse. También descubrieron que el 67 por ciento de los estudiantes y el 49 por ciento de las estudiantes elegiría tener una carrera profesional en lugar de casarse. Cabe destacar que en torno a un 22 por ciento de los hombres y un 15 por ciento de las mujeres rechazaron responder esta pregunta que les hacía elegir entre matrimonio o carrera, y la mayoría de ellos creó su propia respuesta en la que afirmaban que tendrían ambas cosas. Los autores señalan que «muchos hombres encontraban la elección entre matrimonio y carrera inaceptable, probablemente porque, a lo largo de la historia, se les ha permitido experimentar ambas opciones». Una encuesta reciente realizada por el Pew Research Center mostró que, entre personas jóvenes de entre dieciocho y treinta y cuatro años, el porcentaje de personas que afirma que «tener un matrimonio de éxito» es «una de las cosas más importantes» de su vida ha aumentado entre las mujeres jóvenes pero ha disminuido entre los hombres jóvenes desde 1997. Véase Patten, Eileen y Parker, Kim, *A Gender Reversal on Career Aspirations* Pew Research Center, abril de 2012, <http://www.pewsocialtrends.org/2012/04/19/a-gender-reversal-on-career-aspirations/>. Otro estudio reciente realizado entre personas jóvenes de entre dieciocho y treinta y un años reveló que las mujeres sentían una mayor «atracción hacia el matrimonio» que los hombres. Véase Owen Blakemore, Judith E., Lawton, Carol A. y Vartanian, Lesa Rae, «I Can't Wait to Get Married: Gender Differences in Drive to Marry», *Sex Roles* 53, n.º 5–6 (2005), pp. 327–335. Para consultar una notable excepción, véase Erchull, Mindy J. *et al.,* «Well...

She Wants It More: Perceptions of Social Norms About Desires for Marriage and Children and Anticipated Chore Participation», *Psychology of Women Quarterly* 34, n.º 2 (2010), pp. 253–260, en el que se encuestó a estudiantes universitarios y se descubrió que no había diferencia alguna entre hombres y mujeres en el nivel de deseo de casarse que han manifestado.

123. Para consultar disertaciones sobre estudios de la satisfacción en el trabajo y la producción, véase Böckerman, Petri y Ilmakunnas, Pekka, «Job Disamenities, Job Satisfaction, Quit Intentions, and Actual Separations: Putting the Pieces Together», *Industrial Relations* 48, n.º 1 (2009), pp. 73–96; y Brooks, Holtom *et al.*, «Turnover and Retention Research: A Glance at the Past, a Closer Review of the Present, and a Venture into the Future», *The Academy of Management Annals* 2, n.º 1 (2008), pp. 231–274.

124. O'Connor, Caroline, «How Sheryl Sandberg Helped Make One Entrepreneur's Big Decision», red de blogs de *Harvard Business Review*, 26 de septiembre de 2011, <http://blogs.hbr.org/cs/2011/09/how_sheryl_sandberg_helped_mak.html>.

125. Aproximadamente el 80 por ciento de las mujeres que no tienen hijos se encuentran en el mercado laboral. Entre las mujeres con hijos, esta cifra desciende hasta el 70,6 por ciento. En el caso de los hombres, tener hijos aumenta su participación en el mundo laboral. Alrededor de un 86 por ciento de los hombres que no tienen hijos y un 94,6 por ciento de los hombres que tienen hijos se encuentran en el mercado laboral. Estos índices de participación laboral están basados en índices de empleo de hombres y mujeres de entre veinticinco y cuarenta y cuatro años, con y sin hijos menores de dieciocho años. Oficina de Estadística Laboral, «Table 6A: Employment Status of Persons by Age, Presence of Children, Sex, Race, Hispanic or Latino Ethnicity, and Marital Status, Annual Average 2011», Encuesta sobre población actual, características de empleo, tabla no publicada, 2011.

126. Organización para la cooperación y el desarrollo económicos (OECD, por sus siglas en inglés), «Chart LMF1.2B: Maternal Employment Rates by Age of Youngest Child, 2009», base de datos sobre familias de la OECD, división de política social, Dirección nacional de empleo, asuntos laborales y sociales, <http://www.oecd.org/els/familiesandchildren/38752721.pdf>.

127. Cotter, David, England, Paula y Hermsen, Joan, «Moms and Jobs: Trends in Mothers' Employment and Which Mothers Stay Home», *Families as They Really Are*, en Barbara J. Risman, ed., Nueva York, W.W. Norton, 2010, pp. 416–424. Aquellas mujeres cuyos maridos ganan menos (en el cuarto inferior de los ingresos masculinos) son el grupo de mujeres que más probabilidades tienen de quedarse en casa, seguidas de aquellas cuyos maridos están en el 5 por ciento superior de los ingresos masculinos.

128. Asociación nacional norteamericana de recursos de cuidado infantil y agencias de referencia, *Parents and the High Cost of Child Care: 2010 Update*, 2010, p. 1, <http://eyeonkids.ca/docs/files/cost_report_073010-final.pdf>.

129. Child Care Aware of America, *Parents and the High Cost of Child Care: 2012 Report* (2012), p. 7, <http://www.naccrra.org/sites/default/files/default_site_pages/2012/cost_report_2012_final_081012_0.pdf>.

130. Aunque una proporción significativa de las instalaciones formales para cuidado infantil son proporcionadas por los gobiernos en toda la Unión Europea, el precio que pagan las familias para participar en ellas varía de un país a otro. En el caso de aquellos países que confían más en las provisiones privadas, se consigue un amplio acceso pero a un precio relativamente elevado para los hogares individuales. En otros países, las provisiones fiscales se emplean para reducir los costes del cuidado infantil, lo que permite a esos países ofrecer un cuidado infantil altamente subvencionado, pero no para todos los rangos de edad. Véase Parlamento Europeo, «The Cost of Childcare in EU Countries: Transversal Analysis Part 1 of 2», *Policy Department, Economic and Scientific Policy*, 2006, <http://www.europarl.europa.eu/document/activities/cont/201107/20110718ATT24321/20110718ATT24321EN.pdf>; y Parlamento Europeo, «The Cost of Childcare in EU Countries: Country Reports, Part 2 of 2», departamento de política, política económica y científica, 2006, <http://www.europarl.europa.eu/document/activities/cont/201107/20110718ATT24319/20110718ATT24319EN.pdf>.

131. Cha, Youngjoo, «Reinforcing Separate Spheres: The Effect of Spousal Overwork on Men's and Women's Employment in Dual-Earner Households», *American Sociological Review* 75, n.º 2 (2010), p. 318. Este estudio también demostró que las probabilidades de abandonar su puesto de trabajo entre las madres cuyos maridos trabajan sesenta horas a la semana o más es un 112 por ciento superior que las madres cuyos maridos trabajan menos de cincuenta horas a la semana.

132. Los hallazgos de la encuesta realizada en 2007 entre alumnos de la facultad de ciencias empresariales de Harvard (HBS, por sus siglas en inglés) fueron proporcionados por la Oficina para las carreras y el desarrollo profesional de la propia facultad de Harvard a la autora el 15 de octubre de 2012. Otra encuesta realizada entre licenciados con dos hijos o más de las clases de la HBS de 1981, 1985 y 1991 demostró que más del 90 por ciento de los licenciados varones estaban trabajando a jornada completa en comparación con solo el 38 por ciento de las licenciadas mujeres. Resultado ofrecido por Myra M. Hart, profesora emérita de la facultad de ciencias empresariales de Harvard, mediante mensaje de correo electrónico a un investigador el 23 de septiembre de 2012. Los resultados de estas encuestas realizadas en la HBS pueden estar influidas por el índice desproporcionadamente bajo de respuestas por parte de las mujeres en comparación con los hombres. Además, estas encuestas no fueron diseñadas para permitir que los encuestados explicaran a qué se dedicaban si no estaban trabajando a jornada completa en un puesto remunerado. Cuando los encuestados indicaban que no estaban trabajando a jornada completa, podían aun así estar implicados activamente en organizaciones sin ánimo de lucro, organizaciones comunitarias o formando parte de diversas juntas. Cabe destacar que las mujeres tienden más que los hombres a vincular las interrupciones de sus carreras al hecho de tener hijos, priorizar los objetivos personales o cumplir con responsabilidades familiares. Para saber más sobre las carreras profesionales no lineales de las mujeres, véase Mainiero, Lisa A. y Sullivan, Sherry E., «Kaleidos-

cope Careers: An Alternate Explanation for the "Opt-Out" Revolution», *The Academy of Management Executive* 19, n.º 1 (2005), pp. 106–123.

Otra investigación ha revelado que los índices de participación laboral de las mujeres varían de una profesión a otra. Un estudio realizado entre mujeres en su último año de estudios en la Universidad de Harvard entre 1988 y 1991 reveló que, quince años después de licenciarse, las mujeres casadas con hijos que habían realizado un doctorado en medicina tenían la mayor participación en el mercado laboral (94,2%), mientras que las mujeres casadas con hijos que obtuvieron otros títulos tenían índices de participación laboral muy inferiores: doctorado en filosofía (85,5%), doctorado en derecho (77,6%), máster en dirección de empresas (71,7%). Estos datos sugieren que las culturas profesionales desempeñan un importante papel en los índices de empleo de las mujeres. Véase Leber Herr, Jane y Wolfram, Catherine, «Work Environment and "Opt-Out Rates at Motherhood Across Higher-Education Career Paths», noviembre de 2011, <http://faculty.haas.berkeley.edu/wolfram/Papers/OptOut_ILRRNov11.pdf>.

133. Esta encuesta realizada entre alumnos de Yale de los cursos de 1979, 1984, 1989 y 1994 fue realizada en 2000 según se cita en el artículo de Story, Louise, «Many Women at Elite Colleges Set Career Path to Motherhood», *New York Times,* 20 de septiembre de 2005, <http://www.nytimes.com/2005/09/20/national/20women.html?pagewanted=all>.

134. Sennett, Amy, «Work and Family: Life After Princeton for the Class of 2006», julio de 2006, <http://www.princeton.edu/~paw/archive_new/PAW05-06/15-0719/features_familylife.html>.

135. Rose, Stephen J. y Hartmann, Heidi I., *Still a Man's Labor Market: The Long-Term Earnings Gap,* investigación del Insituto para las políticas de la mujer, 2004, p. 10, <http://www.aecf.org/upload/publicationfiles/fes3622h767.pdf>.

136. Ibídem.

137. Hewlett, Sylvia A. y Luce, Carolyn B., «Off-Ramps and On-Ramps», p. 46.

Capítulo 8. Haz de tu pareja un auténtico compañero

138. OECD, «Figure 13.3: The Price of Motherhood is High Across OECD Countries: Gender Pay Gap by Presence of Children, 25-44 Years Old», *Closing the Gender Gap: Act Now,* OECD Publishing, 2012, <http://dx.doi.org/10.1787/9789264179370-en>.

139. Milkie, Melissa A., Raley, Sara B. y Bianchi, Suzanne M., «Taking on the Second Shift: Time Allocations and Time Pressures of U.S. Parents with Preschoolers», *Social Forces* 88, n.º 2 (2009), pp. 487–517.

140. Hall, Scott S. y MacDermid, Shelley M., «A Typology of Dual Earner Marriages Based on Work and Family Arrangements», *Journal of Family and Economic Issues* 30, n.º 3 (2009), p. 220.

141. Fisher, Kimberly y Robinson, John, «Daily Life in 23 countries», *Social Indicators Research 101,* n.º 2 (2010), pp. 295-304.

142. Entre el año 1965 y el 2000, el tiempo que invertían semanalmente los padres estadounidenses en el cuidado de sus hijos casi llegó a triplicarse y el tiempo que invertían en las labores del hogar casi se duplicó. En 1965, los padres invertían 2,6 horas a la semana en el cuidado de sus hijos. En 2000, los padres invertían 6,5 horas a la semana en el cuidado de sus hijos. La mayor parte de este incremento se produjo después de 1985. En 1965, los padres invertían unas 4,5 horas a la semana en trabajo en el hogar. En 2000, los padres invertían casi 10 horas a la semana en las tareas del hogar. El mayor incremento en el tiempo invertido en estas tareas se produjo entre 1965 y 1985. No obstante, el tiempo que invierten los padres cada semana en realizar labores del hogar no ha aumentado mucho desde 1985. Véase Bianchi, Suzanne M., Robinson, John P. y Milkie, Melissa A., *Changing Rhythms of American Family Life*, Nueva York, Russell Sage Foundation, 2006. Un análisis realizado por Hook, Jennifer L. (2006) en veinte países reveló que, entre 1965 y 2003, los padres que trabajaban fuera de casa aumentaron la cantidad de trabajo doméstico no remunerado que realizaban en unas seis horas a la semana. Véase Hook, Jennifer L., «Care in Context: Men's Unpaid Work in 20 Countries, 1965–2003», *American Sociological Review* 71, n.° 4 (2006), pp. 639–660.

143. Peplau, Letitia Anne y Spalding, Leah R., «The Close Relationships of Lesbians, Gay Men, and Bisexuals», *Close Relationships: A Sourcebook*, en Clyde A. Hendrick y Susan S. Hendrick, eds., Thousand Oaks, CA, Sage, 2000, pp. 111–124; y Solomon, Sondra E., Rothblum, Esther D. y Balsam, Kimberly F., «Money, Housework, Sex, and Conflict: Same-Sex Couples in Civil Unions, Those Not in Civil Unions, and Heterosexual Married Siblings», *Sex Roles* 52, n.° 9–10, (2005), pp. 561–575.

144. Laughlin, Lynda, *Who's Minding the Kids? Child Care Arrangements: Spring 2005 and Summer 2006,* Oficina del Censo de Estados Unidos, informes sobre población actual, P70–121, agosto de 2010, p. 1. Para consultar una observación, véase Dell'Antonia, K. J., «The Census Bureau Counts Fathers as 'Child Care», *New York Times*, 8 de febrero de 2012, <http://parenting.blogs.nytimes.com/2012/02/08/the-census-bureau-counts-fathers-as-child-care/>.

145. Laughlin, Lynda, *Who's Minding the Kids?,* pp. 7-9.

146. Ray, Rebecca, Gornick, Janet C. y Schmitt, John, «Who Cares? Assessing Generosity and Gender Equality in Parental Leave Policy Designs in 21 Countries», *Journal of European Social Policy* 20, n.° 3 (2010), pp. 196-216; y Organización para la cooperación y el desarrollo económicos (OECD, por sus siglas en inglés), «PF2.1: Key Characteristics of Parental Leave Systems», base de datos sobre familias de la OECD, división de política social, Dirección nacional de empleo, asuntos laborales y sociales, 2011, <http://www.oecd.org/social/familiesandchildren/37864482.pdf>.

147. Shriver, Maria, «Gloria Steinem», *Interview,* 15 de julio de 2011, <http://www.interviewmagazine.com/culture/gloria-steinem/>.

148. Para consultar una revisión de los estudios sobre el control materno, véase J. Schoppe-Sullivan, Sarah *et al.*, «Maternal Gatekeeping, Coparenting Quality, and Fathering Behavior in Families with Infants», *Journal of Family Psychology* 22, n.° 3 (2008), pp. 389–390.

149. Allen, Sarah M. y Hawkins, Alan J., «Maternal Gatekeeping: Mothers' Beliefs and Behaviors That Inhibit Greater Father Involvement in Family Work», *Journal of Marriage and Family* 61, n.º 1 (1999), p. 209.

150. Zweigenhaft, Richard L. y Domhoff, G. William, *The New CEOs: Women, African American, Latino and Asian American Leaders of Fortune 500 Companies,* Lanham, MD, Rowman & Littlefield, 2011, pp. 28-29.

151. Stewart, James B., «A C.E.O.'s Support System, a k a Husband», *New York Times,* 4 de noviembre de 2011, <http://www.nytimes.com/2011/11/05/business/a-ceos-support-system-a-k-a-husband.html?pagewanted=all>.

152. Stone, Pamela, *Opting Out? Why Women Really Quit Careers and Head Home*, Berkeley, University of California Press, 2007, p. 62.

153. Stewart, James B., «A C.E.O.'s Support System».

154. Para consultar un análisis en profundidad, véase Lamb, Michael E., *The Role of the Father in Child Development,* Hoboken, NJ, John Wiley & Sons, 2010; y Sarkadi, Anna *et al.*, «Fathers' Involvement and Children's Developmental Outcomes: A Systematic Review of Longitudinal Studies», *Acta Paediatrica* 97, n.º 2 (2008), pp. 153-158.

155. Duursma, Elisabeth, Alexander Pan, Barbara y Raikes, Helen, «Predictors and Outcomes of Low-Income Fathers' Reading with Their Toddlers», *Early Childhood Research Quarterly* 23, n.º 3 (2008), pp. 351-365; Pleck, Joseph H. y Masciadrelli, Brian P., «Paternal Involvement in U.S. Residential Fathers: Levels, Sources, and Consequences», en Michael E. Lamb, ed., *The Role of the Father in Child Development*, Hoboken, NJ, John Wiley & Sons, 2004, pp. 222-271; Rohner, Ronald P. y Veneziano, Robert A., *«The Importance of Father Love: History and Contemporary Evidence»*, *Review of General Psychology* 5, n.º4 (2001), pp. 382-405; Yeung, W. Jean, «Fathers: An Overlooked Resource for Children's Educational Success», en Dalton Conley y Karen Albright, eds., *After the Bell—Family Background, Public Policy, and Educational Success,* Londres, Routledge, 2004, pp. 145-169; y Hoffman, Lois W. y Youngblade, Lise M., *Mother's at Work: Effects on Children's Well-Being*, Cambridge, Cambridge University Press, 1999.

156. Para consultar un análisis de los diversos estudios sobre la repercusión que tienen los padres en el desarrollo emocional y social de sus hijos, véase Rohner, Ronald P. y Veneziano, Robert A., «The Importance of Father Love», p. 392.

157. Ely, Robyn J. y Rhode, Deborah L., «Women and Leadership: Defining the Challenges», en Nitin Nohria y Rakesh Khurana, eds., *Handbook of Leadership Theory and Practice*, Boston, Harvard Business School Publishing, 2010, pp. 377-410; y Rhode, Deborah L. y Williams, Joan C., «Legal Perspectives on Employment Discrimination», en Faye J. Crosby, Margaret S. Stockdale y S. Ann Ropp, eds., *Sex Discrimination in the Workplace: Multidisciplinary Perspectives*, Malden, MA, Blackwell, 2007, pp. 235-270. Una encuesta realizada entre 53 empresas que figuran en la lista Fortune 100 reveló que el 73,6 por ciento ofrecía a las madres una baja familiar o por discapacidad remunerada, pero tan solo el 32,1 por ciento ofrecía a los padres una baja familiar. Véase Comisión Económica Conjunta del Congreso de Estados Unidos, *Paid Family Leave at Fortune 100 Companies: A Basic Standard but Still Not a Gold Standard,* marzo de 2008, p. 6.

158. Los cinco Estados que tienen programas de seguros por incapacidad a corto plazo para ofrecer una baja médica remunerada a las madres recientes son California, Hawaii, Nueva York y Rhode Island. California y Nueva Jersey también ofrecen seis semanas de baja remunerada que pueden ser empleadas por la madre o por el padre indistintamente. El estado de Washington ha aprobado una ley sobre bajas remuneradas para ambos padres, pero ha sido incapaz de implementarla debido a restricciones presupuestarias. Véase National Partnership for Women & Families, *Expecting Better: A State-by-State Analysis of Laws That Help New Parents*, mayo de 2012.

159. Una encuesta realizada entre casi mil padres que trabajaban en puestos de administración para grandes compañías reveló que alrededor del 75 por ciento de ellos solo se tomaba una semana de baja o menos cuando sus parejas tenían un bebé y el 16 por ciento no se tomaba ningún tiempo de baja. Véase Harrington, Brad, Van Deusen, Fred y Humberd, Beth, *The New Dad: Caring, Committed and Conflicted*, Universidad de Boston, Centro para el trabajo y la familia, 2011, pp. 14–15. Un informe elaborado sobre la nueva política de baja familiar remunerada en California reveló que los padres que hacían uso de esta política se tomaban una media de tres semanas de baja para cuidar de sus bebés y establecer vínculos con ellos. Véase Applebaum, Eileen y Milkman, Ruth, *Leaves That Pay: Employer and Worker Experiences with Paid Family Leave in California*, Centro de investigación de la economía y las políticas, enero de 2011, p. 18.

160. Parlamento Europeo, «The Cost of Childcare in EU Countries: Transversal Analysis Part 1 of 2», *Policy Department, Economic and Scientific Policy*, 2006, <http://www.europarl.europa.eu/document/activities/cont/201107/20110718ATT24321/20110718ATT24321EN.pdf>.

161. Organización para la cooperación y el desarrollo económicos (OECD, por sus siglas en inglés), «PF2.1: Key Characteristics of Parental Leave Systems», base de datos sobre familias de la OECD, división de política social, Dirección nacional de empleo, asuntos laborales y sociales, 2011, <http://www.oecd.org/els/socialpoliciesanddata/PF2.1_Parental_leave_systems%20-%20updated%20%2018_July_2012.pdf.>.

162. Williams, Joan C. y Boushey, Heather, *The Three Faces of Work-Family Conflict: The Poor, The Professionals, and the Missing Middle*, Centro para al progreso norteamericano y Centro para la legislación de la conciliación familiar y laboral, enero de 2010, pp. 54–55, <http://www.americanprogress.org/issues/2010/01/three_faces_report.html>.

163. Rudman, Laurie A. Y Mescher, Kris, «Penalizing Men Who Request a Family Leave: Is Flexibility Stigma a Femininity Stigma?», *Journal of Social Issues*, de próxima publicación.

164. Berhdahl, Jennifer L. y Moon, Sue H., «Workplace Mistreatment of Middle Class Workers Based on Sex, Parenthood, and Caregiving», *Journal of Social Issues*, de próxima publicación; Butler, Adam B. y Skattebo, Amie, «What Is Acceptable for Women May Not Be for Men: The Effect of Family Conflicts with Work on Job-Performance Ratings», *Journal of Occupational and Organization Psychology* 77, n.º 4 (2004), pp. 553–564; Holliday Wayne, Julie y Cordeiro, Bryanne L., «Who Is a Good Organizational Citi-

zen? Social Perception of Male and Female Employees Who Use Family Leave», *Sex Roles* 49, n.º 5–6, (2003), pp. 233–46; y Allen, Tammy D. y Russell, Joyce E. A., «Parental Leave of Absence: Some Not So Family-Friendly Implications», *Journal of Applied Social Psychology 29*, n.º 1 (1999), pp. 166–191.

165. En 2011, los padres (hombres) formaban un 3,4 por ciento de los progenitores que trabajaban en casa. Véase Oficina del Censo de Estados Unidos, «Table SHP-1 Parents and Children in Stay-at-Home Parent Family Groups: 1994 to Present», organización de las familias y la vida de los norteamericanos, Encuesta sobre población actual, Suplemento anual socioeconómico, 2011, <http://webcache.googleusercontent.comsearch?q=cache:ffg107mTTwAJ:www.census.gov/population/socdemo/hh-fam/shp1.xls+&cd=3&hl=en&ct=clnk&gl=us>. Para ver un análisis de la investigación sobre el aislamiento social que sufren los padres que no trabajan fuera de casa, véase Harrington, Brad Van Deusen, Fred y Mazar, Iyar, *The New Dad,* p. 6.

166. Un estudio realizado entre 207 padres que no trabajaban fuera de casa reveló que alrededor de un 45 por ciento señaló que recibían comentarios o reacciones negativas por parte de otros adultos. La fuente de la inmensa mayoría de estos comentarios y reacciones despectivos eran madres que no trabajaban fuera de casa. Véase Rochlen, Aaron B., A. McKelley, Ryan y Whittaker, Tiffany A., «Stay-At-Home Fathers' Reasons for Entering the Role and Stigma Experiences: A Preliminary Report», *Psychology of Men & Masculinity* 11, n.º 4 (2010), p. 282.

167. En 2010, las esposas ganaban más que sus maridos en un 29,2 por ciento de las familias estadounidenses en las que ambos miembros de la pareja tenían empleos remunerados. Véase Oficina de Estadística Laboral, *Wives Who Earn More Than Their Husbands, 1987–2010, 1988–2011*, Suplementos socioeconómicos anuales de la encuesta sobre población actual, <http://webcache.googleusercontent.com/search?q=cache:r-eatNjOmLsJ:www.bls.gov/cps/wives_earn_more.xls+&cd=7&hl=en&ct=clnk&gl=us>. Para consultar estadísticas españolas, véase Parlamento Europeo, «Secondary and primary earners in Europe. Percentage distributions of couples by share of female earnings» 2009, <http://www.europarl.europa.eu/document/activities/cont/201201/20120127ATT36454/20120127ATT36454EN.pdf>.

168. The Cambridge Women's Pornography Cooperative, *Porn for Women*, San Francisco, Chronicle Books, 2007.

169. Para consultar una disertación, véase Coltrane, Scott, «Research on Household Labor: Modeling and Measuring Social Embeddedness of Routine Family Work», *Journal of Marriage and Family* 62, n.º 4 (2000), pp. 1208–1233.

170. Price Cook, Lynn «"Doing" Gender in Context: Household Bargaining and the Risk of Divorce in Germany and the United States», *American Journal of Sociology* 112, n.º 2 (2006), pp. 442–472.

171. Coltrane, Scott, *Family Man: Fatherhood, Housework, and Gender Equality*, Oxford, Oxford University Press, 1996.

172. Para ver una disertación sobre los ingresos y el poder de negociación en el hogar, véase Woolley, Frances, «Control Over Money in Marriage», en Shos-

hana A. Grossbard-Shetman y Jacob Mincer, eds., *Marriage and the Economy: Theory and Evidence from Advanced Industrial Societies*, Cambridge, Cambridge University Press, 2003, pp. 105–128; y Firedberg, Leora y Webb, Anthony, «Determinants and Consequences of Bargaining Power in Households», documento de trabajo 12367 de la Oficina nacional de investigación económica de Estados Unidos (NBER, por sus siglas en inglés), julio de 2006, <http://www.nber.org/papers/w12367>. Para consultar investigaciones sobre cómo el empleo suaviza las consecuencias económicas del divorcio para las mujeres, véase McKeever, Matthew y Wolfinger, Nicholas H., «Reexamining the Economic Costs of Marital Disruption for Women», *Social Science Quarterly* 82, n.º 1 (2001), pp. 202–217. Para consultar una disertación sobre mujeres, longevidad y seguridad financiera, véase Carstensen, Laura L., *A Long Bright Future: An Action Plan for a Lifetime of Happiness, Health, and Financial Security,* Nueva York, Broadway Books, 2009.

173. Gager, Constance T. y Yabiku, Scott T., «Who Has the Time? The Relationship Between Household Labor Time and Sexual Frequency», *Journal of Family Issues* 31, n.º 2 (2010), pp. 135–163; Chethik, Neil, *VoiceMale: What Husbands Really Think About Their Marriages, Their Wives, Sex, Housework, and Commitment*, Nueva York, Simon & Schuster, 2006; y Rao, K. V. y DeMaris, Alfred, «Coital Frequency Among Married and Cohabitating Couples in the United States», *Journal of Biosocial Science* 27, n.º 2 (1995), pp. 135–150.

174. Gupta, Sanjiv, «The Consequences of Maternal Employment During Men's Childhood for Their Adult Housework Performance», *Gender & Society* 20, n.º 1, (2006), pp. 60–86.

175. Johnson, Richard W. y Wiener, Joshua M., *A Profile of Frail Older Americans and Their Care Givers*, documento ocasional número 8, The Retirement Project, Instituto de Urbanismo (febrero de 2006), <http://www.urban.org/UploadedPDF/311284_older_americans.pdf>.

176. Steinem, Gloria, «Gloria Steinem on Progress and Women's Rights», entrevista de Oprah Winfrey, Oprah's Next Chapter, vídeo de YouTube, 3.52 minutos, 16 de abril de 2012, publicado por Oprah Winfrey Network, <http://www.youtube.com/watch?v=orrmWHnFjqI&feature=relmfu>.

Capítulo 9. El mito de hacerlo todo

177. Esta encuesta realizada entre más de mil adultos reveló que el 80 por ciento de los hombres que andaban por la cuarentena afirmó que «hacer un trabajo que me estimule a utilizar mis capacidades y habilidades» era muy importante para ellos. Entre los hombres que andaban por la veintena y la treintena, la encuesta reveló que el 82 por ciento afirmó que «disponer de un horario laboral que me permita pasar tiempo con mi familia» era muy importante para ellos. Véase Centro de políticas públicas Radcliffe, *Life's Work: Generational Attitudes Toward Work and Life Integration,* Cambridge, MA, Radcliffe Public Policy Center, 2000.

178. Poczter, Sharon, «For Women in the Workplace, It's Time to Abandon "Have it All" Rhetoric», *Forbes*, 25 de junio de 2012, <http://www.forbes.com/sites/realspin/2012/06/25/for-women-in-the-workplace-its-time-to-abandon-have-it-all-rhetoric/>.

179. Oficina del Censo de Estados Unidos, «Table FG1 Married Couple Family Groups, by Labor Force Status of Both Spouses, and Race and Hispanic Origin of the Reference Person», organización de las familias y la vida de los estadounidenses, Encuesta sobre población actual, Suplemento anual socioeconómico, 2011, <http://www.census.gov/hhes/families/data/cps2011.html>.

180. Oficina del Censo de Estados Unidos, «Table FG10 Family Groups», America's Families and Living Arrangements. Encuesta sobre la población actual, Suplemento anual socioeconómico, 2011, <http://www.census.gov/hhes/families/data/cps2011.html>. Cálculo obtenido enfocando únicamente todos los grupos familiares con hijos menores de dieciocho años.

181. El informe realizado en 2012 emplea los datos disponibles más recientes de 2008. Véase Organización para la cooperación y el desarrollo económicos (OECD, por sus siglas en inglés), «Table LMF1.1: Children in Families by Employment Status», base de datos sobre familias de la OECD, París, OECD, 2012, <http://www.oecd.org/els/familiesandchildren/43198877.pdf>.

182. El informe de 2011 emplea los datos disponibles más recientes de 2007. Véase OECD, «Families are changing», *Doing Better for Families,* OECD Publishing, 2011, <http://www.oecd.org/els/familiesandchildren/47701118.pdf>.

183. Fey, Tina, *Bossypants*, Nueva York, Little Brown, 2011, p. 256.

184. Steinem, Gloria, «Gloria Steinem on Progress and Women's Rights», entrevista de Oprah Winfrey, Oprah's Next Chapter, vídeo de YouTube, 3.52 minutos, 16 de abril de 2012, publicado por Oprah Winfrey Network, <http://www.youtube.com/watch?v=orrmWHnFjqI&feature=relmfu>.

185. Saulnier, Beth, «Meet the Dean», *Weill Cornell Medicine Magazine*, primavera de 2012, p. 25.

186. Stuart, Jennifer, «Work and Motherhood: Preliminary Report of a Psychoanalytic Study», *The Psychoanalytic Quarterly* 76, n.° 2 (2007), p. 482.

187. Ephron, Nora, discurso de la ceremonia de graduación de 1996, Wellesley College, <http://new.wellesley.edu/events/commencementarchives/1996commencement>.

188. Ely, Robyn J. y Rhode, Deborah L., «Women and Leadership: Defining the Challenges», en Nitin Nohria y Rakesh Khurana, eds., *Handbook of Leadership Theory and* Practice, Boston, Harvard Business School Publishing, 2010, pp. 377–410; Rhode, Deborah L. y Williams, Joan C., «Legal Perspectives on Employment Discrimination», en Faye J. Crosby, Margaret S. Stockdale y S. Ann Ropp, eds., *Sex Discrimination in the Workplace: Multidisciplinary Perspectives,* Malden, MA, Blackwell, 2007, pp. 235–270; y Crittenden, Ann, *The Price of Motherhood: Why the Most Important Job in the World Is Still the Least Valued*, Nueva York, Metropolitan Books, 2001.

189. Stone, Pamela, *Opting Out? Why Women Really Quit Careers and Head Home,* Berkeley, University of California Press, 2007; Perlow, Leslie A.,

«Boundary Control: The Social Ordering of Work and Family Time in a High-Tech Corporation», *Administrative Science Quarterly* 43, n.º 2 (1998): pp. 328-357; y Russell Hochschild, Arlie, *The Time Bind: When Work Becomes Home and Home Becomes Work*, Nueva York, Metropolitan Books, 1997. Joan Williams, profesora de derecho y directora fundadora del Centro para la legislación de la conciliación entre vida y trabajo en la facultad de Derecho Hastings de la Universidad de California, se refiere a estas sanciones como «estigma de la flexibilidad».

190. Glass, Jennifer, «Blessing or Curse? Work-Family Policies and Mother's Wage Growth over Time», *Work and Occupations* 31, n.º 3 (2004), pp. 367-394; y Fried, Mindy, *Taking Time: Parental Leave Policy and Corporate Culture,* Filadelfia, Temple University Press, 1998. Según sea el tipo de práctica laboral flexible, las mujeres que trabajan en puestos no profesionales pueden también pagar sanciones muy importantes. Por ejemplo, Webber y Williams (2008) examinaron dos grupos de madres (profesionales y trabajadoras de salario bajo) y descubrieron que ambos grupos experimentaban sanciones por trabajar a tiempo parcial (menos paga, bajadas de rango, etc.). Véase Webber, Gretchen y Williams, Christine, «Mothers in "Good" and "Bad" Part-Time Jobs: Different Problems, Same Result», *Gender & Society* 22, n.º 6 (2008), pp. 752-777.

191. Bloom, Nicholas *et al.*, «Does Working from Home Work? Evidence from a Chinese Experiment»", julio de 2012, <http://www.stanford.edu/~nbloom/WFH.pdf>. Nuevas investigaciones también sugieren que las prácticas para trabajar desde casa como el teletrabajo pueden tener una parte negativa como un aumento del horario laboral y una intensificación de las demandas que se hacen a los empleados. Véase Noonan, Mary C. y Glass, Jennifer L., «The Hard Truth about Telecommuting», *Monthly Labor Review* 135, n.º 6 (2012), pp. 38-45.

192. Nuevas investigaciones sugieren que trabajar muchas horas reduce la productividad. Leslie A. Perlow, profesora de la facultad de ciencias empresariales de Harvard, descubrió que si se forzaba a los consultores del Boston Consulting Group a trabajar menos, eran más efectivos. Para permitir que tuvieran una noche libre programada a la semana, Perlow hizo que los equipos de trabajo se comprometieran a mantener una comunicación abierta y honesta, para que pudieran repartir el trabajo con mayor eficiencia. También hizo que los equipos idearan planes y compartieran información de tal modo que los consultores pudieran cubrirse los unos a los otros durante su noche libre. Como resultado de estos cambios relativamente pequeños, los consultores se sentían mejor con respecto a su trabajo y al modo de conciliarlo con su vida personal. Los consultores y sus supervisores evaluaron su trabajo con calificaciones más elevadas. Menos personas abandonaron la empresa. La comunicación entre los miembros del equipo mejoró. Y un mayor número de consultores que se tomaron algún tiempo alejados del trabajo sintieron estar aportando valor a sus clientes en comparación con el número de consultores que siguieron trabajando durante horarios prolongados. Véase Perlow, Leslie, *Sleeping with Your Smartphone: How to Break the 24/7 Habit and Change the Way You Work*, Boston, Harvard Business Review Press, 2012.

193. Powell, Colin y Koltz, Tony, *It Worked For Me: In Life and Leadership*, Nueva York, HarperCollins, 2012, p. 40.

194. Williams, Joan C. y Boushey, Heather, *The Three Faces of Work-Family Conflict: The Poor, The Professionals, and the Missing Middle*, Centro para el progreso norteamericano y Centro para la legislación de la conciliación familiar y laboral, enero de 2010, p. 7, <http://www.americanprogress.org/issues/2010/01/three_faces_report.html>.

195. Instituto de política económica, «Chart: Annual Hours of Work, Married Men and Women, 25–54, with Children, 1979–2010, by Income Fifth», *The State of Working America*, <http://stateofworkingamerica.org/chart/swa-income-table-2-17-annual-hours-work-married/>. Suponiendo un año laboral de cincuenta semanas, los hombres y mujeres de sueldo medio casados y con hijos trabajaron 428 horas más en 2010 que en 1979, o una media de 8,6 horas más a la semana.

Aunque es posible que algunos grupos de estadounidenses tengan demasiado trabajo que hacer, otros grupos, en especial los de menor salario y menor cualificación, no tienen suficiente. Los sociólogos se refieren a esta tendencia como «dispersión creciente» del horario laboral entre los trabajadores con mayor y menor cantidad de estudios. Para más información sobre la dispersión de los horarios laborales, véase Kallenberg, Arne L., *Good Jobs, Bad Jobs: The Rise of Polarized and Precarious Employment Systems in the United States, 1970s to 2000s*, Nueva York, Russell Sage Foundation, 2011, pp. 152–154; y Jacobs, Jerry A. y Gerson, Kathleen, *The Time Divide: Work, Family, Gender Inequality,* Cambridge, MA, Harvard University Press, 2004.

196. Kuhn, Peter y Lozano, Fernando, «The Expanding Workweek? Understanding Trends in Long Work Hours among U.S. Men, 1979–2006», *Journal of Labor Economics* 26, n.º 2 (2008), pp. 311–343; Cynthia Fuchs Epstein y Arne L. Kalleberg, eds., *Fighting for Time: Shifting Boundaries of Work and Social Life,* Nueva York, Russell Sage Foundation, 2004.

197. Hewlett, Sylvia Ann y Buck Luce, Carolyn, «Extreme Jobs: The Dangerous Allure of the 70-Hour Workweek», *Harvard Business Review* 84, n.º 12 (2006), p. 51.

198. Desde la década de 1990, los gobiernos han regulado el horario laboral para dar apoyo a las familias en las que ambos padres trabajan en varios estados de bienestar europeos. Hacia el año 2000, los gobiernos habían reducido su horario laboral semanal normal hasta menos de 40 horas en Alemania, Holanda, Luxemburgo, Francia y Bélgica. Estados Unidos tiene el horario laboral más prolongado de casi todos los países industrializados. Véase Gornick, Janet C. y Meyers, Marcia K., «Supporting a Dual-Earner/Dual-Career Society: Policy Lessons from Abroad», *A Democracy that Works: The Public Dimensions of the Work and Family Debate*, Jody Hemann y Christopher Been, eds., Nueva York, The New Press, próxima publicación.

199. Perez, Sarah, «80% of Americans Work 'After Hours,' Equaling an Extra Day of Work Per Week», *Techcrunch*, 2 de julio de 2012, <http://techcrunch.com/2012/07/02/80-of-americans-work-after-hours-equaling-an-extra-day-of-work-per-week/>.

200. Fryer, Bronwyn, «Sleep Deficit: The Performance Killer», *Harvard Business Review* 84, n.º 10 (2006), pp. 53–59, <http://hbr.org/2006/10/sleep-deficit-the-performance-killer>. Para consultar análisis sobre el impacto cognitivo del sueño insuficiente, ver Alhola, Paula A. y Polo-Kantola, Paivi, «Sleep Deprivation: Impact on Cognitive Performance», *Neuropsychiatric Disease and Treatment* 3, n.º 5 (2007), pp. 553–567; y Durmer, Jeffrey S. y Dinges, David F., «Neurocognitive Consequences of Sleep Deprivation», *Seminars in Neurology* 25, n.º 1 (2005), pp. 117–729.

201. Bianchi, Suzanne M., Robinson, John P. y Milkie, Melissa A., *The Changing Rhythms of American Family Life*, Nueva York, Russell Sage Foundation, 2006, pp. 74–77. Este estudio sobre la cantidad de tiempo que los padres afirman cuidar de sus hijos ha demostrado que en 2000 tanto las madres con empleo como las madres sin empleo invirtieron, como media, casi 6,5 horas más a la semana cuidando de sus hijos que sus compañeras en 1975. Datos como este llevaron a los autores a concluir que «es como si se hubiera producido un cambio cultural que hubiera impulsado a todas las madres a pasar más tiempo con sus hijos» (p. 78). El aumento de la cantidad de tiempo que los padres pasan con sus hijos se explica ampliamente porque los padres combinan el cuidado de sus hijos con las actividades de ocio, lo que significa que «o bien el cuidado de los niños se ha orientado más hacia las actividades divertidas o bien los padres incluyen ahora a sus hijos con más frecuencia en sus propias actividades de ocio» (p. 85). Este alejamiento de las actividades de ocio solo para adultos combinado con un aumento de la diversificación de tareas al pasar tiempo libre con los niños apunta hacia una disposición por parte de los padres a sacrificar su tiempo personal para pasar más tiempo con sus hijos. Un estudio realizado en 2009 reveló que, en comparación con las madres que no tienen un empleo remunerado, las madres que trabajan a tiempo completo invierten menos tiempo a la semana en cada actividad de ocio, desde ver la televisión hasta realizar actividades comunitarias o de socialización, lo que da como resultado diez horas menos de tiempo de ocio a la semana. Al contrario de lo que sucede con las madres, existe muy poca diferencia en la cantidad de tiempo de ocio invertida entre padres casados que trabajan a jornada completa y los padres casados que no trabajan a jornada completa. Véase Milkie, Melissa A., Raley, Sara B. y Bianchi, Suzanne M., «Taking on the Second Shift: Time Allocations and Time Pressures of U.S. Parents with Preschoolers», *Social Forces* 88, n.º 2 (2009), pp. 487–517.

202. Hays, Sharon, *The Cultural Contradictions of Motherhood*, New Haven, CT, Yale University Press, 1996.

203. La red de investigación NICHD sobre el cuidado de los niños en edad temprana, ed., *Child Care and Child Development: Results from the NICHD Study of Early Child Care and Youth Development,* Nueva York, Guilford, 2005.

204. Instituto Nacional de Salud Infantil y Desarrollo Humano, *Findings for Children up to Age 41/2 Years,* Estudio NICHD sobre cuidado infantil en edad temprana y desarrollo de la juventud, NIH Pub. n.º 05-4318 (2006), p. 1, <http://www.nichd.nih.gov/publications/pubs/upload/seccyd_06.pdf>.

205. *Ibid.*; véase también Red de investigación NICHD sobre cuidado infantil en edad temprana, «Child-Care Effect Sizes for the NICHD Study of Early

Child Care and Youth Development», *American Psychologist* 61, n.° 2 (2006), pp. 99–116. En algunos casos, este estudio estadounidense reveló que los niños que pasaban más horas en cuidado infantil mostraron más incidencia de problemas conductuales como rabietas o replicar. Estos problemas surgían con menos frecuencia en enclaves de cuidado infantil de gran calidad y se reducían casi en su totalidad al llegar a sexto grado. Tal y como explicó Kathleen McCartney, decana de la Escuela universitaria de educación de Harvard e investigadora principal del estudio, «El efecto de las horas pasadas en cuidado infantil es pequeño según todo punto de vista. Cualquier riesgo asociado con pasar más horas en cuidado infantil debe sopesarse en relación con los beneficios del empleo de la madre, incluido un menor índice de depresión materna y más ingresos en la familia» (mensaje de correo electrónico a la autora, 26 de febrero de 2012). Para consultar un análisis de estos datos y problemas, véase McCartney, Kathleen *et al.*, «Testing a Series of Causal Propositions Relating Time in Child Care to Children's Externalizing Behavior», *Development Psychology* 46, n.° 1 (2010), pp. 1–17. Para consultar un metaanálisis del empleo materno y los logros de los niños, véase Goldberg, Wendy *et al.*, «Maternal Employment and Children's Achievement in Context: A Meta-Analysis of Four Decades of Research», *Psychological Bulletin* 134, n.° 1 (2008), pp. 77–108.

Varios estudiosos han señalado que, aunque la gran mayoría de las pruebas demuestra que el empleo materno no ejerce ningún efecto adverso sobre el desarrollo de los niños pequeños, el empleo materno durante el primer año de vida ha sido vinculado a un desarrollo cognitivo inferior y con problemas de comportamiento en algunos niños. Varios factores modifican estos resultados, desde el nivel de sensibilidad de los padres hasta la calidad de los cuidados infantiles recibidos. Véase Waldfogel, Jane, «Parental Work Arrangements and Child Development», *Canadian Public Policy* 33, n.° 2 (2007), pp. 251–271.

Tanto si el cuidado lo proporciona uno de los padres como si es otro cuidador, los estudios continuamente demuestran que lo que más importa es la calidad del cuidado infantil que se ofrece. Los niños necesitan recibir cuidados sensibles y receptivos para con sus necesidades particulares. Para consultar un análisis sobre el tema, véase Waldfogel, Jane, *What Children Need,* Cambridge, MA, Harvard University Press, 2006.

206. Instituto nacional de salud infantil y desarrollo humano, *Findings for Children up to Age 4½Years*; Instituto nacional de salud infantil y desarrollo humano, Cuidado infantil temprano y red de investigación, «Fathers' and Mothers' Parenting Behavior and Beliefs as Predictors of Children's Social Adjustment and Transition to School», *Journal of Family Psychology* 18, n.° 4 (2004), pp. 628–638.

207. Red de investigación NICHD sobre el cuidado temprano de los niños, «Child-Care Effect Sizes», p. 113.

208. Un estudio realizado en el Reino Unido entre once mil niños reveló que los que mostraron el nivel más elevado de bienestar procedían de familias en

los que ambos padres trabajaban fuera del hogar. Dependiendo de la educación materna y de los ingresos del hogar, los niños que procedían de familias en las que ambos padres trabajaban, especialmente las niñas, tenían el menor número de dificultades de comportamiento como ser hiperactivos o sentirse infelices o preocupados. Véase McMunn, Anne *et al.*, «Maternal Employment and Child Socio-Emotional Behavior in the UK: Longitudinal Evidence from the UK Millennium Cohort Study», *Journal of Epidemiology & Community Health* 66, n.º 7 (2012), pp. 1–6.

209. Simon, Robin W., «Gender, Multiple Roles, Role Meaning, and Mental Health», *Journal of Health and Social Behavior* 36, n.º 2 (1995), pp. 182–194.

210. Wilson, Marie C., *Closing the Leadership Gap: Add Women, Change Everything*, Nueva York, Penguin, 2007, p. 58.

211. Rudd, Melanie, Aaker, Jennifer y Norton, Michael I., «Leave Them Smiling: How Small Acts Create More Happiness than Large Acts», documento de trabajo (2011), <http://faculty-gsb.stanford.edu/aaker/pages/documents/LeaveThemSmiling_RuddAakerNorton12-16-11.pdf>.

Capítulo 10. Empecemos a hablar de ello

212. Curtis, Mary C., «There's More to Sheryl Sandberg's Secret», *Washington Post*, 4 de abril de 2012, <http://www.washingtonpost.com/blogs/she-the-people/post/theres-more-to-sheryl-sandbergs-secret/2012/04/04/gIQAGhZsvS_blog.html>.

213. Steinem, Gloria, «In Defense of the "Chick-Flick"», *Alternet*, 6 de julio de 2007, <http://www.alternet.org/story/56219/gloria_steinem%3A_in_defense_of_the_'chick_flick'>.

214. Cooper, Marianne, «The New F-Word», *Gender News*, 28 de febrero de 2011, <http://gender.stanford.edu/news/2011/new-f-word>.

215. Faludi, Susan, *Backlash: The Undeclared War Against American Women*, Nueva York, Crown, 1991.

216. Thaler, Richard H. y Sunstein, Cass R., *Nudge: Improving Decisions About Health, Wealth, and Happiness*, New Haven, CT, Yale University Press, 2008.

217. Moss-Racusin, Corinne A. *et al.*, «Science Faculty's Subtle Gender Biases Favor Male Students», *Proceedings of the National Academy of Sciences of the United States of America* 109, n.º 41 (2012), pp. 16474–16479.

218. Para consultar un estudio sobre candidatos a puestos de trabajo, véase Steinpreis, Rhea E., Anders, Katie A. y Ritzke, Dawn, «The Impact of Gender on the Review of Curricula Vitae of Job Applicants and Tenure Candidates: A National Empirical Study», *Sex Roles* 41, n.º 7–8 (1999), pp. 509–528. Para consultar un estudio sobre discriminación sexual y becas, véase Wennerås, Christine y Wold, Agnes, «Nepotism and Sexism in Peer Review», *Nature* 387 (1997), 341–343. Para consultar el estudio sobre discriminación en las pruebas para orquesta, véase Goldin, Claudia y Rouse, Cecilia, «Orchestrating Impartiality: The Impact of "Blind" Auditions on Female Musicians», *The American Economic Review* 90, n.º 4 (2000), pp. 715–741.

219. Las economistas Claudia Goldin y Cecilia Rouse examinaron las prácticas de contratación de las orquestas más importantes de Estados Unidos y descubrieron que si se realizaban audiciones «ciegas», en las que los jueces podían escuchar pero no ver al candidato, se reducía la discriminación contra las mujeres. Calculan que el cambio a audiciones ciegas es responsable del 30 por ciento más de mujeres entre las nuevas contrataciones. Véase Goldin y Rouse, «Orchestrating Impartiality», pp. 715–741.

220. Pronin, Emily, Gilovich, Thomas y Ross, Lee, «Objectivity in the Eye of the Beholder: Divergent Perceptions of Bias in Self Versus Others», *Psychological Review* 111, n.º 3 (2004), pp. 781–799; Pronin, Emily, Lin, Daniel Y. y Ross, Lee, «The Bias Blind Spot: Perceptions of Bias in Self Versus Others», *Personality and Social Psychology Bulletin* 28, n.º 3 (2002), pp. 369–381.

221. Uhlmann, Eric Luis y Cohen, Geoffrey L., «Constructed Criteria: Redefining Merit to Justify Discrimination», *Psychological Science* 16, n.º 6 (2005), pp. 474–480. En general, este estudio reveló que, cuando un hombre poseía una característica o rasgo determinados, esa cualidad se calificaba como un criterio de contratación más importante que cuando no poseía dicha cualidad. Incluso cualidades típicamente femeninas como «estar orientado hacia la familia» o «tener hijos» se calificaron como criterios de contratación más importantes cuando un hombre tenía estas cualidades que cuando no las tenía. Este tipo de favoritismo no se mostró hacia la candidata femenina. De hecho, en lo referente a poseer un importante historial formativo, el estudio demostró una tendencia hacia lo contrario, ya que cuando una candidata mujer tenía un historial formativo destacado dicha cualidad se calificaba como un criterio de contratación menos importante que cuando no poseían un historial formativo destacado. No obstante, esta tendencia inversa no llegó a alcanzar una importancia estadística.

Este estudio descubrió que los evaluadores redefinen los criterios de contratación para que los puestos estereotípicamente orientados a determinado sexo coincidan con las experiencias y credenciales específicas que determinado candidato del sexo deseado posee. Para el puesto de jefe de policía, estereotípicamente masculino, el candidato masculino resultaba favorecido. Pero cuando los autores realizaron el mismo tipo de experimento para el puesto estereotípicamente femenino de profesor de estudios de la mujer, la candidata femenina recibió cierto empuje. En este caso, tener un importante historial de defensa pública de los derechos de las mujeres se calificaba como un criterio de contratación importante cuando la candidata tenía ese importante historial y como no importante cuando la candidata carecía de él. Dicho favoritismo no se extendía al candidato masculino. Otra investigación refuerza la idea de que los evaluadores pueden cambiar sutilmente los criterios en que basan sus decisiones de contratación en detrimento de candidatos de determinado sexo o raza. Por ejemplo, un estudio realizado en 2008 por Phelan *et al.* examinó los criterios de contratación empleados para evaluar a candidatos para un puesto de dirección hombres y mujeres tanto egocéntricos (altamente competitivos, confiados y ambiciosos) como comunales (modestos y sociables). Los resultados mostraron que los evaluadores «sopesaron la competencia con mayor importancia que las habilidades sociales para todos los candidatos, con excepción de las mujeres del tipo egocéntrico, cuyas habilidades sociales tenían más peso que la competencia». Los autores llegaron a la conclusión de que «los evaluadores cambiaron los criterios del puesto para alejarlos de las cualidades más fuertes de las mujeres del tipo egocéntrico (competencia) y para cercarlas a su punto presuntamente más débil (habilidades sociales) para justificar la discriminación».

Uhlmann y Cohen afirman que en el experimento del jefe de policía, la discriminación promasculina fue ejercida sobre todo por los evaluadores varones. Aunque tanto los evaluadores masculinos como las evaluadoras femeninas tendían a construir unos criterios de contratación favorables para el candidato varón, los hombres mostraron con mayor intensidad sus prejuicios. En lo que respecta a las calificaciones de contratación, los evaluadores otorgaron más calificaciones positivas a los candidatos varones que a las candidatas con idénticas credenciales, mientras que las mujeres otorgaron evaluaciones equivalentes. En el experimento del profesor de estudios femeninos, la discriminación la mostraron las evaluadoras. Fueron las evaluadoras mujeres, y no los evaluadores varones, las que redefinieron los criterios de contratación para beneficio de las candidatas mujeres y quienes las favorecieron por encima de sus equivalentes masculinos en las evaluaciones de contratación. Resulta importante destacar que este estudio reveló que, cuando se pidió a los evaluadores que se comprometieran con los criterios de contratación que eran más importantes para un puesto antes de saber el sexo del candidato, ni hombres ni mujeres mostraron ningún tipo de discriminación sexual durante sus evaluaciones de contratación. Este hallazgo sugiere que, para reducir la discriminación, debería acordarse sin ambigüedad cuáles son los estándares de mérito antes de revisar los candidatos al puesto.

Este estudio ilustra que las personas pueden cambiar los criterios de contratación para que encajen con la experiencia y las credenciales de la persona (hombre o mujer) que desean contratar, especialmente para puestos estereotípicamente orientados a determinado sexo, utilizando por tanto el «mérito» para justificar la discriminación. Dado que quienes se sintieron más confiados en su objetividad mostraron la mayor cantidad de prejuicios en el experimento del jefe de policía, los autores sugieren que ese grupo podría haber tenido la sensación de que «habían elegido al hombre adecuado para el puesto, cuando en realidad lo que habían hecho era elegir los criterios laborales adecuados para el hombre» (p. 478). Debido a restricciones de tiempo, los autores no valoraron las mediciones de objetividad autopercibida en el experimento del profesor de estudios femeninos. Véase también Phelan, Julie E., Moss-Racusin, Corinne A. y Rudman, Laurie A., «Competent Yet Out in the Cold: Shifting Criteria for Hiring Reflect Backlash Toward Agentic Women», *Psychology of Women Quarterly* 32, n.º 4

(2008), 406–413. Para consultar más investigaciones que muestran que la creencia en la propia objetividad está vinculada con una mayor discriminación sexual, véase Uhlmann, Eric Luis y Cohen, Geoffrey L., «"I Think It, Therefore It's True": Effects of Self-Perceived Objectivity on Hiring Discrimination», *Organizational Behavior and Human Decision Processes* 104, n.° 2 (2007), pp. 207–223.

222. Desai, Sreedhari D., Chugh, Dolly y Brief, Arthur, «Marriage Structure and Resistance to the Gender Revolution in the Workplace», Red de investigación de ciencias sociales (marzo de 2012), <http://papers.ssrn.com/sol3/papers.cfm?abstract_id=2018259>. Este estudio también reveló que, al igual que los hombres cuyos matrimonios eran tradicionales, los hombres cuyos matrimonios eran neotradicionales (hombres casados con mujeres que trabajan a tiempo parcial) tendían más que los hombres cuyos matrimonios eran modernos a mantener actitudes y creencias negativas acerca de las mujeres en el lugar de trabajo.

223. Para consultar un análisis sobre el sexismo benevolente, véase Glick, Peter y Fiske, Susan T., «The Ambivalent Sexism Inventory: Differentiating Hostile and Benevolent Sexism», *Journal of Personality and Social Psychology* 70, n.° 3 (1996), pp. 491–512.

224. Korn, Melissa, «Choice of Work Partner Splits Along Gender Lines», *Wall Street Journal,* 6 de junio de 2012, <http://online.wsj.com/article/SB10001 424052702303506404577448652549105934.html>.

225. Un informe realizado en 2012 por Dow Jones reveló que las empresas emergentes de éxito y respaldadas por capital de riesgo tienen una proporción media de ejecutivas mujeres más elevada (7,1 por ciento) que las empresas emergentes sin éxito (3,1 por ciento). Del mismo modo, Herring (2009) mostró que la diversidad racial y sexual en las organizaciones empresariales estaba asociada a resultados positivos como por ejemplo un aumento de los ingresos por ventas y mayores beneficios relacionados. Sin embargo, Kochan *et al.* (2003) no descubrió ningún efecto directo de la diversidad sexual o racial en los resultados empresariales. Dado que los equipos diversos tienen acceso a diferentes perspectivas, conjuntos de habilidades y formas de enfrentarse a los problemas, tienen el potencial de obtener resultados mejores que los grupos menos diversos. Aun así, algunos estudios han descubierto que este potencial se ve con frecuencia frustrado por problemas de procesamiento del grupo como fallos de comunicación, entre ellos la reticencia por parte de los miembros de la minoría a expresar su opinión, si esta es diferente de la de la mayoría. Así pues, a fin de que los equipos diversos funcionen, las organizaciones deben crear entornos que fomenten la confianza, la cohesión social y la tolerancia hacia los puntos de vista divergentes entre los miembros del equipo. Véase Canning, Jessica, Haque, Maryam y Wang, Yimeng, *Women at the Wheel: Do Female Executives Drive Start-Up Success?,* Dow Jones and Company (septiembre de 2012), <http://www.dowjones.com/collateral/files/WomenPE_report_final.pdf>; Herring, Cedric, «Does Diversity Pay? Race, Gender, and the Business Case for Diversity», *American Sociological Review* 74, n.° 2 (2009), pp. 208–224; Mannix, Elizabeth y Neale, Margaret A., «What Difference Makes a Difference? The

Promise and Reality of Diverse Teams in Organizations», *Psychological Science in the Public Interest* 6, n.º 2 (2005), pp. 31-55; y Kochan, Thomas *et al.*, «The Effects of Diversity on Business Performance: Report of the Diversity Research Network», *Human Resource Management* 42, n.º 1 (2003), pp. 3-21.

226. Hogan, Cynthia C., mensaje de correo electrónico enviado a la autora, 30 de marzo de 2012.

227. La información sobre los esfuerzos de la facultad de ciencias empresariales de Harvard para crear un entorno de aprendizaje más inclusivo fueron proporcionados a la autora en conversaciones durante una visita el 23 de mayo de 2012.

228. Alfano, Sean, «Poll: Women's Movement Worthwhile», CBS News, 11 de febrero de 2009, <http://www.cbsnews.com/2100-500160_162-965224.html>.

Capítulo 11. Trabajar juntos hacia la igualdad

229. Para consultar un análisis de la «retórica de la elección» o de la creencia global de las mujeres (y no los hombres) eligen libremente si trabajar o no, independientemente de los obstáculos ideológicos, familiares e institucionales que pueden impedir que combinen con éxito el trabajo y la vida familiar, véase Cotter, David, Hermsen, Joan M. y Vanneman, Reeve, «The End of the Gender Revolution? Gender Role Attitudes from 1977 to 2008», *American Journal of Sociology* 117, n.º 1 (2011), pp. 259-289; Stone, Pamela, *Opting Out? Why Women Really Quit Careers and Head Home,* Berkeley, University of California Press, 2007; y Williams, Joan, *Unbending Gender: Why Family and Work Conflict and What to Do About It,* Oxford, Oxford University Press, 2000.

230. Profesora Deborah H. Gruenfeld, conversación con la autora, 26 de junio de 2012.

231. Sellers, Patricia, «New Yahoo CEO Mayer is Pregnant», CNNMoney, 16 de julio de 2012, <http://postcards.blogs.fortune.cnn.com/2012/07/16/mayer-yahoo-ceo-pregnant/>.

232. «German Family Minister Slams Yahoo! CEO Mayer», *Spiegel* Online International, 1 de agosto de 2012, <http://www.spiegel.de/international/germany/german-government-official-criticizes-yahoo-exec-for-short-maternity-leave-a-847739.html>.

233. Swisher, Kara, «Kara Swisher at Garage Geeks», vídeo de YouTube, 9.33 minutos, publicado por ayeletknoff, 1 de agosto de 2012, <http://www.youtube.com/watch?v=jFtdsRx2frI&feature=youtu.be>.

234. Para consultar un análisis sobre cómo las mujeres individualmente se consideran representantes de todas las mujeres y cómo la escasez de mujeres conduce al estereotipo, véase Moss Kanter, Rosabeth, *Men and Women of the Corporation,* 2ª ed., Nueva York, Basic Books, 1993.

235. El artículo «Sheryl Sandberg Is the Valley's "It" Girl—Just Like Kim Polese Once Was» puede encontrarse al final de Jackson, Eric, «Apology to

Sheryl Sandberg and to Kim Polese [Updated]», *Forbes,* 23 de mayo de 2012, <http://www.forbes.com/sites/ericjackson/2012/05/23/apology-she-ryl-sandberg-kim-polese/>.

236. Polese, Kim, «Stop Comparing Female Execs and Just Let Sheryl Sandberg Do Her Job», *Forbes,* 25 de mayo de 2012, <http://www.forbes.com/sites/carolinehoward/2012/05/25/stop-comparing-female-execs-and-just-let-sheryl-sandberg-do-her-job/>.

237. Jackson, «Apology to Sheryl Sandberg and to Kim Polese [Updated]».

238. Para consultar un análisis sobre la investigación relacionada con el síndrome de la abeja reina, véase Derks, Belle *et al.,* «Gender-Bias Primes Elicit Queen Bee Behaviors in Senior Policewomen», *Psychological Science* 22, n.° 10 (2011), pp. 1243–1249; y Derks, Belle *et al.,* «Do Sexist Organizational Cultures Create the Queen Bee?», *British Journal of Social Psychology* 50, n.° 3 (2011), pp. 519–535.

239. J. Parks-Stamm, Elizabeth, Heilman, Madeline E. y Hears, Krystle A., «Motivated to Penalize: Women's Strategic Rejection of Successful Women», *Personality and Social Psychology Bulletin* 34, n.° 2 (2008), pp. 237–247; García-Retamero, Rocío y López-Zafra, Esther, «Prejudice Against Women in Male-Congenial Environments: Perceptions of Gender Role Congruity in Leadership», *Sex Roles* 55, n.° 1–2 (2006), pp. 51–61; Mathison, David L., «Sex Differences in the Perception of Assertiveness Among Female Managers», *Journal of Social Psychology* 126, n.° 5 (1986), pp. 599–606; y Staines, Graham L., Tavris, Carol y Jayaratne, Toby E., «The Queen Bee Syndrome», *Psychology Today* 7 (1974), pp. 55–60.

240. Ellemers, Naomi *et al.,* «The Underrepresentation of Women in Science: Differential Commitment or the Queen Bee Syndrome?» *British Journal of Social Psychology* 43, n.° 3 (2004), pp. 315–338. Las profesoras de generaciones anteriores, que llegaron a lo más alto cuando había muchas más barreras que impedían el avance de las mujeres, tenían el mayor número de prejuicios hacia sus estudiantes femeninas. Este dato sugiere que los comportamientos de «abeja reina» son consecuencia de la discriminación sexual.

241. Stroebe, Katherine *et al.,* «For Better or For Worse: The Congruence of Personal and Group Outcomes on Target's Responses to Discrimination», *European Journal of Social Psychology* 39, n.° 4 (2009), pp. 576–591.

242. Albright, Madeleine K., Cumbre sobre las mujeres en el mundo, 8 de marzo de 2012, <http://www.thedailybeast.com/articles/2012/03/09/women-in-the-world-highlights-angelina-jolie-madeline-albright-more-video.html>.

243. Derks *et al.,* «Do Sexist Organizational Cultures Create the Queen Bee?», pp. 519–535; Baron, Robert S., Burgess, Mary L. y Feng Kao, Chuan, «Detecting and Labeling Prejudice: Do Female Perpetrators Go Undetected?», *Personality and Social Psychology Bulletin 17,* n.° 2 (1991), pp. 115–123.

244. Dinolfo, Sarah, Silva, Christine y Carter, Nancy M., *High Potentials in the Leadership Pipeline: Leaders Pay It Forward,* Catalyst, 2012, p. 7, <http://www.catalyst.org/publication/534/42/high-potentials-in-the-pipeline-leaders-pay-it-forward>.

245. Aschkenasy, Janet, «How a "Good Old Girls" Network at Merrill Advanced the Careers of Four Women», *Wall Street Technology Association,* 16 de

julio de 2012, <http://news.wsta.efinancialcareers.com/newsandviews_item/ wpNewsItemId-106965>.

246. Modi, Kunal, «Man Up on Family and Workplace Issues: A Response to Anne-Marie Slaughter», *The Huffington Post,* 12 de julio de 2012, <http:// www.huffingtonpost.com/kunal-modi/>.

247. Williams, Joan, «Slaughter vs. Sandberg: Both Right», *The Huffington Post,* 22 de junio de 2012, <http://www.huffingtonpost.com/joan-williams/ann-marie-slaughter_b_1619324.html>.

248. Spar, Debora, «Why Do Successful Women Feel So Guilty?», *The Atlantic,* 28 de junio de 2012, <http://www.theatlantic.com/business/archive/2012/ 06/why-do-successful-women-feel-so-guilty/259079/>.

249. El 40 por ciento de las madres trabajadoras carecen de días libres por enfermedad o vacaciones y casi el 50 por ciento son incapaces de ausentarse para cuidar de un hijo enfermo (Instituto para la investigación de las políticas para la mujer, 2007). Tan solo alrededor de la mitad de las mujeres recibe algún tipo de remuneración durante la baja por maternidad (Laughlin 2011). Estas políticas pueden tener graves consecuencias; las familias que no tienen acceso a una baja familiar remunerada con frecuencia se endeudan y caen en la pobreza (Observatorio de Derechos Humanos, 2011). Los empleos a tiempo parcial con horarios cambiantes ofrecen muy pocas posibilidades de planificación y con frecuencia no llegan a la semana de cuarenta horas que ofrece beneficios básicos (Bravo 2012). Quedan demasiados estándares laborales que siguen siendo inflexibles e injustos y a menudo penalizan a las mujeres que tienen hijos. Véase Instituto de investigación para las políticas de las mujeres, *Women and Paid Sick Days: Crucial for Family Well-Being,* listado de datos, febrero de 2007; Laughlin, Lynda, *Maternity Leave and Employment Patterns of First-Time Mothers: 1961–2008,* Oficina del Censo de Estados Unidos, Informes sobre población actual, P70–128 (octubre de 2011), p. 9, <http://www.census.gov/prod/2011pubs/ p70-128.pdf>; Observatorio de Derechos Humanos, *Failing Its Families: Lack of Paid Leave and Work-Family Supports in the US,* 2011, <http://www. hrw.org/sites/default/files/reports/us0211webwcover.pdf>; y Bravo, Ellen, «"Having It All?"—The Wrong Question to Ask for Most Women», Women's Media Center, 26 de junio de 2012, <http://www.womensmedia-center.com/feature/entry/having-it-allthe-wrong-question-for-most-women>.

250. Kristof, Nicholas D., «Women Hurting Women», *New York Times,* 29 de septiembre de 2012, <http://www.nytimes.com/2012/09/30/opinion/sun-day/kristof-women-hurting-women.html?_r=0>.

251. Un estudio de datos de panel procedentes de la Comisión para la igualdad de oportunidades laborales en Estados Unidos (EEOC, por sus siglas en inglés) entre más de veinte mil firmas de 1990 a 2003 reveló que el aumento del porcentaje de mujeres en los puestos de alta dirección se asocia con un subsiguiente aumento en el porcentaje de mujeres en los puestos de dirección intermedia dentro de las firmas. Este estudio también mostró que, aunque las mujeres en los puestos más elevados tienen una influencia positiva en el avance de las mujeres de menor nivel, esta influencia disminuye

con el tiempo. Véase Kurtulus, Fiden Ana y Tomaskovic-Devey, Donald, «Do Female Top Managers Help Women to Advance? A Panel Study Using EEO-1 Records», *The Annals of the American Academy of Political and Social Science* 639, n.º 1 (2012), pp. 173-197. Un estudio realizado en más de ochocientas firmas estadounidenses reveló que cuando había más mujeres sentadas en el comité de indemnización del consejo de administración, la diferencia de salarios entre géneros era menor. Este estudio mostró, no obstante, que el hecho de tener una directora general mujer no estaba relacionado con una reducción en la diferencia de salarios entre géneros. Véase Shin, Taekjin, «The Gender Gap in Executive Compensation: The Role of Female Directors and Chief Executive Officers», *The Annals of the American Academy of Political and Social Science* 639, n.º 1 (2012), pp. 258-278. Un estudio realizado entre 72 grandes corporaciones estadounidenses reveló que el hecho de tener una proporción superior de directivas de bajo nivel en la década de 1980 y principios de la de 1990 se asociaba de forma positiva con tener más políticas de conciliación entre trabajo y vida personal en 1994 y con una cuota superior de puestos de dirección de alto nivel ocupados por mujeres en 1999. Véase Dreher, George F., «Breaking the Glass Ceiling: The Effects of Sex Ratios and Work-Life Programs on Female Leadership at the Top», *Human Relations* 56, n. º 5 (2003), pp. 541-562.

252. *Gloria: In Her Own Words,* documental de la HBO, dirigido por Peter Kunhardt (2011).

Índice